ポップ・スピリチュアリティ
メディア化された宗教性

堀江宗正

ポップ・スピリチュアリティ

メディア化された宗教性

岩波書店

はじめに

自分にとってもっとも大切なものを指す言葉がない。見つかったかと思うと、その言葉が自分の思った通りには使われなくなってしまう。

二〇〇〇年代以降「スピリチュアル」という言葉に魅力を感じた人は、このような思いをいだいているのではないか。本書は〝宗教文化的資源の表象や使用で、教団「宗教」の外で個人的に受容されているもの〟を主な対象として扱う。一般的にイメージしやすいものとしては、二〇〇〇年代以降に「スピリチュアル」と呼ばれてきたものを想定すればよい。だが、それが何を指すのか、どのような意味を持つのかは、流動的であり、単純には言えない。

日本では一九七〇年代から「宗教」団体の外で個人主義的な宗教文化的資源の消費が始まる。それは、オカルト、精神世界、ニューエイジなどと呼ばれてきた。九五年のオウム真理教地下鉄サリン事件を経て、下火になるかと思いきや、二〇〇〇年代にはテレビ・書籍を中心に「スピリチュアル・ブーム」が起こる。そのピークはだいたい二〇〇七年あたりで、江原啓之《えはらひろゆき》がテレビ出演を中止した後に衰退したと思われている。しかし、実際にはテレビなどのマス・メディアを素通りしているだけである。出版やネット・ユーザーの動向を見る限り、東日本大震災以後にも関心の盛り上がりが見られる（第一章図1－2、第九章図9－2）。インターネット、SNSなど、従来とは異なるメディアを通じて拡散と深化は続いている。それは、人々自身がメディアとなって情報を伝え合うという新しい状況に根ざしている。

一方、インターネットは激しい論争が繰り広げられる場所でもある。「スピリチュアル」という言葉は「虚偽・詐欺・軽信」というイメージで批判されるようになり、当事者は「スピリチュアル」という言葉を使用するのを避けるようになっている（堀江 二〇一八：一三四―一三五）。彼らのなかには、ブーム以前から霊的なものに興味や関心を持っていたという人が多い。「そこに、たまたまスピリチュアルという言葉が与えられただけだ。しかし、ブームになると必ずアンチが出てくる。アンチの言い分ももっともで、そのような批判を受けるべき指導者や信奉者は確かにいる。ある種の抑制機能をバッシングは果たしているとも言える。だが自分は彼らに批判されているような「スピリチュアル」とは違う。一緒にされたくない。だから、その言葉を使うのはもうやめる」。このような一種のアンビヴァレンツ――好悪の入り交じった感情――が「スピリチュアル」という言葉には向けられている。その結果、教団宗教との関係はないが、広い意味で宗教と関わりを持つ現象を指すスローガンのような言葉が不在だというのが現在の状況である。

他方、小さな「ブーム」は、過剰と言えるほど頻繁に起こっている。たとえば占いはオカルトや魔術との関連を深めつつ、インターネット上でのサービスを広げている。占い師はＳＮＳのアカウントでフォロワーを集め、フェス形式の新たな形態のイベントに出展する。二〇〇〇年代の後半から、何度か「今は占いブームが起こっているのではないか」とささやかれてきた。パワースポット・ブームは、東日本大震災後は聖地ブームを経て、神社ブーム、御朱印ブームへと、衣替えを続けている。このように近年では既成宗教である神道《しんとう》が個人主義的な現代人にアピールし始めている。神道だけでなく仏教でも、新しい動きがある。阿修羅展などの人気から仏像ブームが起こり、ユニークな僧侶の活動に目を向ける仏教ブームが起こり、とくに東日本大震災以後は仏教者のスピリチュアル・ケアへの取り組みも盛んになってきた。短期的な「ブーム」のインフレともいうべき状況だが、どの分野の当事者も、やっていることは昔からそう変わらず、目新しい部分に光が当たったに過ぎないと見ている。おそらく、教団に所属しない個人による宗教文化的資源への関心を総称する言葉がないために、小さな「ブーム」が起きているという認識が出来上がってしまうのではないか。

言葉の不在の背景には、当事者があえてそれを求めていないという状況もある。前著『スピリチュアリティのゆくえ』では、「スピリチュアル」なものに関心を持ちながら、それを隠そうとする若者を、インタビュー調査という形で追った。仲間に話すとひかれるのではないかという恐れがあり、実際にいじめを体験したという事例もあった。また、この種の事柄については男女の間に関心のギャップがあり、多くの女性の関心層が家庭内で男性からの批判にさらされている(本書一〇八―一一〇)。静かな関心の拡散と深化は、承認不足による閉塞感とセットで、地下水脈のように現代文化の底を流れている。

筆者は、インタビュー調査などにおいては、当事者が嫌うラベリングを避けるという方針で臨んでいる。とくに、彼らは「宗教」と同一視されることを恐れる。しかし、教団に属さないが宗教的なものに関心を持つ人々が生み出す相互につながりのある現象を、当事者が繰り出す言葉だけでとらえていては、歴史的な変化や他国との比較を論じることが難しくなる。幸い、英語圏ではこれらの現象を指すニュートラルな概念として「スピリチュアリティ」が用いられ、それに関する学問的議論の蓄積もある。そして、この言葉は日本では一般に用いられていない。そこで「スピリチュアリティ」という言葉を比較宗教・比較文化的な分析概念として使用し、グローバルに起こっているスピリチュアリティをめぐる動きのなかで日本の状況をとらえてみようというのが本書の狙いである。その定義については第一章を参考にしてほしい。なお、混同されやすいが、スピリチュアリティは、「心霊主義」とも訳される「スピリチュアリズム」とは異なる言葉である。

「ポップ・スピリチュアリティ」という言葉を書名に掲げたが、この場合の「ポップ」には、軽薄とか浅薄などといった侮蔑的なニュアンスは込めていない。「ポップ」は英語の「ポピュラー」の省略形だが、この言葉は「人々」を指す「ピープル」の形容詞形に当たる。つまり、ポップ・スピリチュアリティとは、「人々のスピリチュアリティ」であり、宗教研究でなじみのある言葉を用いるなら「民衆のスピリチュアリティ」である。

また、ポピュラーには「人気がある」という意味もある。ポップ・スピリチュアリティと比較可能な言葉としては「ポップ・サイコロジー」「ポップ心理学」がある。日本語では「通俗心理学」と訳されることもあるが、今日では「通俗」という言葉にも侮蔑的な意味が込められるようになっているので、使用は避ける。「ポップ・サイコロジー」は、アカデミックな心理学と異なり、理解しやすくて実践しやすいものを指す。つまり、人々に受け入れられるかどうかというフィルターを通して、世間に流布するに至った心理学的知識を指す。

同じようなことがスピリチュアリティについても言える。この分野は西洋の心理学やセラピーとの関係が深く、その輸入という面もある。だが、そのすべてが受け入れられるわけではなく、理解しやすく実践しやすいものが紹介されやすい。そして、人々がそれを受け入れることによって、結果的に「ポップ」なものが残る。宗教についても心理学や医学などの知識についても、ある程度は知っているが、それを全面的に支持せず、心や魂の問題を理解して解決するのに使えるものは使うというプラグマティックな意識を持った人々《ピープル》のスピリチュアリティ、その中でも理解しやすく、実践しやすく、人気《ポピュラリティ》を基準として選別されたもの、SNS上で人々自身がメディアとなって流通させてゆくもの、本書が扱うのはそのような「ポップ・スピリチュアリティ」の、二一世紀に入ってからのテーマ別の動向である。

本書のもととなったのは、筆者がここ一〇年あまりに書いてきた論文である。第一章と第二章は「スピリチュアリティ」概念の総説に当たるものだが、それ以外は独立した章として読むことができる。第三章、第四章、第五章の江原啓之論は二〇〇〇年代に執筆されたこともあり、その後の日本スピリチュアリズム協会の設立など組織的な動きは追っていないが、あえて加筆はしなかった。というのも、読み返してみると、この時代のドキュメントとして原型を留めるべきだと思われたからである。江原は、スピリチュアリズムを日常的に応用可能なものとして提供することを意図して「スピリチュアル」という言葉を流布させた。ポップ・スピリチュアリティのいわば立役者である。人々がどのような点に魅力を感じたのか、それがどのようなメディア環境において可能となったのか、またどのようにして排除されたのかを、これら三つの章は跡づけている。単に江原啓之という個人について記述したのではなく、メディア研究の視点からスピリチュアリティを論じたものと言える。

第六章では、前世療法を主な対象としつつ、現代の日本と西洋社会のスピリチュアリティ領域で受け入れられている死生観である輪廻転生説を取り上げる。第七章と第八章は、スピリチュアリティ現象のなかでも現代日本でもっとも目立っているパワースポットをテーマとした。これらの章の特徴は、歴史的記述やフィールドワークを交えつつも、インターネット上の体験談や投稿を主な対象として分析しているということである。それによって、実践者や当事者の体験や内面がどのような一般的特徴を持っているのかを分析した。インタビュー調査にもとづく前著『スピリチュアリティのゆくえ』は個人の内面に迫るものであったが、本書はより横断的に包括的に実践者の体験世界に迫っている。あわせて読むことで、スピリチュアリティ現象を立体的にとらえることができるだろう。

最後の第九章は厳密にはスピリチュアリティ研究というより、サブカルチャー研究に近い。魔術的なものへの関心をテレビアニメの分析を中心として、浮き彫りにしたものである。宗教学的知識は、物語作品のなかで繰り返し取り上げられるうちに、ふるいにかけられ、クリエイター向けの事典類やウィキペディアを通して標準化され、現実の宗教から独立したフィクション的な宗教世界の形成に至る。このような過程をたどった分析は他書に例を見ないものであるだろう。サブカルチャー研究として単独で読むこともできるが、それまでのポップ・スピリチュアリティ現象と共通することは多い。それは、(1)宗教文化的資源の折衷的な摂取、(2)メディアを介した個人主義的な受容、(3)当事者には「宗教」と思われていないこと、(4)受容者自身が知識を選別し、日々ヴァーチュアルなデータベースを更新し続けていること、(5)ＳＮＳ上で報告や感想を投稿する受容者自身が他のユーザーにとってのメディア・コンテンツとなっていること、などである。

以上の特徴は、副題に掲げた「メディア化された宗教性」の内実である。この場合の宗教性とは「宗教」ではないとされているが宗教的であるようなものを指す。具体的には、それを歴史的にさかのぼると「宗教」と呼ばれてきたものとの関わりが見出されるもの、他文化では類似する現象が「宗教」と呼ばれているものと関係しているようなものである。

宗教はもともとメディアであり続けた。とくに近代以降の宗教は、書物を通じて同一の内容の教えを共有し、伝えるメディアになろうとした。また信者になることは、布教を通して自分自身がメディアになることであった。そのもとになっているのは、同一の意味内容を保持する書物というメディアのメタファーである。だが、キリスト教の聖書も仏教の経典も、元をたどれば口コミや伝承の世界に根ざしている。そこから立ち上がって、抽象的な概念や教義を作り上げてきたのが「宗教」である。それは、もっと大きな人類の歴史のなかでは極めて特殊なものである。「宗教」を相対化し、宗教ではないけれど、何か自分にとって大切な価値観を表明し、伝えようとする人々がいる。そのような人々が日々に更新し続けているポップ・スピリチュアリティの世界は、現代的な現象ではあるが、むしろ文字以前の、つまり「宗教」以前の人々の精神生活の有様《ありさま》に近いものであるかもしれない。そこには科学的に誤った信念や倫理的に不適切な行動が含まれているかもしれない。しかし、「宗教」に比べれば流動的であり、公的に議論することで正されると期待できる。

一方、日本では、「宗教」であれ、「スピリチュアル」であれ、それへの賛否を明確にするよう迫る雰囲気がある。そのような、「敵か味方か」の言説に慣れ親しんでいる人にとって、本書の筆致は風変わりに見えるかもしれない。筆者はスピリチュアリティの研究者ではあるが、その味方でもなければ敵でもない。まずはきちんと調べてみる。そして分析してみる。宗教心理学や宗教社会学の知見を踏まえながら、学問的にとらえてみる。このような本は、実は意外に少ない。スピリチュアリティに実践的な興味をいだいている人も、義憤に駆られてそれを叩かなければならないと思っている人も、また筆者と同様に学問的にとらえてみたいと思う人も、この時代を構成する「人々」として、宗教やスピリチュアリティについて公的に語ることを、本書が少しでも容易にするのに役立つのであれば、著者としては幸いである。

目次

第一章　スピリチュアリティとは何か——概念とその定義

本書は、現代日本における スピリチュアリティに関わる様々な文化現象を扱う。この章では、これから頻繁に使われることになる「スピリチュアリティ」という概念の意味内容がどのように形成されてきたのかを、概念の出所である英語圏での出版物・学術文献における用法から明らかにする。次の章では、日本で「スピリチュアリティ」として記述することのできる具体的な対象にどのようなものがあるかを、二〇〇〇年代以降の「スピリチュアル・ブーム」(1)を一つの参照点として見てゆく。

この作業の目的は「スピリチュアリティ」を比較文化的あるいは比較宗教学的な分析概念として鍛え上げることにある。この概念についてはすでに様々な議論があるが、本書のターゲットは〝日本のポピュラー文化に現れる宗教文化的資源の表象や使用で、教団「宗教」の外で個人的に受容されているもの〟である。このような現象は各国で様々な形態をとる。米国では当初「ニューエイジ」という言葉が使われたが、やがて「スピリチュアリティ」に取って代わられ、それが宗教側にも取り入れられる。英

(1)　この言葉は、二〇〇七年を中心とする江原啓之の人気の高まりを指す言葉として使われている。それに付随して、霊信仰を前提とする、オーラ、守護霊、前世などへの関心の高まり、「スピリチュアル」という言葉の頻繁な使用を指すものとして理解しておきたい(本書第三章)。

国では、「ニューエイジ」と「スピリチュアリティ」はどちらも使用されるが、「ペイガニズム」(2)も盛んに使用される(堀江 二〇一〇)。日本では、「オカルト」「精神世界」「ニューエイジ」「スピリチュアル(名詞的用法)」などと言葉が移り変わり、指示される現象の強調点も移り変わる。こうした用語の乱立を踏まえ、これらを広く括るために島薗進は「新霊性運動」「新霊性文化」という分析概念を提唱し、やがてカタカナ語の「新しいスピリチュアリティ」を使用するようになる(島薗 二〇〇七a)。筆者もこれにならい、当事者の自称とは別に比較宗教学的な分析概念として「スピリチュアリティ」を使うことにする。

一方、このスピリチュアリティ概念を使用するにあたっては、もともとのキリスト教的な文化的背景、英語圏での用法の歴史、学術的背景を踏まえる必要がある。特に概念構築に貢献してきたのは心理学で、後に宗教社会学に取り入れられた。そこで、心理学における定義を見た上で、日本で該当する現象について概説し、社会学的な分析概念として練り直し、各章の議論の準備作業としたい。

1 「スピリチュアリティ」の意味と定義

「spirituality」の辞書的意味

まず「スピリチュアリティ」という言葉は英語から来ているので、英語としての意味・用法を理解しておこう。『オックスフォード英語辞典』(以下OED)によれば「spirit」(霊・精神と訳される)という言葉は、人間や動物を動かし、肉体に生命を吹き込むような原理で、物質的なものと対比されるという。そこから、神によって人間に委ねられた魂、人間が死ぬときには身体から抜け出す魂という意味が続く。

さらに、普段は知覚できない超自然的な存在や人格、邪悪であったり、守護したり、人間を動かしたり、憑依《ひょうい》したりするものという、現代日本語の「霊」「霊魂」に極めて近い意味が続く。それからやっと大文字で始まる「Spirit」(キリスト教で聖霊と訳される)の説明が記載される。意味としては、神の霊、そして神から分かれた「聖霊 Holy Spirit」で、実際にこの世で神に代わって神の働きをするものである。ＯＥＤは基本的に古い用例がある意味から記載されるのだが、もともとラテン語の spiritus から来ているので、英語に取り入れられた時点でキリスト教的な意味や用法の影響は入っていると考えるべきだろう。つまり、神から分かれて人間に入り込む魂で、生きている間は生命の原理として機能するが、死ぬと再び霊として抜けていく。そこに、神の聖霊以外の様々な霊的存在——善霊と悪霊の両方を含む——という第二の意味も加わる。この両者は頭文字を大文字にするかどうかで区別される。日本語では小文字の「spirit」は「精霊」、大文字で始まる「Spirit」は「聖霊」と訳し分けられることもあるが、単に「霊」とも訳される。さらにＯＥＤは、肉体や物質と区別される物事の本質や性質、日本語で「精神」に当たるような意味を紹介している。そこで「spirit」は日本語では「霊」や「精神」と訳しておけば、だいたいの文脈で通じるということになる。

「spirituality」はこの「spirit」から派生した言葉である。古語としては霊や教会に関わるものを具体化した人物や集団や財産などという意味があるが、今日では廃れている。重要なのは、物質的またはこの世的な利益とは正反対の「spirit」に専念し、それを尊重している「spiritual」な様態または状態、という意味である。非物質的、非肉体的なスピリット——霊・精神——に強く関わっているスピリチュアリティ

(2)　キリスト教以外の「異教」を意味するが、現代英国周辺では魔女、ケルト、ドルイドなど、自然崇拝や多神教を特徴とする儀礼的実践を指すことが多い。

ルな状態がスピリチュアリティ――霊性・精神性――ということになるだろう。比較的分かりやすい用例としては一八世紀以降の次のようなものがある。

彼の人生は偉大なる聖アタナシウスによって書かれており、スピリチュアリティに関する素晴らしい教えに満ちている（Challioner 1753: 177、ＯＥＤの引用による、以降も同じ）。

絵画はそれまで主にスピリチュアリティに狙いを定めていたが、自然と美をその主要な対象とするようになった（Yonge 1852: III xxxiii）。

スピリチュアルな人で、自分のスピリチュアリティが自分独自のものであると主張するような人などいるはずがない（Drummond 1883: 89）。

ＯＥＤに載っているもっとも新しい例は、最後の一八八三年の用例である。用例はキリスト教的な文脈を想定してスピリットに満たされた高い状態を指すと思われる。

英語圏の出版の動向

次に、英語圏の本のほぼすべてのデータが収録されている米国の議会図書館 Library of Congress データベースで、「spirituality」（以降「スピリチュアリティ」と記す）をタイトルに持つ英語で書かれた本を見てみよう（図１－１、二〇一八年四月一四日検索）。

一〇年刻みで年代別の件数を調べると、一九四〇年代までは一〇件以下と少ない。つまり、本のタイトルに多く使われるのは二〇世紀後半になってからで、比較的新しいということが分かる。そこから九

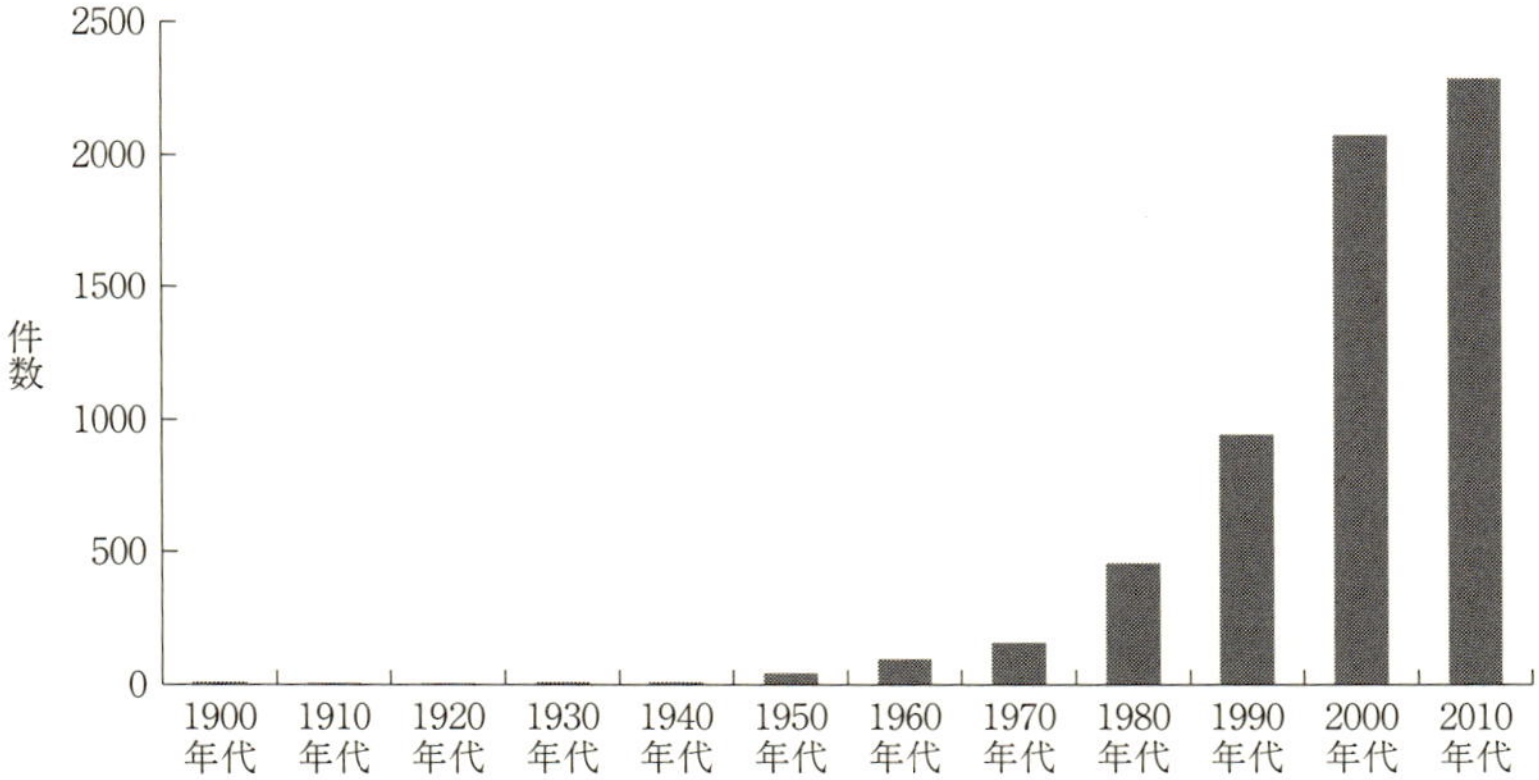

	1900年代	1910年代	1920年代	1930年代	1940年代	1950年代	1960年代	1970年代	1980年代	1990年代	2000年代	2010年代
■ 件数	10	6	5	10	10	43	96	158	455	941	2078	2291

図 1-1　米国議会図書館で spirituality を書名に含むデータの件数

〇年までは、関連度上位の文献を見ると、ほとんどがキリスト教関係である。だが若干の例外も見られる。五〇年代のデータは四三件、六〇年代が九六件だが、スピリチュアリティに人名や時代や地域が付随するものが出てくる。『オランダのスピリチュアリティ』『ニューマン、その人生とスピリチュアリティ』『宗教改革後のスピリチュアリティ』などである。つまり、キリスト教のスピリチュアリティは個人や時代や地域によって様々であるという考えである。七〇年代には一五八件となり、ほとんどはキリスト教関連文献だが、キリスト教以外の宗教のスピリチュアリティも散見される。たとえば『東部森林地帯の北米先住民のスピリチュアリティ』『オルタナティヴな祭壇――アメリカにおける非典型的な東洋のスピリチュアリティ』『学び方を学ぶ――スーフィ流の心理学とスピリチュアリティ』などである。八〇年代は四五五件と飛躍的に増加するが、やはり全体的にはキリスト教関係の文献が多い。例外的に心理学、牧師によるケア、癒しというテーマとの関連でスピリチュアリティが扱われる。『男性のスピリチュアリティ――男性のスピリチュアルな発達に関するユング派の見方』『予言者的司牧――牧師のケアの心理学とスピリチュアリティ』『宗教的枠組における心理療法――情緒的癒しの過程におけるスピリチュアリティ』などである。

九〇年代に九四一件とさらに倍増するが、九〇年だけで見ると七二件のほとんどはキリスト教関係である。ところが九一年から急に心理学関係の文献が増え、テーマの多様化も進む。そのなかでもユング心理学とニューエイジに関係するものが目立つ。「ニューエイジ」とは、キリスト教と近代の物質主義などの西洋的価値観に代わって、支配より調和を重んじる新しいスピリチュアルな価値観の時代が到来するという思想を指す。『宇宙の網――ユング、「新物理学」、人間のスピリチュアリティ』『二つの世界の間で踊る――ユングとネイティヴ・アメリカンの魂』『人間を作り直す――ユング、スピリチュアリティ、社会変動』などは典型的である。二〇〇〇年代もヒット件数は倍増して二〇七八件となる。関連度上位に「宗教とスピリチュアリティ」を並列するもの、概説書、とくに宗教心理学と宗教社会学の研究書が目立ってくる。『心理学、宗教、スピリチュアリティ』というタイトルの本は二冊あり、『精神医学における宗教とスピリチュアリティ』など似たタイトルの本もある。そして、テーマも多様になる。とはいえ、キリスト教関係の文献は大きな位置を占めている(なお二〇一〇年代の件数は、二〇一〇年から二〇一七年までの件数に八分の一〇をかけて計算したものである)。

2　英語の心理学の学術文献における定義

次に、キリスト教文献以外でスピリチュアリティという言葉がもっとも多く用いられている心理学に関係した大規模な論文データベースである PsycINFO において「definition of spirituality」(スピリチュアリティの定義)という言葉で検索をかけた。そして論文の「全文へのリンクあり」と表記される学術雑誌の記事で、言語は英語、調査地も英語圏であるものに絞り、特定宗教に偏っておらず、スピリチュアリティの定義が主題となっている論文を抽出した。これで二七本までに絞られるが、さらに評価の高さの指標として被引用回数を用い、九回以上引用されている八論文に絞り込んだ(二〇一八年四月八日検索)。さらに心理学以外の論文も拾うために、Google Scholar で「definition of spirituality」を検索し、被引用回数が一〇〇〇以上、全文データが見られ、実際にスピリチュアリティの定義を含む論文で、先の検索と重複しないもの三件を拾った(二〇一八年四月一一日検索)。

これらの論文から、スピリチュアリティの定義を抜き出してまとめたのが次頁の表１－１である(下線は筆者による)。①と②のジンバウアー他の定義は宗教社会学でスピリチュアリティ概念が論じられた先駆けに当たり、よく引用される。しかし、「高次の力」への信仰で生活を律することを指し、宗教の機能的定義(具体的な構成要素ではなく抽象的な機能に注目した定義)と変わりがない。とくに「高次な力」「聖なるもの」などはキリスト教的な神にも適用できそうである。それに対して、個人に内在する生命原理やエネルギーに強調を置く③のような定義も出てくる。そこから、個人の主観や体験に重点を置く④⑤⑥⑦のような定義も出てくる。個人性や主観性が重要ならば、組織的な「宗教」と必ずしも関わらないということが、⑧⑨のように明確化されるようになる。

また、スピリチュアリティ概念を多次元的に把握する⑩⑪のように要素を列挙する定義が出てくる。これは、スピリチュアリティという言葉が人によって異なる意味で用いられるので、単純な定義ではなく、複数の次元に分析してとらえるようになったためである。そのなかで、人生の意味や目的など、より抽象的な意味が析出される傾向が出てきた。

表 1-1　心理学的文献における spirituality の定義

①	スピリチュアリティの定義でたいていの場合に含まれてきたのは，何らかの高次の力 Higher Power とのつながりや関わり，それへの信念や信仰，または自分の価値観や信念を日常生活における行動と統合することである（Zinnbauer et al. 1997: 557）.
②	スピリチュアリティは，聖なるものの探求に特別に直接的に注意を向ける（Zinnbauer et al. 2001）.
③	第一に生のもっとも動的で生き生きとした原理や性質と関わっている状態を指し，しばしばその人の物質的な人間的要素に生命やエネルギーを与えることとして説明される．第二に，スピリチュアリティは生の非物質的な特徴に幅広く注意を向けることを含む．つまり，一般的に物質世界を理解するために使われる物理的な感覚（視覚や聴覚など）で知覚できると見なされない特徴のことである（Miller & Thoresen 2003: 27）.
④	聖なるものの探求から生起する感情，思想，経験，行動．「探求」という用語は，同定し，分節化し，維持し，または変容しようとすることを指す．「聖なるもの」という用語は，個人によって感じられるような神的存在，神的対象，究極的実在，究極的真理を指す（Hill et al. 2000: 60）.
⑤	スピリチュアリティは内的で主観的で神的な体験，または神との直接的関係として定義される（Hyman & Handal 2006）.
⑥	もっとも一般的なスピリチュアリティの定義は神・キリスト・高次の力・神的なもの・個人的価値観などとのつながりの感情や体験である（34%）．さらに，分類不可能なもの（17%），自分の信念や価値観を日常生活に統合すること（5%），人格的な成長，実現，統御，自己コントロールを目指すこと（2%）である（Hodge & McGrew 2006: 639）.
⑦	適切な研究であればスピリチュアリティを測定するために，スピリチュアルな体験・信念・行動の主観的な評価（つまり本人自身の答える評価）を活用しなければならない．スピリチュアルな体験・信念・行動と結びつくのは，(a) 意味の実存的探求，(b) 超越的実在（たとえば神や神的存在，究極的な実在や真理）との関係である（Sawatzky & Ratner 2005: 159）.
⑧	より広くスピリチュアリティを定義しようとするなら，自己，共同体，自然，人生の意味や目的とつながっているという感情を含むことになるだろう．スピリチュアリティに関する変数（つまりスピリチュアルな幸福，スピリチュアルな成熟，実存的関心など）は，意味，全体性，超越性，つながり，喜び，平安など連なりを持った諸概念を包括する傾向がある．そして，それらは組織宗教への参加に依存しないとされる（Mytko & Knight 1999）.
⑨	スピリチュアリティはより広い観点からも定義されてきた．実存的意味の探求，人間を生きることへと駆り立てる力で，それは宗教を通して現れるとは限らない（Carroll 2001: 83）．スピリチュアリティは〈存在〉の内的「本質」であり，身体と精神 mind から分離した実体ではなく，その不可欠の一部として実存する（95）.
⑩	スピリチュアリティの定義と記述に関しては 13 の概念が構成要素として同定された．これらは次のものと関連する［各単語のあとの説明を省く］．関係性，超越性，人間性，中核・力・魂，意味・目的，真正性・真実，価値観，非物質性，（非）宗教性，全体性，自己知，創造性，意識（Cook 2004: 543）.
⑪	質的なテーマ分析によれば，人生最終段階のスピリチュアリティの概念には 11 の次元があることが分かった．(1) 人生の意味や目的，(2) 自己超越，(3) 高次の存在を通しての超越，(4) 交わりと相互性の感情，(5) 信念と信仰，(6) 希望，(7) 死に向かう態度，(8) 人生への感謝，(9) 根本的価値観への省察，(10) スピリチュアリティの発達的性質，(11) その意識的側面（Vachon et al. 2009）.

次にこれらの定義に頻出する単語を、テキストマイニングによって抽出し、分類する[3]。抽出の方法は、(1)「spirituality」「spiritual」との「共起回数」(一文のなかに同時に現れる回数)が三以上、(2)かつ単語の登場回数が三以上、(3)ただしスピリチュアリティの特徴と無関係の機能語などを省き、(4)意味の近い単語はひとまとまりでカウントする、である。これをまとめたのが、次頁の表１－２である。

まず、スピリチュアリティ概念の構造を示す単語群が来る。スピリチュアリティは広く非物質性を指すが、多次元的であり、かつそれを包括する全体的なものである。その次元は大きく分けて三つあり、生の意味と目的、自然や他者とのつながり、究極的実在・超越的なもの・神的なもの・高次の力である。スピリチュアリティは、これらを信じることを含むが、その信じ方は宗教、とくに組織化された宗教とは必ずしも一致しない。というのも、個人的・内的な体験を重視するからで、固定的な教義を信奉するよりも、発達・成長・自己実現を目指し、価値を探求し続ける実践・行動のあり方を特徴とするからである。

しかし、英語圏では現在でも多数のキリスト教関係の文献でスピリチュアリティが主題的に扱われている。同時に、スピリチュアリティは、キリスト教以外の宗教にも備わっていると考えられている。したがって、特定の宗教と同一視することも、宗教と正反対だとすることもできない。

スピリチュアリティは依然としてキリスト教と関係が深いが、米国では「私はスピリチュアルだが宗教的ではない spiritual but not religious」という言明も出てきている(Fuller 2001)。だがこれは矛盾ではない。スピリチュアリティは諸宗教の核心部分なので、キリスト教もスピリチュアリティを含むが、個

(３)　ユーザーローカル社のオンラインツールによる(二〇一九年四月一四日)、〈https://textmining.userlocal.jp〉。

表 1-2　定義集に登場する単語の分類

	単　語	共起回数	頻度
スピリチュアリティ概念の構造：非物質性・多次元性・全体性	physical, materiality, material, immaterial	15	7
	dimension	11	3
	wholeness	4	3
スピリチュアリティの次元 1：生の意味と目的	life, living, vital, animate, daily, everyday	28	13
	meaning, mean	29	8
	purpose	15	5
スピリチュアリティの次元 2：自然や他者とのつながり	relationship（relate, relatedness), mutuality	26	8
	connectedness, connection	10	4
	social, community, communion	15	3
	nature	7	3
スピリチュアリティの次元 3：究極的実在・超越的なもの・神的なもの・高次の力	reality, essence	20	5
	ultimate	18	4
	transcendence, transcendent	18	7
	divine, sacred	12	7
	high	6	5
	power, force, energy	6	8
(組織)宗教とは必ずしも関わらない信念のあり方	belief, faith	20	10
	religion, religious, religiousness	25	6
	god	12	4
	truth	9	4
個人的・内的な体験の重視	self	16	7
	person, personal	13	6
	feeling, feel, affective	9	6
	experience	20	5
	inner, internal	3	4
	subjective	19	3
発達・成長・自己実現を目指し，価値を探求し続ける実践・行動のあり方	behavior, practice	28	5
	search	20	6
	developmental, growth, actualization, maturity	8	5
	existential	23	4
	value	5	6
	concern	6	3

人的に教会の外でも探求できると見なされている。とくに教会ではスピリチュアリティが形骸化していると感じる人は、教会の外で探求する。しかし、何が本質で何が形骸なのかは曖昧で、スピリチュアリティと宗教の間の境界は流動的であり続ける。また、スピリチュアリティを探求する者は、宗教に対してアンビヴァレントな関係を持ち続ける。つまり、宗教の「本質」を複数の伝統から積極的に吸収する一方で、組織としての宗教の権威主義や排他主義には強い嫌悪感を抱くのである。

以上から、スピリチュアリティは、宗教との関係でそのあり方が決定されることが分かる。米国民の多くがキリスト教を信仰しているのに対し、日本では、宗教を自覚的に信仰する人は少ない。米国では、個人的スピリチュアリティがキリスト教から逸脱することを警戒する傾向がある。とくにキリスト教に代わる新時代がやってくると主張する「ニューエイジ」に対する保守的なキリスト教徒の反発は強い。カトリックの教皇庁はニューエイジ批判の公式文書を出している(Pontifical Council for Culture et al. 2003)。それに対して、「スピリチュアリティ」という言葉はキリスト教でも使われるために、「ニューエイジ」ほどの抵抗を引き起こさない。一方、キリスト教の衰退の著しい英国では、宗教と距離をとる「ニューエイジ」への抵抗はさほど大きくない(Horie 2013)。

3　日本における出版の動向——死者の重要性

日本では「宗教」に対する警戒心の方が強い。このような違いは、スピリチュアリティ言説の展開にどのような影響を与えるだろうか。先回りすれば、スピリチュアリティが「宗教と違う」ものであれば好ましいが、「宗教と同じ」ではないかという疑いが常につきまとうことになる。具体的にはスピリチ

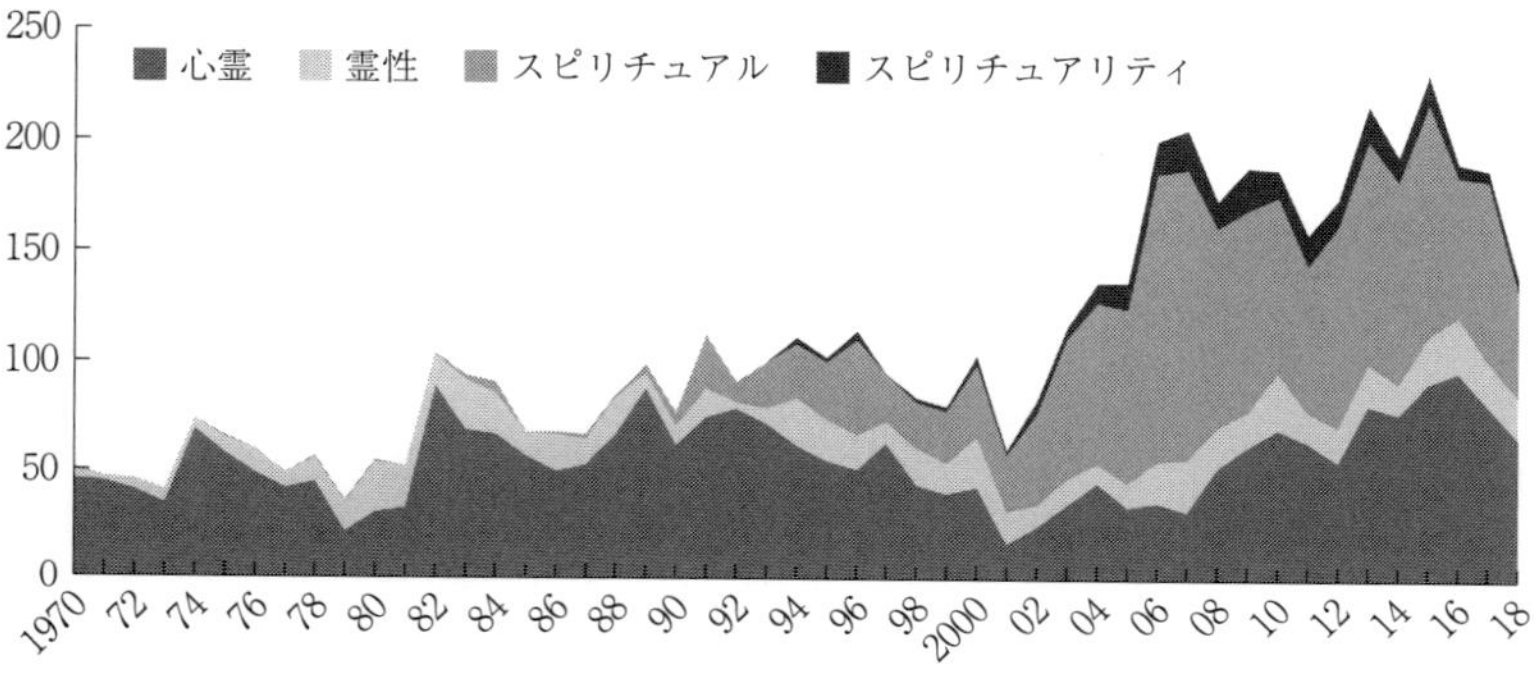

図1-2　国会図書館におけるスピリチュアリティ関連書籍

ユアリティ現象を指す耳に心地よいスローガン的な言葉が登場するが、世間に流布すると「宗教」と同様のものではないかと叩かれて廃れ、別の言葉に取って代わられる。その結果、様々にニュアンスの異なる用語が乱立することになる。「スピリチュアリティ」という言葉は研究者によって輸入されたものの、人口に膾炙《かいしゃ》していない。しかし、英語圏であれば「スピリチュアリティ」と呼ばれそうな現象はあり、それに関連する複数の言葉も存在する。図1-2は、国立国会図書館で「スピリチュアリティ」関連の言葉で書籍のみを検索した際のヒット件数をまとめたものである。

検索語は「心霊」「霊性」「スピリチュアル」「スピリチュアリティ」とした(二〇一九年四月一四日検索)。一九七〇年を起点としたのは、この年までは全体として出版件数が多くないからである。米国議会図書館での検索結果は一〇年ごとに倍に増えていたが、それと比較すると山と谷を経ながら長期的に増加するという形である。「心霊」は早くから書名等に使われているが、二〇〇一年頃に落ち込み(一七件)、一六年に最高記録(九六件)をマークしている。「霊性」は継続的に使われているが、数は多くない。「スピリチュアル」は一九九〇年代から二桁を推移するが、二〇〇二年頃から急激に伸び、〇六年、〇七年にピークをなし、一二年から

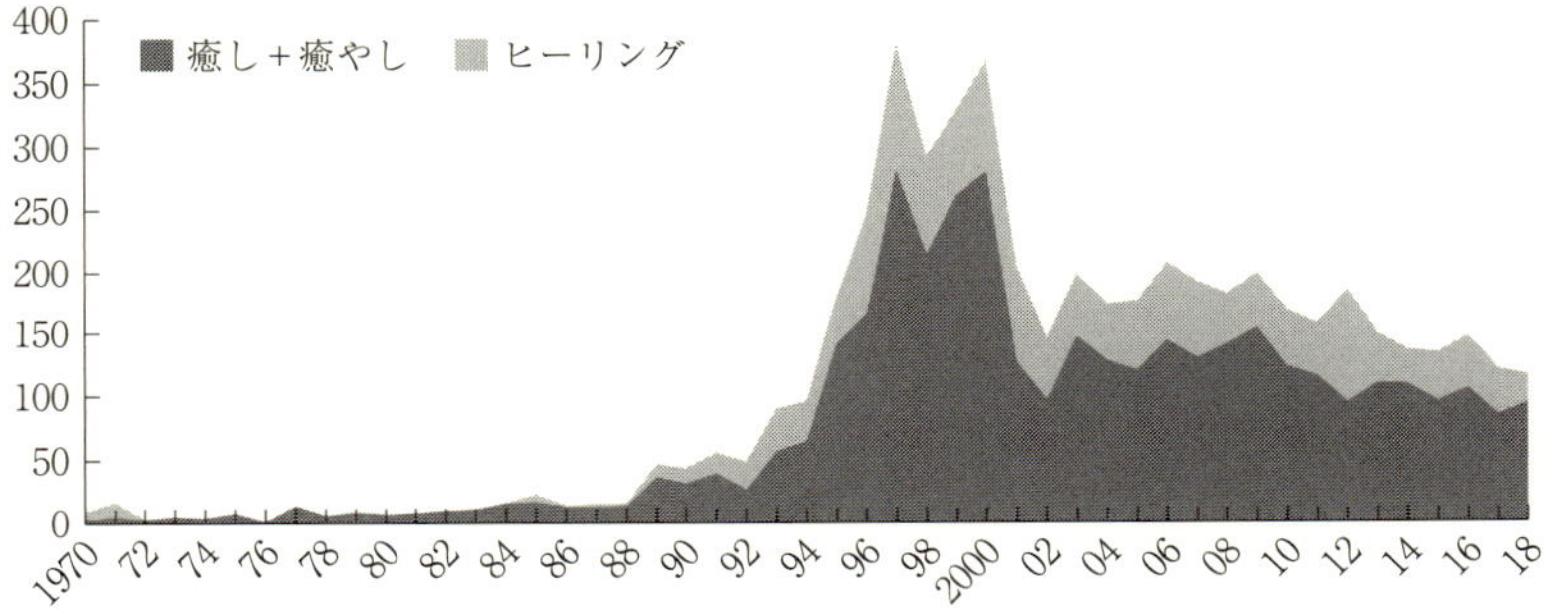

図 1-3　国会図書館における癒し関連書籍

一五年に再び一〇〇件近くを推移する。ここから読み取れるのは、一九九〇年代に「心霊」への関心がある程度盛り上がるものの、何かをきっかけとして二〇〇〇年代初頭に急激に落ち込むが、それを補うかのように「スピリチュアル」への関心が伸びる。それも落ち着くと、東日本大震災が起こり、その後、再び両者への関心が増すということである。一方、霊性・スピリチュアリティは、学術書を中心に使われており、英語圏のように広く使われる言葉にはならなかった。

もう一つ関連した言葉で重要なのは「癒し」である。癒しは、単なる病気の治療ではなく、信仰による治療、正統医療と異なる代替療法をも指し、スピリチュアリティとの関連も深い。広い意味ではストレス軽減やリラクセーションなども含むので「スピリチュアル」よりも抵抗なく使われ、出版件数も多い。図1－3は「癒し」「癒やし」「ヒーリング」で検索した際のヒット件数をまとめたものである。一九九七年頃から急激に関心が高まるが、二〇〇二年にいったん落ち込み、再び二〇〇〇年代後半に盛り上がりを見せていることが分かる。

「スピリチュアル」「心霊」「癒し」への関心を見ると、一九九〇年代に小さな盛り上がり、二〇〇〇年代初頭に急激な落ち込み、そして二〇〇〇年代後半にブーム、東日本大震災後にそれに劣らないほどの関心の高まりがあったことが分かる。このような動向を考慮して、本書では主に二〇〇〇年代以降のスピリチュアリティ関連現象への関心を中心に扱う。

「スピリチュアリティ」という言葉は、英語圏ではキリスト教の「聖霊」との関係が深かったが、やがて広く非物質的なスピリチュアルなものへの関わりへ意味が広がっていった。それに対して、日本ではキリスト教の影響は大きくない。現代日本語では「霊」は神に由来する「聖霊」より、死者の霊魂を喚起する言葉である。そのため、「スピリチュアル」という言葉は、死者の霊とのコミュニケーションを実践するスピリチュアリズム(心霊主義)と強く関係づけられる。

一方、宗教学や心理学や社会学では、西洋からの概念の輸入という形で「スピリチュアリティ」という用語の導入が進んでいる。高齢者のスピリチュアリティの研究に限定しているが、よくまとまった日本での先行研究のレビューとしては竹田・太湯(二〇〇六)がある。それによれば、日本人におけるスピリチュアリティは、(1)生きる意味・目的、(2)死と死にゆくことへの態度、(3)自己超越、(4)他者との調和、(5)よりどころ、(6)自然との融和の六つの概念からなるという。このうち、死に関する態度と他者との調和は、高齢者のスピリチュアリティにおいて重要な要素とされる。

先に提示した英語圏におけるスピリチュアリティの定義であげられていた、非物質的なスピリチュアルなもの、具体的には生きる意味や目的、他者や自然とのつながり、より高い神的な力や霊と重なるものが多い。英語圏の定義になかったのは死の部分と「よりどころ」に先祖や位牌などが含まれる点である。対象を高齢者に限定しなければ、先祖に限らず「死者」とのつながりが重要だということになる。つまり、日本人のスピリチュアリティにおいては「死者とのつながり」が英語圏よりも明確になる。英語圏ではプロテスタンティズムの影響もあり、死者は神に比べて位置づけが低く、死別後も死者を思い続けることは病的だと見なされる傾向がある（Klass et al. 1996）。心理学者の定義はそれに引きずられていたのではないだろうか。実は西洋でも、死者の霊と交流するスピリチュアリズムが発生しており、死者とのつながりは決して軽くはない。ＯＥＤのスピリットの項目にも、神に由来する聖霊だけでなく、善にも悪にもなりうるそれ以外の「精霊」の意味も含まれていた。

これまでの議論を踏まえて、英語圏で実際に使用されていて、日本人にも適用可能なスピリチュアリティの定義は、次のようにまとめられるだろう。

スピリチュアリティとは、⑴非物質的なスピリチュアルなもの（ａ 生きる意味や目的、ｂ 他者・死者・自然とのつながり、ｃ より高い神的な力や霊）を探求している状態、それによる成長・成熟のプロセスを指し、⑵諸宗教の核心部分に当たるが、⑶個人で主観的に体験することができ、⑷組織宗教と距離を取って世俗生活のなかで探求することも可能なものとして、これまでとらえられてきた（人々によって、またその反応を測定する心理学者によって）。

この定義によって、欧米から輸入される様々な「スピリチュアリティ」（キリスト教、心理学、ニューエイジなど）に、日本の古くからの霊への関心、近代に入って西洋から輸入されたスピリチュアリズムへの関心をも包括する形で、「スピリチュアリティ」という言葉を学問的な分析概念、欧米の現象と日本の現象を比較分析するための道具として使うことが可能だと見込むことができる。

一方、この種の多次元的な定義には欠点がある。まず、人々の設問に対する反応を測定した結果であるため、雑多な要素が抽象化されずにまとめられている。次に、「成長・成熟」「諸宗教の核心」などという価値判断を含む言葉が入っており、主観に委ねられてしまう。人々の観念をまとめた結果ではあるが、スピリチュアリティ現象を社会学的に把握するためには、これらに該当する観察可能な特徴に置き換えるべきである。こうした欠点を克服した定義としては、次のようなものが考えられる。

スピリチュアリティとは、⑴通常は知覚しえないが内面的に感じられるものへの信念と、⑵それを体験して変化をもたらそうとする実践の総体であり、⑶宗教文化的資源の選択的摂取、⑷個人主義や反権威主義といった態度が、程度の差はあれ、ともなうものである。

第一の心理学的な定義は、スピリチュアリティ概念の「内包」(人々が言葉に込める意味内容)に当たるが、この第二の社会学的な定義は「外延」(この言葉によって指示されうる対象)を確定するためのものである。また、この定義では、信念と実践という宗教学でよく用いられる視点に要素を整理した。スピリチュアリティ関連の文化を観察者の視点から拾うのには、第二の定義の方が適している。その上で、「通常は知覚しえないが内面的に感じられる」スピリチュアルなものとはどのようなものかについては心理学的な定義に戻り、欧米と日本の人々の間では「a 生きる意味や目的、b 他者・死者・自然とのつながり、c より高い神的な力や霊」が、想定されていると答えることができるだろう。

第二章　二〇〇〇年以後の日本における スピリチュアリティ言説

1　オウム事件、反カルト的雰囲気、意識変容への懸念

前章のスピリチュアリティ概念を踏まえて、本章では日本におけるスピリチュアリティ関連の言説の二〇〇〇年代以後の動きを概観したい。本来は一九六七年以後のヒッピー、七三年以後のオカルト・ブーム、七八年以後の精神世界、八〇年以後のニューエイジ、八五年頃の前世ブーム、九〇年前後の新新宗教への影響なども見なければならない。しかし、スピリチュアリティ関連図書の出版の盛り上がりは、二〇〇〇年以後が顕著であった。二〇〇〇年以後に絞っても二〇年の歴史があり、十分にまとまりのある歴史区分と見なすことができる。

まず、宗教嫌いを加速し、宗教ではない何かへの希求を高めたきっかけとして踏まえるべきなのは、一九九五年のオウム真理教による地下鉄サリン事件である（以下「オウム事件」と略す）。この事件をきっかけに、「新新宗教」と呼ばれていた新しい宗教運動は、パブリックな場面から大きく後退する。特に九五年から二〇〇〇年までは反カルト的雰囲気が日本社会に充満していた。警察によるオウム真理教へ

の一連の捜査や追及と、マスコミによる連日の報道とバッシングは激しいものだった。それは「第二のオウム」への警戒心につながる。それを象徴するのが九九年の末の動きである。この年の一一月一一日にセミナー会社ライフスペースのミイラ事件（信奉者の遺体を治療中と称してホテル内で放置）が明るみに出て、メディアで主宰者の常軌を逸した言動が大きく取り上げられる。一二月一日には、足裏診断などの詐欺容疑に関連して法《ほう》の華三法行《はなさんぼうぎょう》への一斉捜索がおこなわれる。そして、一二月七日に「無差別大量殺人行為を行った団体の規制に関する法律」が公布される。オウム事件以後の五年間を通して高まってきていた反カルト的な雰囲気が、ここで頂点に達しているかのようである（堀江 二〇一八：七六—七七）。

このような雰囲気のもとでは、新宗教関係者だけでなく、「宗教」団体を形成しないスピリチュアリティの探求者・実践者も、自分たちがオウム真理教やその他のいわゆる「カルト」と異なることを示さなくてはならなくなった。それというのも、オウム真理教は、もともと鍼灸院やヨガ道場という個人消費・個人参加をベースとした非「宗教」的な空間から出発していたからである。つまり、彼らの関心は、当初は個人のスピリチュアリティの開発にあった。宗教団体として出発した後も、修行を通じて意識変容体験を引き起こし、それによって悟りのステージがアップするという考えを持っていた（島薗 一九九五）。このあと見る、意識変容をトランスパーソナルな状態と見なす思潮に合致していた。

オウム真理教については、オカルト雑誌などで取り上げられていたこと（藤田 二〇一一：三二）、チベット密教を体験的に論じていた宗教学者の中沢新一が評価していたこともあり（『SPA！』一九八九年一二月六日号）、意識変容を伴う体験、超能力開発という点にひかれ、それまで宗教と関わりのなかった若者が入信したという経緯がある。オウム事件以前の日本のスピリチュアリティを見る上で考えなければならないのは、米国のスピリチュアリティに関する議論が、「トランスパーソナル心理学」関連書籍の翻訳を通してほぼ同時代的に輸入されていたことである。「意識変容」という言葉は、もともとトランスパーソナル心理学で多用された言葉だった。八〇年代以来のトランスパーソナル心理学の輸入は、翻訳家によるところが大きかったが、その代表的人物である吉福伸逸と岡野守也は、『テーマは「意識の変容」』という対談本を九一年に出版している。

「トランスパーソナル」とは、意識的自我を有するパーソン(人格)のレベルを超えたスピリチュアルな領域(他者、自然、地球、宇宙など)に自己超越して達しようとすることを示唆する用語であり、スピリチュアリティと意味的にも類似している。この用語を提唱したマズローなどの人間性心理学者は、人間が有する潜在的可能性《ポテンシャル》を現実化する自己実現を強調する。マズローは、フロイトを批判し、幼児期に起こった出来事がすべてを決定すると考える病的な人間像を退け、積極的に自己実現する心理的に健康な人間像を提示した(Maslow 1968)。また、ウィルバーはフロイトの宗教論を批判し、宗教はプレパーソナルな幼児心理への退行とは限らないとした(Wilber 1977)。つまり、トランスパーソナル心理学は、フロイトの基本思想と宗教論をともに批判し、人間は個を超えた高次な意識の実現へと向かう潜在的可能性を有しているとしたのである。

このようなアイディアは、神秘体験を重視するような宗教性に通じる。実際にはマズローもウィルバーも人為的に意識変容の体験を引き起こすことには反対していた。しかし、トランスパーソナル心理学の代表者の一人と目されるグロフらのホロトロピック・セラピーなどは、過呼吸によって意識変容を引き起こし、意識の成長と進化をうながそうとする(Grof 1988)。意識変容によって人間の内的な潜在的可能性が現実化することを強調する点だけに注目するならば、トランスパーソナル心理学とオウム真理教には相通じるものがあったのである。

2　ポテンシャルからトラウマへ

オウム真理教が暴力的な性格を発現させていった過程は、事件後つぶさに分析されてきた。宗教学者の島薗進は、衆議院選挙で立てた候補者が全員落選するという挫折が、教団の「内閉性」を強め、教団内の信者に対する暴力、そして教団外の社会に対する暴力の深刻化につながったと見る（島薗 一九九五：三三二―三三四）。これを一般化すると、意識変容を進めることは、社会からの遊離、反社会的な閉鎖的集団への埋没につながる恐れがあるという見方につながる。トランスパーソナル心理学においては、意識変容は個人を超えたスピリチュアルな領域の探求の一環として肯定的に評価されてきた。しかし、それは個人の自律性や自主性を失わせ、教団のような共同体への従属を導き、正常な判断力を失わせるものではないか。このような疑いが生じうる。トランスパーソナル心理学の用語で言えば、意識変容がトランスパーソナルではなく、プレパーソナルに導くのではないか、という問いになる。この疑いは、人間性心理学の影響でビジネスとして展開した「自己啓発セミナー」と関連してすでに提示されていたものである（小池 二〇〇七ａ）。

それと並行して、「ポップ心理学」（アカデミックな心理学のように厳密な方法論やエヴィデンスにもとづかないが各種メディアを通して人々に受容されている心理学）の人間像に劇的な転換が起こったと筆者は見ている。それは、ポテンシャル指向の心理学からトラウマ指向の心理学への転換と言えるようなものである。

一九九五年にはオウム事件の二カ月前に阪神・淡路大震災が起こっている。この二つの出来事をきっかけに、ＰＴＳＤ（心的外傷後ストレス障害）が注目される。つまり、災害や犯罪被害などのショッキングな出来事がトラウマ(心的外傷)となり、身体的不調や、不眠、抑鬱、興奮などを長期にわたって引き起こすという障害である。三月二七日付の『朝日新聞』一面の天声人語では、「阪神大震災で精神科医は何をしたか」という題で、ＰＴＳＤが紹介されている。また、同年の九月四日号の『アエラ』では「身体よりも心に残る深い傷――サリン後遺症」と題して、オウム事件の被害者のＰＴＳＤが紹介されている。以後、様々な事件が起こるたびに、ＰＴＳＤの存在が指摘され、「心のケア」の必要性が訴えられるようになるのである。

　また九五年には、ナチスによるユダヤ人虐殺の生き残りの証言で構成されたドキュメンタリー映画『ショアー』がいわゆる現代思想の分野で注目されるようになる(『現代思想』一九九五年七月号)。ここでもトラウマとそれを語ることの困難と意義とが強調される。

　こうして、九五年には様々な分野で、トラウマとなるような災厄を直視し、語り／語らせ、ケアするという行為に関心が集まった。その後、九七年前後には「アダルト・チルドレン」が注目される。アダルト・チルドレン(チャイルド)とは、もともとは「アルコール依存症者の子どもで大人になった人 adult children of alcoholics」から派生した言葉である。後に意味が拡張され、機能不全家族で育った人全般を指すようにもなる。自分がアダルト・チルドレンだと認めることで、生きづらさの原因がトラウマにあることが分かり、それまでよりも楽な生き方ができるようになるとされる(西尾 一九九七)。

　この議論は米国から輸入されたが、その背景には米国における幼児虐待の認知の増加があった。それが日本に輸入される時期が、偶然にも阪神・淡路大震災やオウム事件と重なっていた。つまり、意識変容をうながす心理学的実践への懸念が生じていたのと同時期に、米国における「トラウマ心理学への回帰」の波が日本にも押し寄せてきた。その結果、より劇的な形で、「潜在的可能性《ポテンシャル》から心的外傷《トラウマ》へ」という転換が生じることになるのである。

人々の心のなかにあって、明らかにする必要のある隠されたものは、ポテンシャルではなくトラウマとなった。九五年までの日本のポップ心理学は、フロイトを否定した人間性心理学やトランスパーソナル心理学の影響を受け、隠された潜在的可能性を信頼し、意識変容によってそれを開花させようとするポテンシャル指向の心理学であった。ところが、九五年以後は、フロイト以来のトラウマ概念を復活させ、隠されたトラウマを自覚することでそれから自由になろうとするトラウマ指向の心理学が支持を集めるようになるのである。

このような動きは、オウム真理教の教祖麻原彰晃《あさはらしょうこう》の理解に即しても例証される。麻原自身の神秘体験や意識変容は、教団の文脈では修行の成果であり、解脱の証拠である。しかし、事件後、マスコミは麻原の生い立ちを調べ、麻原が視覚障害を持ち、幼い頃から親元を離れ、寮生活をし、盲学校に通い、東大受験に失敗したという経歴をたどり、劣等感と権威主義的性格を育むに至った過程を描き出した(たとえば『アエラ』一九九五年四月一〇日号)。読者は、麻原の神秘体験や意識変容は、世俗的成功を断念せざるをえなかった麻原が、人よりも優れたい、全能感を得たいという願望を、宗教の方向に求めた結果だと解釈するだろう。その場合、意識変容と超能力は、内的ポテンシャルの実現ではなく、内的トラウマの病的な埋め合わせとして解釈されうる。この種の解釈は、ポテンシャル指向からトラウマ指向へと人々が暗黙のうちに持っているポップ心理学における人間観、あるいはポップ・スピリチュアリティにおける指向性が転換したことと軌を一にしていたであろう。

こうした動きはスピリチュアルな実践に興味がある人々にも、方向修正をもたらしたかもしれない。意識変容を通して発見される私とは、傷ついた内的な子どもであるかもしれない。そのようなトラウマが発見されたとしたら、まずその傷ついた私を癒さなくてはならない、と。

3　癒しの時代

すでに図1-3で見た通り、国会図書館データベースで「癒し」「癒やし」「ヒーリング」を検索すると、九七年頃から急に図書の出版数が増え、「癒し」ブームが起きたことが分かる。実際、九七年には一四の出版社が共同で癒しのブックフェアを開催している(『朝日新聞』一九九七年二月一六日、一五面)。「癒し」はスピリチュアリティの領域でも非常に重要なタームであり、この前後にそれに匹敵するスローガンが見当たらないことから、九七年から二〇〇二年あたりを「癒しの時代」として特徴づけることが可能だろう。

トラウマ指向の心理学への転換が起こったこの時期に、「癒し」が注目されたのは、単なる偶然とは言えない。癒すべきものとして連想される言葉は「傷」であり、心理学的に言えば「トラウマ」だからである。一九九七年に出版された本で、現在(二〇一九年)も新品で入手可能な書籍でタイトルに「癒し」という言葉が付いているもののうちアマゾンのレビュー数が多いものとしては、アダルト・チルドレンに関連する西尾(一九九七)、前世療法に関するワイス(Weiss 1992)がある。前者はトラウマからの癒しに関わる。後者の前世療法は退行催眠によって前世を知るという点で、意識変容を伴うが、現在の問題の原因を前世にさかのぼり、記憶を取り戻すことで癒されるという点では、トラウマの癒しの一種と言える。

「癒し」関連書籍の核をなしているのは、心理療法と代替医療(ホリスティック医学)である。この分野では、早くから、その実践を特徴づける理念として「癒し」という言葉が頻繁に用いられてきた。たとえば、ワイル(Weil 1995)によれば、「癒し」とは、心身全体の自発的自己治癒力の活性化であり、生き方や人生観の劇的な変化を伴うことがあるようなものである。ワイルは身体上の傷が治癒していく癒しのシステムが心身全体に働いていることから、心と身体の相関を強調する。そして、様々な代替医療・民間療法が、特効性のある「治療」ではないものの、自発的自己治癒力を活性化することがある(常にそうだというわけではない)ことを示す。ワイルの言う「癒し(治癒)」は、部分的な身体的疾患の除去を目指す医学的治療や、自己否定をともなう宗教的救済と異なる。このような癒しは、意識変容を必ずしも必要としない。潜在的自己の実現というよりは、本来的な自己の回復、ありのままの自己の肯定である。こうして意識変容追求型にならずにスピリチュアリティに関わる思想や実践を続けるスローガンとして、「癒し」という言葉は機能した。それは、治療を目指す医学や救済を目指す宗教からスピリチュアリティを差別化するのにも効果的な理念であった。

前節までの話を踏まえるならば、潜在的可能性や意識変容の強調はオウムを連想させるという懸念と、トラウマ指向の心理学への急激な転換とを背景として、それでもなおスピリチュアルな実践を指し示すのに有効な唯一のタームとして「癒し」が急浮上したのである。

4　ポピュラーなブームとしての癒し

他方、見落としてはならないのは、「癒し」という言葉が、心理や医療の専門家の枠を越えたポピュラーな市場にも広がり、商品のキャッチフレーズのように使われ始めたということである。たとえば『現代用語の基礎知識二〇〇三』は、「癒し系市場」という項目を設け、「人間の精神的安定に役立つことを切り口としてまとめられた市場」と定義し、「書籍、音楽、絵画、映像、マッサージ、飲料、食物、衣類など日常生活の多くの分野において人々の心を和ませることを目的に開発された商品の発売が進んでいる」(三五二頁)と書いている。また、「いやし系」という別の項目では、「例えばやさしくふっくらしてお母さん風の女性」が癒し系と呼ばれるとも書いている(同、一一七八頁)。

心理・医療分野での癒しと「ブームとしての癒し」には大きな差異があった。前者の癒しは内的治癒力の活性化だが、後者の「癒し」は外的手段によって心を安定させ和ませることと、対比させられる。いわば「ポップな癒し」は、情動が不安定か安定かを気にかけ、それを外的消費行動によってコントロールする。日々の慌ただしさや「ストレス」やいらいらを、自発的能動的な行為ではなく、「商品」ないし商品化されたサービスの受動的な享受によって軽減しようとするのである。

もともとの癒しの理念は、内側からの自己超越としてとらえられていた。つまり、自分が潜在的に持っているはずの癒しの力を解放することで、現在の病める自分のあり方を超越していくということである。このように理解される癒しは、ポテンシャル指向の心理学とも接続可能である。しかし、それがポピュラーな市場では欠落してしまう。自己は環境に影響されやすく、常に不安定で、傷つきやすい存在である。同時に、それは外的消費行動によって容易に癒されてしまうのである。

このような癒しは、宗教学的には従来から現世利益的と言われてきたものの新しい形態だったのかもしれない。キリスト教に見られるように、罪を自己に内在するものととらえ、それからの究極的な救済を来世に求めるのではなく、穢《けが》れや不浄を現世の生活のなかで付着するものととらえ、それを祓《はら》い、浄め、もとの状態に戻ろうとする態度としてとらえることが可能である。オウム真理教などの新新宗教は他界志向ととらえられることが多いが（島薗 一九九二）、ポピュラーな市場での癒しブームはそれとは明らかに異なり、現世志向だということになる。

とはいえ、社寺での祈願行動に見られるような現世利益の追求との差異も無視できない。第一に、癒しのための行動は、外的利害関心にもとづく祈願行動と異なり、心的状態への敏感さにもとづくものである。その意味で、現世利益のように見えて、実は「心理利益」を追求していると言える。また、癒しの実践は、集合的な儀礼行動と異なり、著しく私事化しており、個人的な日々の生活の文脈の内部で完結するものである。

5 片仮名のスピリチュアリティと「霊」の排除

一九九五年から二〇〇〇年までは「癒し」が、日本におけるポップ・スピリチュアリティ言説の中心的位置を占めてきた。「癒し」関連書籍は二〇〇〇年代にも数多く出版されているが、一九九〇年代後半ほどではない。そして、内容的にも「日常生活の多くの分野」（前出の『現代用語の基礎知識』）に拡散している。それに対して、二〇〇〇年以後に高まるのが、「スピリチュアル」なものへの関心である。

図2－1は前出の国会図書館でのスピリチュアリティ関連の単語による検索の結果（図1－2）を単語別に分けて折れ線グラフに表したものである。これを見ると、二〇〇〇年代に「スピリチュアル」という言葉が一種のブームを作ったことが分かる。「心霊」は二〇〇〇年に最低レベルに落ち込んだ後は

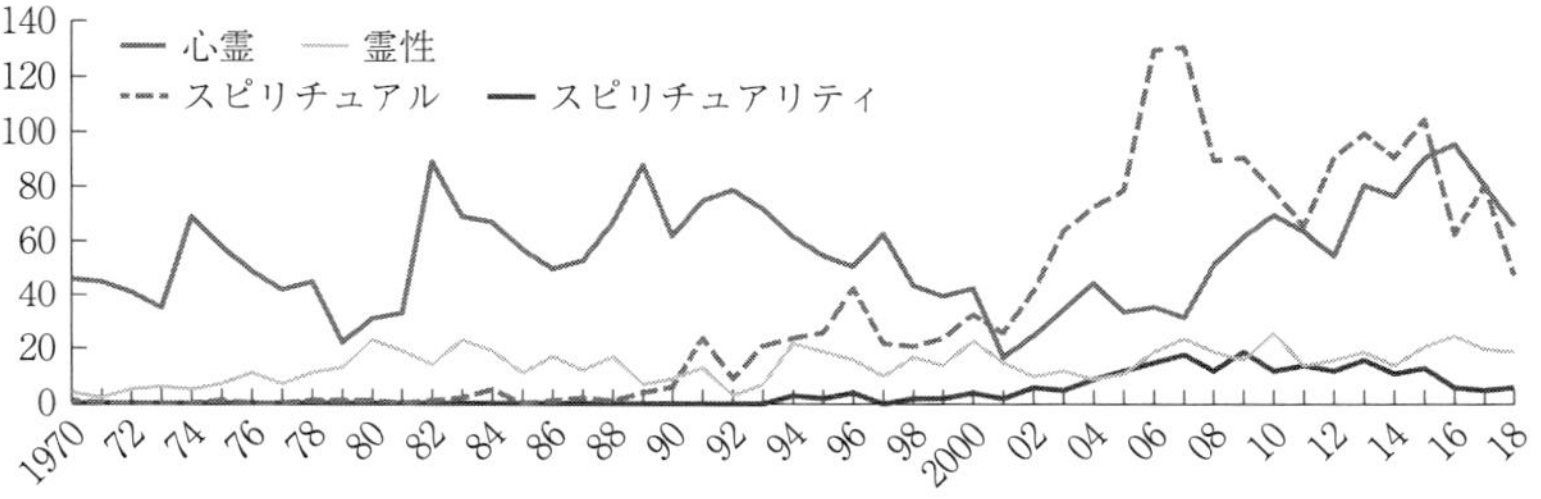

図 2-1　国会図書館におけるスピリチュアリティ関連書籍

徐々に増加し、二〇一〇年代には「スピリチュアル」と同程度かそれを超える。「スピリチュアリティ」も二〇〇〇年以後に増加しているが、数が少なく、二〇一〇年代は減少している。「霊性」はどちらかと言えばキリスト教関連の書籍で多く使われているが、いったん「スピリチュアリティ」に追いつかれるものの二〇一〇年代後半には、キリスト教以外の分野でも使われるようになってきている。要するに、二〇〇〇年代前半に、一過性の現象として、片仮名の「スピリチュアル」「スピリチュアリティ」が「心霊」「霊性」に取って代わりそうな状況だったことが分かる。

その背景には、心理学者や社会学者のなかから、「霊」という言葉を嫌う傾向が出てきて、片仮名のスピリチュアリティが好まれるようになったという事情がある。一九九九年七月の東西宗教交流学会では、spirituality を「霊性」と訳す立場と、「スピリチュアリティ」と訳す立場との間で議論がなされた。そのなかで、漢字の「霊性」について、心理学者の村本詔司は「幽霊とか霊感商法といった否定的なこと」を連想させるとし、キリスト教の立場の奥村一郎は漢字の「霊性」を支持しつつも、自分たちの発行する『霊性センターニュース』が「心霊術」(スピリチュアリズム)の発行物と誤解されたというエピソードを紹介している(『朝日新聞』一九九九年八月一七日夕刊、五面)。

日本トランスパーソナル心理学／精神医学会でも、二〇〇二年の学会シンポジウムにおいて、西平直が「スピリチュアリティ再考――ルビとしての「スピリチュアリティ」」という発題をおこなっている（西平 二〇〇三）。西平は、漢字の「霊性」では「霊」という文字から「余計な誤解」が生じると懸念し、あえて片仮名のスピリチュアリティをルビで引き受け、その多義性を生かしていこうと提案する。

また、それまで新宗教を研究していた宗教社会学者である伊藤雅之・樫尾直樹・弓山達也らが編集した『スピリチュアリティの社会学』の序文では、「「霊性」という言葉が日常語として一般にあまり使用されておらず、かつ「霊性」の「霊」という言葉が「幽霊」や「おばけ」などを連想させ無意味な誤解を招く恐れがあるという判断から、主として「スピリチュアリティ」の語を使用している」とある（伊藤ほか 二〇〇四）。

このように、スピリチュアリティに関わりのある各分野の識者は、漢字の霊性の「霊」が否定的なニュアンスを持っていると認識しており、「誤解」を避けるために、片仮名のスピリチュアリティの方が望ましいと考えている。こうした傾向が、書名に片仮名のスピリチュアリティが増えたことと連動していると見てよいだろう。

そこで、片仮名のスピリチュアリティと漢字の霊性の違いを改めて考えてみると、スピリチュアリティには「霊」という言葉がないということに気づかされる。英語の spirituality は spirit を落とすことができないのに、片仮名のスピリチュアリティは「霊」を落とすことができる。右に紹介した識者らは総じてこの欠落によって、超自然的実体としての霊魂への信仰を想起させないという効果が生じると期待している。日本の宗教の多くが霊信仰と何らかの関わりを持つ以上、「霊」を想起させないということは、「宗教」を想起させないということにつながる。片仮名のスピリチュアリティは「宗教」との差別化のためのスローガンなのである。それによって、超自然的なものに拒否感があるが、生や死の問題を解決するための実践的枠組を必要とする読者をひきつけることが可能となった。加えて、片仮名翻訳によって、外国の先進の知識を導入したというイメージを植え付けられるという利点もあるだろう。

二〇〇〇年代初頭の日本におけるスピリチュアリティ言説の担い手は書籍を見る限り三つの分野に分かれる。一つはトランスパーソナル心理学である。オウム事件以後は、意識変容による人類の意識の進化というモチーフがほとんどなくなる。その担い手は翻訳家ではなく、心理療法や精神医学を専門とする大学人に変わり、複数の学会が組織されている。一般的には日本トランスパーソナル学会があり、その中心人物である諸富祥彦はトランスパーソナル心理学の著者として目立っていた。彼はトランスパーソナルを広く「つながり」ととらえ、生きる意味の探求を目標とするなどと規定し、超越性を和らげて、一般読者の日常的な関心に応えようとした(諸富　一九九九)。また、日本トランスパーソナル学会は、実践者を広く巻き込んだセミナーや研究会などもおこなっている。それに対して、よりアカデミックな方向への転換を図ったのが日本トランスパーソナル心理学／精神医学会で、霊性＝スピリチュアリティに関する理論的研究をおこなってきた。全般的に、意識変容よりも、気づきやマインドフルネスなどが強調され、他の心理学や心理療法の領域に開かれつつある。仏教の瞑想との接合の試みなども見られる(cf.安藤　二〇〇三)。

二つ目は、スピリチュアル・ケアである。スピリチュアル・ケアとは、社会的な存在としての意味が感じられなくなってしまった末期患者が、生の意味を確認し、自分自身で納得できる死後のイメージを獲得することを手助けすることである。そこでは、特定の信仰から自由であることが強調されていた(窪寺　二〇〇〇)。

三つ目は宗教社会学である。オウム以後、目立った新しい宗教運動がなく、研究対象に恵まれない中堅の新宗教研究者らが、スピリチュアリティを、インターネット、スポーツ、マンガ、映画、セルフヘルプ・グループなどの現実生活のあらゆる分野に現れる「見えないつながり・絆」としてとらえて考察していた（樫尾 二〇〇二）。

以上の分野で「スピリチュアリティ」と言われているものをまとめると、生活のなかに潜んでいる、見えないつながり（超越的なもの、他者、自然、世界とのつながり）への気づきに関わるものが多い。いずれの分野でも共通するのは、扱う対象や発するメッセージが特定の宗教色を持たない点である。そしてそれを表現するのにふさわしいのは漢字の「霊性」ではなく、片仮名の「スピリチュアリティ」だった。それによって、霊信仰を暗黙のうちに排除し、片仮名語の知的で先進的なイメージを喚起しようとしたのである。

6　マス・メディアにおける「スピリチュアル」

しかし、二〇〇〇年代に入って知識人たちが用い始めた「スピリチュアル／スピリチュアリティ」は、この語義においては一般化することなく終わった。一般メディアで「スピリチュアル」という言葉が使われるときには、ほとんどの場合が江原啓之《えはらひろゆき》という個人と関連していた。江原は二〇〇一年以後に「スピリチュアル」という言葉をタイトルに含む書籍を多数出版し、この言葉の一般的イメージを確立した。

江原の実践は、実質的には伝統的な霊媒・霊能力者のそれと変わらない。一九九五年の著作では「霊学」という神道《しんとう》由来の言葉をタイトルに使用していた。ところが二〇〇一年以後は「スピリチュアル」

という言葉を前面に押し出し、自らは「霊能者」ではなく、「スピリチュアル・カウンセラー」だと称するようになる（後に「スピリチュアリスト」と称するようになる）。江原によれば、霊能者は、低い霊現象を扱い、風変わりな行動をとり、何らかの宗教的背景を持ち、現世利益を提供する。それに対して、スピリチュアル・カウンセラーは、高次のスピリットのメッセージを伝達し、成熟した人格を養うことを重視し、宗教的外観をとらず、クライエントに「人生の地図」を提供するだけである。実際には、幼い頃から霊体験を持ち、神道との関わりを持ってきた経歴があるのだが、江原は、英国のスピリチュアリストにトレーニングを受けたことを強調した。つまり、スピリチュアリズムという外来思想と片仮名のスピリチュアルを採用することで、漢字の「霊」を表面から廃し、伝統的な霊信仰にまつわる負のイメージを払拭しようとしたのである（以上は江原 二〇〇三bを参照）。

「カウンセラー」を名乗っていた江原は、明確に心理学の学説に言及しないものの、しばしばトラウマ指向の心理学の用語や解釈を採用する（たとえば、本書：四九）。とはいえ、先に見た知識人たちのスピリチュアリティと、江原の「スピリチュアル」――ポップ・スピリチュアリティ――は一線を画している。前者において霊信仰それ自体はほとんど問題とされていないのに対して、江原は片仮名のスピリチュアルを使用しつつも実質的には霊信仰を前提とし、それにカウンセリングという新しい方向性を加えようとしていると見られる。

最後に特筆すべきは、彼が個人カウンセリングをおこなわなくなり、そのかわりに著述やテレビ出演などメディアを活動の中心としていることと、その作品が生活の様々な場面と結びついていることである。聖地の旅行ガイド、音楽（彼自身の声楽も）、ダイアリー、育児書、「お祓いブック」などもある。それぞれに「スピリチュアル」がキャッチフレーズとしてつけられている。メディアの活用、消費主義、日常生活における効用の強調などは、先述のポピュラーなブームとしての「癒し」と類似した特徴である。

まとめると、江原のユニークさとは、片仮名語の使用による「ファッショナブル」な印象、トラウマ指向心理学の援用、伝統的な霊信仰への根づきと刷新、メディアを介した消費主義との結びつきとしてまとめられる。知識人の片仮名スピリチュアル／スピリチュアリティの使用は、伝統的な霊信仰からの決別を含意していたが、江原はよりポピュラーなレベルで根深い霊への関心を引きつけつつ、トラウマ心理学的な語彙を用いて、伝統的外観から離脱し、「癒し」と同等の成功を、ほぼ独力で成し遂げたのである。

7　根強い「霊」への関心

知識人の「スピリチュアリティ」よりも江原の「スピリチュアル」の方がポピュラリティを獲得した理由は、前者が霊信仰を抹消しようとしたのに対し、後者は霊信仰を批判的に継承しようとしたという点にあるのではないだろうか。筆者はその背後には、ポピュラーなレベルで持続している霊への関心があると考える。

江原以前に注目された霊能者としては宜保《ぎぼ》愛子がいる。オウム事件をきっかけにテレビで非科学的な内容を放映することへの批判が高まり、出演が減少したが、二〇〇一年からバラエティ番組などに再出演するものの〇三年に死去する（ASIOS 二〇一九：四一二）。

他方、一九九七年から放送されている「奇跡体験！ アンビリバボー」（フジテレビ系列）は二〇〇二年の夏までは心霊関係のエピソードを積極的に紹介していた。その他、超常現象全般を扱う「不思議どっとテレビ。これマジ」（テレビ朝日系列）が〇一年から〇三年まで、「USO!? ジャパン」（TBS系列）は〇一年から〇三年まで放送されていた。いずれもゴールデン・タイムでの放送である。このようにオウム事件の余波で姿を消したいわゆる「心霊番組」が、〇一年から〇三年にかけてテレビなどのメディアにおいて堰を切ったように復活した。論争を巻き起こす可能性のある心霊コンテンツをメディア側が放送局の違いを越えて同時多発的に放映するよう示し合わせたということは考えにくい。オウム事件からある程度の年月が経ったので、人々の間で持続していた霊への関心に応えたと見るのが自然な解釈だろう。

とはいえ、それは従来の「心霊番組」と異なる面も持っていた。番組のタイトルには、信じられない（アンビリバボー）、本当だろうか（これマジ）、嘘ではないか（USO!?）といった言葉が採用されている。オウム以後の非科学的な心霊番組への批判のあとに登場したこれらの番組は、いずれも取り扱う「不思議現象」の真偽をぼかして、霊をめぐる出来事に関して、あくまで物語として享受しようとするという態度をとっている。また、こうした心霊番組は、ティーン・エイジャーを意識した作りが多かった（特にジャニーズの男性タレントを起用した三番目）。事件から六年も経つと、事件当時には就学前だった子どもたちが不思議現象に関心を持つようになる。そうした視聴者層を意識したものだと言える。メディアの側から見ると、オウム事件と反カルト的な雰囲気の頂点である一九九九年を過ぎて、そろそろオウムを知らない若い世代の霊への関心に応えてもよいという判断がなされたと理解することができる。二〇〇〇年代から若者における不思議現象の受容を調査研究している小城英子らによれば、実際に娯楽的に享受する層がスピリチュアリティ信奉層と並んで一定の割合で存在するという（小城ほか 二〇一五）。先に示した図2－1を見ると、「心霊」をタイトルに持つ図書は〇二年に最低水準まで落ち込んだ後、次第に回復していく。テレビメディアが「心霊」的なものを解禁したことで、書物の方も霊への関心に応える方向に転じたと見ることができる。

以上は、メディア側の動きだが、そもそも物語としての霊的出来事への関心は、実はオウム事件とは別に根強く存在していた。それを示す例としては、一九九〇年代を通して低年齢層に起こった「学校の怪談」ブームがある。民俗学者である常光徹によって収集された学校をめぐる怪談の、ティーン・エイジャー向けノベルのシリーズは九〇年から九七年まで刊行されており(常光 一九九〇—九七)、九五年から九九年に映画化、二〇〇〇年から〇一年にアニメ化され、相当の支持を集めた。物語としての不思議な出来事への関心は、一九七三年から始まったオカルト・ブームとは区別するべきである。オカルト・ブームはテレビメディアを中心に起こったが、スプーン曲げなどの超能力、ネッシーなどの謎の生物、UFO(未確認飛行物体)の正体などの「不思議現象」について、物理的な意味での真偽にこだわる傾向が強い。霊についてもそれが実在するかどうかについてこだわる(信奉派と懐疑派のバトル形式をとる「ビートたけしの超常現象Xファイル」シリーズなど。一九九八年—)。

まとめると次のようになる。確固たる霊信仰ではないとしても、霊への関心は、ポピュラーなレベルで、特に低年齢層を中心に根強く続いていた。それは信仰というよりは、「学校の怪談」などの現代民話(松谷 二〇〇三—〇四)や都市伝説という物語の形をとって伝達されている。他方、オウム事件以後、知識人とマス・メディアは、霊的なものを宗教的なものとして遠ざけてきた。知識人は「霊」という言葉を取り除いた片仮名の「スピリチュアリティ」を好み、「無宗教」と自覚する末期患者(高齢者が多いと思われる)のスピリチュアル・ケアにも対応してきた。しかし、それではより若い大衆の霊への関心には十分に応えられない。近年の高齢者が「霊」を信じず、逆に若者の方が信じている傾向については、各種の世論調査でも確かめられている(堀江 二〇一八：一四八頁参照)。その間隙を埋めたのが、江原啓之の「スピリチュアル」であった。江原はポップ・スピリチュアリティ領域における霊への関心に応えつつ、トラウマ指向の心理学の知見を積極的に取り入れ、霊信仰を片仮名語の「スピリチュアル」でイメージ・アップし、マス・メディアに載りやすいものへと作り替えた。

ポスト・オウムの時代における霊への関心は、しかし伝統的な霊信仰そのものの復興ではない。『学校の怪談』を想起するなら、それは確固たる信仰というよりは学校や個人的な生活場面における小さな物語の伝達と享受にとどまり、大きな物語の形成には発展しない。霊への関心は、信仰とは異なり、宗教集団を作らず、メディア上の「ブーム」のたびに散発的に浮上するのみである。有名寺社への初詣や占いなどと同様、現代日本人の感覚では、「宗教」の枠に入らず、「無宗教」の枠にとどまり続けるのである。

8　日本人の無宗教の宗教性

スピリチュアリティは、その性質上「宗教」との緊張関係のなかで輪郭が決定される。キリスト教徒が多数派を占める米国の場合、個人的スピリチュアリティは教条主義や権威主義に挑戦するものとなる傾向がある。しかし日本の場合、多数派は「無宗教」である。日本人の多くが無宗教となったのは、自然なことではなく、江戸幕府、明治政府以来の宗教政策によるところが大きい。そこでは、「宗教」は、政府によって管理・統制されるべきものとして社会的に位置づけられてきた。また、生業と結びついた年中行事や、イエと結びついた通過儀礼・葬送儀礼も、社会習俗として位置づけられたため、日本人の多くはそれを「宗教」と見なさない。だが、それらの儀礼や人々の信念のなかには、死者に対する敬慕の念、自然への恐れや感謝などが入り込んでいる。それは、死者の霊や自然に息づくエネルギーやパワーへの関心とさほど距離がない。

米国で「宗教」と区別されるように形成された「非宗教的なスピリチュアリティ」を日本にそのまま当てはめるならば、「宗教」を生活の外部に位置づけ、警戒し、牽制し続けてきた「無宗教の宗教心」が受け皿になるだろう。その意味で、阿満利麿《あまとしまろ》がオウム事件後すぐに著した『日本人はなぜ無宗教なのか』の見解は重要な示唆を与えてくれる。阿満は、日本人の七割が無宗教であると答えるのに、その四分の三が広い意味での「宗教心」は大切と答えているという調査を取り上げ、日本人の無宗教の宗教心の形成過程を明らかにした(阿満 一九九六)。それは一言でまとめると、享楽的な世俗主義と葬式仏教と狭量な「宗教」概念(宗教は公的秩序を脅かす恐れがあるが、私的信仰である限り存在は許される)との合成物である。このような傾向は、江戸時代のキリシタン弾圧から形成され、大日本帝国憲法で完成したものであり、新しくはない。しかし、オウム事件直後の反カルト的雰囲気が充満するなか、日本人の宗教性が「無宗教」の「宗教心」として規定されたことの意味は大きい(阿満自身はそれに批判的だとしても)。実際、事件の後、宗教団体の活動は目立たなくなり、無宗教の宗教心に近い「癒し」と「スピリチュアル/スピリチュアリティ」が台頭しているからである。だが、その政治的位置づけは、米国のスピリチュアリティと異なる。米国の場合、保守的な宗教信仰に対して、よりリベラルなスタンスであったのに、日本では保守的な宗教文化的資源(特にアニミズムとして再解釈された神道など)を折衷的に吸収する傾向がある。

これまで見てきたように、スピリチュアリティ現象は、アイディアとしては英語圏の心理学的思想やニューエイジの輸入というスタイルをとりながら、ポピュラーなレベルで受容される過程で、実質的には伝統回帰と日常生活の保守的な肯定とに変容していった。「癒し」はもともとの自発的治癒力の活性化という意味を離れて、現世利益的な消費行動をうながすキャッチフレーズとなった。知識人の「スピリチュアリティ」概念は「霊」信仰との決別を目指していたが、霊への草の根的な関心とは逆行したため、ポピュラーなものとしては定着せず、マス・メディアでは、逆に霊信仰とポップ心理学と英国スピリチュアリズムの折衷を図った江原的「スピリチュアル」、ポップ・スピリチュアリティに押されていく。いずれにせよ、現世利益や霊への関心など、伝統的な民俗宗教の特質がむしろ浮き上がってくる結果となっている。しかしながら、実践の個人化や私事化が著しく、伝統的なもののそのままの復興とはいいがたい。人々の間から湧き起こったポップ・スピリチュアリティの一部として見るべきだろう。また、それは保守主義と消費主義の合成物としての無宗教の宗教心の延長線上にあるものと理解できる。

9　スピリチュアリティのゆくえ

外来思想の輸入が逆説的に民俗宗教性を現代的な形で演出するということは、別の視点から見れば、民俗的宗教性が外来思想の助けを借りて浮上するということでもある。西洋の心理療法ももとをたどれば原始的療法にたどり着くと考えるエレンベルガー（Ellenberger 1970）や、ニューエイジをキリスト教に対抗するネオ・ペイガニズムと関連づけるヨーク（York 1995）のような考え方もある。世界宗教の正統とは異なる流れをルーツとする新しいスピリチュアリティは、グローバル化すると同時に、輸入された地域の民俗的宗教性を再活性化するというマクロな見方も可能であろう。こうした動向を包括的に理解する試みとしては、すでに島薗(一九九六)の「新霊性運動」論がある。

日本の場合、二〇〇〇年代のスピリチュアル・ブームと並行して伝統回帰の方向性がより明確化することになった。たとえば、巡礼や山岳修行や参禅など、伝統的な神道や仏教の修行にネットなどの情報を頼りに人々が参加するという現象も二〇〇〇年代に顕著となる。(4) 参加するのは、修行を主催する社寺と家族や地域を介したつながりがまったくない個人であり、彼らは義務や慣行ではなく自発的な参加によって社寺と結びつく。「無宗教の宗教心」を育んだ伝統行事・儀礼の基盤であった氏子や檀家の結束が薄れると同時に、有名社寺がますます人を集め、財力を蓄え、不特定の個人向けの行事を拡大する傾向は、二〇一〇年代に入るとパワースポット・ブームや御朱印集めの形を取って、ますます顕著となる。「伝統的」と認知された宗教的実践は、新しい宗教運動に警戒を抱く人々にも受け入れられやすい。特定の信仰を強制しない修行への自由な参加という形態は、スピリチュアリティに関心を持つ人々を広く引きつけるだろう。

また、政治の右傾化や保守化が強まる過程で、文化ナショナリズム的な要素を持つスピリチュアリティ、あるいは特定宗教勢力の政治への働きかけも、優勢となっている(中島 二〇一七)。しかし、二〇一一年の東日本大震災、福島第一原子力発電所事故後は、従来は左派的と見なされてきた反原発運動や社会福祉活動にスピリチュアリティに関心を持つ人々が従事していることも見逃せない(堀江 二〇一三)。グローバルな普遍性とナショナルな特殊性のなかでスピリチュアリティがどのように理解され、根づいていくのかが、二一世紀の日本の精神的状況を占う鍵となるだろう。

(4)「仏教に浸る　空前のブームが日本を覆う　きもちいい仏教に魅せられる人たち」、『アエラ』二〇〇三年一〇月二七日号。

第三章　メディアのなかのスピリチュアル

——江原啓之ブームとは何だったのか——

1　スピリチュアルという言葉と江原啓之

　前章で見たように、二〇〇〇年代以降の「スピリチュアリティ」のアカデミックな輸入と並行して、江原啓之を著者とし、「スピリチュアル」をタイトルに含む書籍が大量に出版されるようになった。江原は、二〇〇六年時点で四〇冊以上の著作を出版しており、その時点での「江原啓之公式サイト」のプロフィールによれば「著書の発行部数は七百万部を超える」とのことである。そのうち「スピリチュアル」をタイトルに含むものは二〇冊ほどある(二〇一九年時点では五〇冊以上)。江原は自らを「スピリチュアル・カウンセラー」と称した。二〇〇五年から〇九年にかけて、テレビ番組「国分太《こくぶんた》一《いち》・美輪明宏・江原啓之のオーラの泉」(テレビ朝日)に毎週レギュラー出演し、日本で「スピリチュアル」という言葉を普及させるのにもっとも貢献した人物である。

　しかし、江原が「スピリチュアル」という言葉で実際に指しているのは、アカデミックに定義される抽象的なスピリチュアリティというよりは、「霊」そのものへの具体的な関わりであった。たとえば、番組「オーラの泉」は、国分の進行のもと、ゲストの芸能人が江原と美輪と対談するという作りだが、その最大の特徴は江原と美輪による「霊視」である。ゲストは、「オーラ」(色をもつ霊的エネルギー)や、前世や守護霊を霊視され、それが現実の出来事と符合することを確認し、彼らが伝えたメッセージやアドバイスを肯定的に受け止めて帰ってゆく。

その他、年に二度ほど特別番組として放送される「天国からの手紙」(二〇〇六年八月八日に放送された回は、この日の最高視聴率一八・七%を記録した)は、故人となった霊のメッセージを遺族に伝えることを主な内容とする。ここでも江原は、霊の状態を知覚し、その意思を感じとる能力を持つ者として登場していた。

2 霊能者からスピリチュアル・カウンセラーへ

このような能力をもつ存在は、従来は「霊能者」「霊能力者」と呼ばれてきた。しかし、江原は「霊」という文字の暗いイメージからの脱却を図るため、自らを「スピリチュアル・カウンセラー」と呼ぶ。この言葉は、江原によれば英国のスピリチュアリズム(霊との交流を可能と信じ、実践する人々の思想)で、霊媒《ミーディアム》が自分たちを指す言葉として用いている、という。江原によれば、「スピリチュアル・カウンセラー」は、日本の従来の「霊能力者」と次のような点で異なる(以下、江原 二〇〇三bを参照)。

(1)物質主義的価値観にもとづいて現世利益を追求するのではなく、霊的世界の情報を伝えることで、霊的価値観という新しい視点を与える。(2)宗教色や宗教的権威を帯びず、相談者に恐怖心を植え付けず、平服で明るく接して、相談者が安らぎを得られるように配慮する。江原によれば、宗教とは、イエスやブッダが霊的世界を感受して残した言葉や教えをもとにして、後世の人が時代に合わせた方便を付け加えた結果で、教会、神殿、仏殿、法衣、儀礼などは、宗教的信仰心を湧かせるための演出に過ぎない。(3)霊能力ばかり追求して低級霊に振り回されて特殊な言動を振りまくのではなく、人格を第一とする。(4)一時的な浄霊やアドバイスによって相談者を依存させたり、束縛したりせず、その人自身が自立して人生を歩むための「人生の地図」、霊的真理を提供し、本人の「霊性進化」「たましいの成長」を促す。

以上から、スピリチュアルという言葉、カウンセラーという言葉によって、江原が何を目指しているかがよく分かる。「スピリチュアル」とは、物質への執着を離れた状態であると同時に（前述の(1)、以下同じ）、人間が作った「宗教」の源泉や本質に関わる(2)。そして、「カウンセラー」とは、特殊能力によって人を依存させるのではなく、クライエントの自立と成長を助ける存在を指す(3)(4)。「スピリチュアル」の(1)は物質と霊の対比を含意するが、(2)は宗教との区別を含意し、彼の宗教観がよく分かる。それは宗教を、集団を組織するもの、制度的なものと見なす宗教観で、第一章で見た米国由来のアカデミックな「スピリチュアリティ」論の宗教観と基本的には変わらない。「スピリチュアル」理解も、心理学的なスピリチュアリティ論と矛盾しないだろう。

(3)と(4)は「カウンセラー」という言葉を使うことと関わりがある。たしかに、臨床心理学においては、セラピストやカウンセラーは、アドバイスを下すのではなく、クライエント自身の自己分析や自己成長を助ける役に徹するのが原則である。この考えを江原も共有していると考えられる。実際、江原は「運命を変えるのはあなた自身である」とか、「この本は魔法の書ではない」などと、読者に「依存心」をいさめるような発言を繰り返している。

カウンセラーへの依存という問題は、心理療法でも古くから認識されてきた。精神分析の創始者であるフロイトは、当初、暗示で症状を抑える催眠療法を使用していた。しかし、それは一時的解消にすぎず、症状がぶり返せば、患者は再び治療を求める。それを繰り返すうちに、やがて治療者に権威主義的に服従するようになる。フロイトはこれを避けるために、催眠療法を捨て、患者自身による自由連想を主とし、患者の背後に座って治療者の存在感を消すという技法をとった(Freud 1893)。そして、治療者は患者自身が自らを分析するのを助けるような解釈を与えるに過ぎないという態度をとる。ロジャーズはそれでも精神分析が分析者中心であると考え、来談者中心を方針として「カウンセリング」という言葉を前面に出すようになる(Rogers 1942)。

これは逆に言えば、カウンセラーとクライエントの関係は、匿名性と中立性を保たなければ容易に権威主義的になるということである。「あの人のところに行けば救われる」が恒常化すると、それが依存となり、「教団」の組織化につながる。依頼者との個人的つながりから出発した占い師や霊能者や自己啓発セミナーの主催者が「教祖」になる理由はここにある。一時的だが劇的な問題の解消、日常生活への復帰と問題の再発、救済者への回帰、これを反復するうちに依存症に似たメカニズムが始動するのである。

他方、通常のカウンセリングと異なる要素もある。江原はこれまでの心霊相談との違いとして、「シッティング」という方法を取り入れていると言う。これは英国のスピリチュアル・カウンセラーないしミーディアムがおこなう手法で、相談者が何も言い出さないうちに、関係者でなければ知りえないことを霊視によって一方的に告げ、霊的世界の実証をおこなうものである。心霊相談の場合、あらかじめいろいろなことを聞き出した上でそれに合わせて受け答えし、最終的には現世利益をちらつかせて供養をうながすという手法が多い。それに対して、まず一方的に霊視の結果を告げることで信頼を得る。そのあとで、より具体的な相談をおこなうという。この点は、むしろ従来型の心霊相談の方が、クライエントの話を聴くことを優先するのでカウンセリングに近い面がある。しかし、心霊相談の最終的な出口は、現世利益のために供養法などについて具体的なアドバイスや命令を与えることになり、依存をうながす。それに対してスピリチュアル・カウンセリングは、最終的には本人の責任であるとし、「たましいの成長」をうながす。心霊相談とスピリチュアル・カウンセリングの対比は、一般的なコンサルテーションと心理カウンセリングの対比に近いということになる。

江原の出発点は、神社での心霊相談であり、「霊能力者」としての直接的な霊的治療実践であった。だが、ある時点で彼は「霊的真理」を広く伝えなければ問題の根本解決にはならないと考えた。ここでもし信者組織の結成と布教による組織拡大という選択をとれば、江原は「教祖」となっていただろう。しかし、雑誌への露出と書籍出版の成功とともに、江原は個人相談をいっさいやめ、クライエントとの直接的な接触を断ち、メディアのなかでのみ発言をおこなうという方向に転換する。メディアのなかでのみ完結するカウンセラーの誕生である。

3　テレビ番組の相談事例から
――スピリチュアル・カウンセリングの構造――

個人相談をやめた後に力を入れたのは書籍の執筆である。二〇〇六年時点で五〇冊近く出版されている書籍をジャンル分けすると、(1)霊観念を軸とする人生論・幸福論、(2)恋愛、結婚、育児など、女性のライフコースに関わる大きな問題に対する指針、(3)スピリチュアル・サンクチュアリ［霊的聖地］に関する紀行文、観光案内、(4)江原個人に関する伝記、(5)日常生活の指針を提供するダイアリー、(6)夢やオーラやまじないなど神秘的なものへの興味にとくに応えるもの、などがあげられる。もっとも多いのは(1)で、二〇冊ほどが該当する。それ以外のカテゴリーはそれぞれ五冊程度が該当する(二〇〇六年時点)。しかし、全体として、女性雑誌に連載されたものの単行本化や、パステル調のいわゆる女性向け装丁が目立つ。これらを総合すると、迷える女性のガイド役というイメージが浮かんでくる。

これらは書籍という媒体の性格上、彼のカウンセリングの様子を十分に伝えるものではない。テレビで放送されている「オーラの泉」は一対一のものではないし、相手が芸能人であるため発言にも制約が課されていると想像される。そもそも主訴を持たないので、カウンセリングという設定になっていない。それよりも、すでに放送が終了した「えぐら開運堂」(〇三年一〇月から〇五年九月まで放送)の方が、テレビという枠ではあるが、彼のカウンセリングの様子をコンパクトに伝えてくれる。以下、事例を一つ紹介する。

事例　看護学校に通う女性

相談者の女性は、バイク事故で骨折して入院し、単位を落として看護学校を留年してしまう。その後、周りで弟、父、友人などが立て続けに事故に遭った。幸い大事に至っていないが、今後が不安である。何か霊がついているのではないだろうか、と恐れている。そのことを確かめたいのと、できたら恋愛運についても聞いておきたいという。

以下は、相談者の境遇についての説明が一通り終わったあと、江原が相談者に守護霊のメッセージを伝えるという場面でのやり取りである。

江原「それではあなたの不安を取り除くんだけれども、何か災い的なこととか、霊が取りついているとか、そういうことだけはいっさいないです。それよりもね、実はね、すべての事柄は、すべて理由が違うんですよ。それはね、あなたの後ろにはガイド・スピリットといって、昔のね、いわゆるお産婆さんだった方がいらっしゃるんですよ」

女性「お産婆さん……」

江原「お産婆さん。で、実は、あなたがいま看護師の勉強をなさっていらっしゃるわけでしょ。自分に向いてないって思ったり、自信を失っちゃったり、ちょっとみんなより遅れができちゃうと、私はだめっていうのがあって」

女性（涙を拭く）

江原「それで実は、あなたが最初出てきたときに「私が」言った言葉、覚えてます?」

女性「はい」

江原「自分には見えない、自分では分からない才能が人間にはあるって。そういうお父さんのこととか様々な人のこと見て、心配でしょって、あなたが何とかしてあげたいって思うでしょうと、ね、その気持ちを大切にしなさいっていうことをメッセージで込めてたんですよ。そのために見せていたのに、あなたはまた不安になったり」

女性（苦笑）

江原「また事故が起きたらどうしようって、そんなほうにあなたは行っちゃった。最後に恋愛のこと聞きたいってあなた言ってたでしょ。そのことも守護霊さんは分かってて、仕事がだめで向いてなかったら、結婚でもしてとにかく落ち着いちゃえばいいなって、自分の人生そのものへの不安があって、今日来てるんだって、守護霊さんが言ってて。物事ちょっとしたつまずきがあると、不幸だって人は思っちゃうんですよ。でもね、そうじゃなくて、それが後々のことを考えたら、ものすごい幸いなきっかけ、ってことがあるんですよ。そのね、一年留年してしまったかもしれないけど、あなたにとってこの一年はものすごく、後々考えたら大きいってことが言えるんですよ。あなたは人のために尽くすだけの、生きるだけの心、ハートを持ってる人ですよと、だから自信を持ちなさいって、自分には、もっと隠された才能がある、それをもっと開いていくことなんだ。だから、安心してください」

女性「はい、分かりました」(涙と笑顔)

江原「頑張ってください」

女性「ありがとうございました」

江原「いいえ。頑張ってね」

女性「はい」

(テレビ東京「えぐら開運堂」二〇〇四年二月一三日)

相談者は、事故とけがと留年と、立て続けに不幸と挫折を味わい、さらに周りでも同じように事故が起こるという状況から、「霊がついているのではないか」という不安を抱えている。ところが、江原はまずその霊に関する不安を否定してしまう。そして、相談者自身の劣等感、今後の人生への不安という隠された気持ちを指摘する。それによって相談者は涙を流している。このことは江原の指摘を受けて、相談者が思い当たることがあると感じているということを示唆する。実際に留年をしているのだから、相談者が自分の将来に不安を抱くのはもっともなことと思われる。江原は次に、身内の事故への不安、心配の気持ちを、「人を思いやる気持ち」としてリフレーミングしている。(5)

ここでは様々な不安が未分化のまま絡みついていた。つまり、「自分の将来への不安」と「身内の事故への不安」と「霊がついているのではないかという不安」である。精神分析家であれば、「自分の将来への不安」が根本にあり、それが漠然と「すべてが悪い方向に転がってゆくのではないか」という不安を醸成し、「身内の事故への不安」に置き換えられている、と考えるかもしれない。したがって、彼女が身内の事故に不安を抱くのは、自分自身の将来への不安を直視することを避けるためである、そして、さらに漠然とした不安感を「霊の憑依」という観念に置き換えているのだ、と。このような心理学的な解釈を江原自身も持っているかのように思われる。まず、もっとも表層にある「霊への不安」を否定し（霊視の能力を有するものという立場からではあるが）、「身内の事故への不安」を「人を思いやる気持ち」として再解釈し、二つの置き換えられた不安を打ち消すような発言をおこなっている。しかし、「人を思いやる気持ち」という解釈は、看護師になれるかという「将来への不安」への焦点化を迫ると同時に、それを打ち消すという二重の機能を持つ。なぜなら、この不安は看護師になるにふさわしい「才能」としても解釈され、自動的に「将来への不安」を打ち消すことにつながるからである。

最後に、江原は心理学的解釈から一転して、産婆の守護霊がすべてを見守って支えてくれていたとして、事態を霊的コンテクストに置き換える。こうして、相談者の問題状況を語り直す新たな視点を、守

---

(5)　とらわれた物の見方を引き起こしている枠組を外して、別の枠組からとらえ直してみること。とくに否定的な見解を肯定的に解釈し直すこと。

護霊の視点として提示する。その結果、江原によってもたらされた心理学的解釈は、守護霊が以前からずっと相談者を見守っていた光景そのものとして提示され、もともと霊の存在への信念を有していた相談者に、解釈の確からしさと安心感をもたらす。こうして、心理的次元と霊的次元の双方における「気づき」を促す。それは不安の根本原因への気づきだけでなく「眠っている才能」への気づきをも促すことであり、相談者へのエンパワーメントとなっている。また、「安心してください」「頑張ってください」という言葉の背景に、守護霊・指導霊と、目に見えないけれど常につながっているのだという信念がほのめかされている。

「えぐら開運堂」から事例をもう一つ手短に紹介したい。

相談者は、声優を目指し昼夜のバイト(事務員、バニーガール)をこなす若い女性である。一人暮らしして、男性と付き合い出してから、激しい性欲に悩まされるようになる。合コンに通い、自分の言いなりになりそうな男、女性に慣れていない感じの男性と、一回だけの関係を持つようになるが、セックスが終わったあと、むかむかして吐き気やじんましんが起こるという。江原は霊視によって、相談者が生まれてきたことに嫌悪感を持ち、家族に違和感を抱き、二重人格的な性格になったということを指摘する。それに対して、相談者は、父親から言葉による虐待を受けてきて、そのなかで、男はやることしか考えていないから気をつけろよと言い聞かされてきたと言う。だが、江原は、それ以外にもいじめがあったと指摘する。そして、いじめに遭っていることを言葉に出せず、逃避し、別人格になり、自分自身に起こっていることを別の人のこととして切り離すようになったとする。また、激しい性欲が憑依を呼んでいると指摘するが、問題を解決するためには、心理的なカウンセリングが必要だと言う。

相談者は、過去の呪縛から解き放たれ、夢をかなえることはできるのか、ということを守護霊に聞きたいといい、江原は、守護霊からのメッセージを伝える。まず、ふくよかで優しい武士の奥さんが守護霊であり、西洋人で聖母マリアを信仰する女性が指導霊だという。父親からの厳しいしつけや、いじめにも弱音を見せずに我慢して、ぐっとこらえて辛抱したが、だから余計にいじめられた、と指摘する。「本当はもっと柔らかい可愛らしい性格であり、本当はもっと弱い。それで生きている実感が湧かないから、はちゃめちゃになった。そのせいで霊の憑依を受けてしまっている。カウンセリングを受けて、過去のいやなことを一箱ずつ開けて浄化をする必要がある。これをきっかけにして、明るい夢に向かって頑張ってください」（筆者による要約）。このように江原は励ます。二週間後、相談者はテレビカメラの前で、目からうろこであり、感激した、道が開け、気が楽になり、前向きになれたと語る（テレビ東京「えぐら開運堂」二〇〇四年一一月一九日）。

この事例から分かるのは、トラウマによる人格の解離が多重人格の原因であるという心理学的な理論を江原が知っており、適用していることである。先の事例と合わせると、江原がスピリチュアル・カウンセラーを自称する理由の一つが心理学理論の援用にあるということが分かる。この事例では、霊による憑依に言及しているものの、浄霊や除霊では解決できず、心理カウンセラーの力を借りてトラウマを浄化することが必要だとする。さらに、トラウマによる人格の解離について、本来は可愛らしくて弱い性格なのに、我慢して弱音を見せようとしなかったことで起きてしまったとリフレーミングし、相談者の負担を緩和しようとしている。第一の事例でもそうだが、江原は、心理学と霊信仰を適宜折衷し、心理学的理論で説明でき、また解決できることは、心理学に任せるという態度をとる。

しかしながら、最終的に相談者を元気づける際には、守護霊や指導霊が見守っているということを強調する。とりわけ江原の教えでは、守護霊は前世の自分でもあり、その人自身の魂とつながっているので、守護霊の持つ性質や能力は、相談者が潜在的に持っている資質でもあれば、本来目指すべき理想、あるいは現世において超えるべき目標でもある。したがって、守護霊の存在を示すことは、悩み苦しんでいる人は決して孤独ではなく、それを見守っている存在があり、そして今の悩みと苦しみを解決する能力が本人には潜在的に備わっており、解決することを学ぶことが生きている意味だという、霊的世界観の開示につながる。そして、もともと霊信仰をある程度持っている相談者は、最終的には守護霊の存在と意思を知ることによってエンパワーされ、自分は悩まされ苦しみを受けるだけでなく、本来は問題解決能力を持っているのだと考えられるようになる。

このように、江原のスピリチュアル・カウンセリングは、霊観念を介在させているにもかかわらず、通常の心理学的カウンセリングと多くの共通性を有することが分かった。

その構造をまとめるとおおよそ次のようになる。(1)霊視(シッティング)により、相談者は江原に急速に信頼を寄せるようになる。(2)問題の遠因を過去の失敗や喪失や被害に求める。(3)問題を問題として感じている相談者の認知そのものを変え、本来的には善なる性質が逆説的に問題を悪化させ、固定化していることを指摘する。(4)その善なる性質を、守護霊の性質と結びつけることによって、相談者が孤独ではなく、問題解決能力を潜在的に持っているということを示す。

以上は、臨床心理学では順番に、ラポールの形成、トラウマ理論への依拠、リフレーミング、エンパワーメントなどと呼ばれるものに近い。江原は、アカデミックな臨床心理学を専門的に学んでおらず、以上に見られるような心理学理論や技法の援用は、ポップ心理学の独学と実際の相談経験にもとづくものであろう。筆者は、江原を決して特別視するつもりはなく、熟練の宗教家や評判の良い占い師は、その時代の心理療法的な技法に関心を持ったり、あるいは経験にもとづいて無自覚に実践したりしていることが多いと考える。とはいえ、宗教的治療者の多くは、宗教的な病因論や儀礼的な治療法を前面に押し出すことが多い。ところが、江原の場合は、総じて心理学的な病因論に依拠する比率が高く、時おり浄霊や除霊もおこなうが、最終的には相談者本人の自覚と決断に問題解決をゆだねることが多い。

以上のことから、江原は、書籍では「ガイド役」、テレビでは「カウンセラー」というイメージを自ら演出していることが分かる。いずれも、呪術的実践による直接的援助より、霊的な世界観や価値観の伝達による自立的成長の間接的支援を重視していることを示唆する。

4　江原の思想の特徴——霊的真理の八つの法則

人々との直接的接触を避け、メディアのなかでのみスピリチュアルなものを伝達することによって、江原は「教祖」にならない「カリスマ」であり続ける。しかし、そこで伝達される霊的世界観は、決して従来の宗教的教義とかけ離れたものではない。

江原はテレビや雑誌ではスピリチュアルなものを伝えるが、本当に伝えたいのはスピリチュアリズムという霊的真理だとする。その「霊的真理」として、彼は八つの法則をあげている。(1)人はみな霊的存在であるという霊魂の法則。(2)たましいは大霊《グレート・スピリット》に近づけるよう浄化向上を目指しているという階層の法則。(3)同じレベルの想念の波長を持った人、霊、出来事が引き寄せあうという波長の法則。(4)主護霊、指導霊、支配霊、補助霊など、総称して守護霊と呼ばれる霊的存在が、いつも見守っているという守護の法則。(5)地上のたましいはより大きな類魂の一つであり、この類魂には前世や来世の自分や守護霊が含まれ、広い意味では人類はすべて類魂だという類魂《グループ・ソウル》の法則。(6)現在の状況は過去のあり方の結果だという因果の法則。(7)宿命は生まれる前に決めたこととして受容するしかないが、運命は自分で作っていくことができるという運命の法則。(8)以上の法則を心に刻み、愛を与えることで、本当の幸福を得ることができるという幸福の法則。

まとめて言うと次のようになる。〝私たちは永遠に進化し続けようとする霊的存在であり、そのためにこの世に生まれ、波長や因果が引き寄せたものを通じて運命の仕組みを学んでいる。人生には苦難がつきものだが、どんなときもあなたは守護霊や類魂《グループ・ソウル》の愛に包まれている。これらの霊的法則は相互に絡み合い、私たちが真の幸福を得るために働いている。さらに、人類はすべて広い意味での類魂であり、ともに神を目指して向上している仲間である。様々な問題や事件が起きている現代社会では、無関心を超え、私たち一人ひとりが救世主であると自覚することが急務である〟(主に江原 二〇〇三bと江原 二〇〇五を参照)。

江原は、自らをスピリチュアリストとし、宗教と一緒にされたくないと考えているようだが、日本の新宗教にはもともと神霊との交流をおこなうシャーマニズム的な要素がある。その一つである大本教から別れた浅野和三郎が日本にスピリチュアリズムを紹介したという経緯もある。そして、それが再びGLAや幸福の科学などのより新しい新宗教(新新宗教と呼ばれることもある)に流れこんでゆく。こうした「霊界」観念を軸とする宗教思想の発展のなかに、江原の思想は位置づけられる。これらの教団の信者は、江原の教えにさほど違和感を抱かないだろう(実際、筆者は新宗教の男性幹部の妻が江原のファンとなって幹部が困惑する話はよくあると、複数の教団関係者が集まる場で聞いたことがある)。

だが、江原自身は、自らを「宗教」とは区別して、以下のような「宗教」論を説く。〝神や仏と交信できると言っている霊能者がいるが、自分はできない。神や仏と言われているのは、実は最高位のエネルギーを持つ自然霊（人間として生まれないような霊）であり、現世の人間の波長が到底届かないような存在である。霊能者に神仏が直接通信してくることはない。人間に降りてくるのは代理役の霊か低級霊である。宗教で信じられている高級な神仏は、同一の神のエネルギーに、人間が付けた名前にすぎない。宗教とは、霊能者であるイエスやブッダが霊的世界を感受して残した教えをもとに、後世の人が時代に合わせて現世の方便をつけ加えた結果であり、信仰心を湧かせるための演出にすぎない。大もとにある霊的真理と霊的価値観が見失われれば、どの宗教に従っても世界平和は訪れない〟（主に江原 二〇〇一）。

江原は、とくに霊能者が教祖になることを批判している。その主張から読み取れるのは、「宗教」とは、信者の依存心と教祖の我欲の共犯関係の上に成り立つ物質主義的価値観にもとづいた人間の構築物である、という強烈な「宗教」批判である。

もちろん、この批判がすべての宗教に当てはまるとは、江原も考えていないだろう。実際、神社で働き、滝行をおこなっていた経験もある江原は、神道や修験道の聖地を紹介する本も書いている。批判のポイントはあくまで現世利益中心の権威主義的な宗教にある。

他方、「宗教」との分業や棲み分けも提案される。江原は英国で、〝自分はスピリチュアリストだが、宗教はキリスト教〟と割り切っている人々を知り、霊能力と宗教は別であり、霊能者は聖職者ではなく技術者だと考えるに至る。江原の説明では、英国には、複数のスピリチュアリスト団体があり、さらに霊の存在に否定的な団体もいて、議論の土俵ができている。ヒーラーは団体の試験によって免許を得ており、ヒーラーにかかる際には保険もきくという（江原 二〇〇三aを参照）。霊能力あるいはヒーリングやスピリチュアル・カウンセリングの技術が、透明性と共通言語を確立し、宗教的権威から自由になることが江原の理想なのであろう。

結局のところ、江原啓之ブームは「宗教」なのか否か、と問われれば、私は、それは「宗教」をどう定義するかによると答えることになるだろう。たとえば、宗教の外形的な特徴ではなく、心理的な態度に注目したエーリッヒ・フロムは、信者の服従を求める「権威主義的宗教」と自立や成長をうながす「人間主義的宗教」という二つの宗教的態度の類型を提示した。この議論を応用するなら、江原はあくまで権威主義的宗教を批判しているのであり、彼自身は人間主義的宗教の側に立っていると言える。

5 「霊を信じるが無宗教」という層へのアピール

私は、現代日本人の「宗教」概念は、辞書などに載っている定義や、宗教学で論じられてきたものとは大きく異なると考えている。国語辞典や英語圏の辞書を見る限り「宗教」とは超越的な存在や力を前提とする信念と実践ということになる。だが、現代日本人の間では、占いなどの個人的信念と個人的実践は「宗教」と呼ばれない。地鎮祭などの社会的習慣やそれにともなう社会的通念も「宗教」とは呼ばれない。個人と社会の間にある中間集団、〝特殊な拘束集団〟に関わるものが、とくに「宗教」と呼ばれる傾向がある。

各種の宗教意識調査を総合すると、「宗教」を信仰するという人は二〇％台であり、大学生に至っては一割に満たない。ところが、霊魂の存在や輪廻転生への肯定回答率は過半数を超えることがある。とりわけ、大学生を主な対象とする調査では、男性が半数程度、女性の場合六―七割が霊魂の存在や輪廻転生を肯定的にとらえている。二〇〇五年には女性が霊魂の存在を肯定する割合が七四・〇％に増加したというデータもある（井上 二〇一七）。つまり、現代日本においては、とくに若い女性に関して、「霊を信じるが無宗教」という層が育っている可能性がある。迷える女性のスピリチュアル・ガイド、スピリチュアル・カウンセラーという先に見た江原のメディア・イメージは、このような層にアピールするものであるだろう。

第一章で紹介したように、米国では「スピリチュアルだが宗教的ではない」と答える人が増えている。だが、それでも国民の八割以上がキリスト教を信仰する米国では、「宗教的かつスピリチュアル」という人がまだ大半を占めている。それに対して、日本では文字通り、「霊を信じるが無宗教」という人が半数近く、世代によっては過半数もいるのである。

6　オウム以後のメディア状況
――カルトはバッシング、オカルトはブーム――

江原のように「宗教」と批判的距離を持ちながら「霊」への関心を満たしてくれるようなカリスマ的存在が受け入れられる背景には、このような宗教意識の土壌と、オウム事件以後の特殊なメディア環境がある。第二章で見たように、オウム事件のあった一九九五年から九九年までは、メディアにおける「カルト」バッシングがもっとも激しい時期であった（本書：一八）。ところが、二〇〇一年以後は、テレビで心霊番組が急速に復活を遂げる。江原以前に注目を浴びていた霊能者である宜保愛子は、〇一年にテレビに復活するも、〇三年に他界してしまう。そこに、江原啓之がテレビに登場するようになったのである。

したがって、オウム以後のメディア環境は、二〇〇〇年までは反カルト一色だが、〇一年からは、いわば「カルトはバッシング、オカルトはブーム」という状況に転じたと見ることができる。

そして、それを矛盾と感じないメンタリティが、制作者の側にも受け手の側にも定着している。つまり、「霊を信じるが無宗教」というメンタリティである。そして、これを可能にするのが「特殊な拘束集団」としての「宗教」概念(カルト概念に近い)である。超越的な存在や力を前提とする信念や儀礼であっても、「特殊な拘束集団」と関わりがなければ、つまり個人的信念にとどまるものや社会的通念に達したものであれば「宗教」とは呼ばず、許容し、享受するという態度が、メディアを中心に——とくにメディアの影響を受けやすい若者に——定着していると考えられる。

江原のように、個人相談をおこなわず、教祖になることを自ら避けて、メディアでのみ「スピリチュアル」なことを語り実践するような存在は、このような環境に極めて適応的である。江原の発信する情報の多くは恋愛や日常生活や人生論などを題材とし、個人的信念の枠内で受容することが可能であるようなものである。同時にそれは、著作の売り上げや番組の視聴率が上がり、一定のポピュラリティを得れば、霊に関する社会的通念と一体化することが可能である。つまり、個人、中間集団、社会という三層構造を考えると、江原のスピリチュアル情報は「宗教」と呼ばれる拘束力の強い中間集団とは関わらずに、社会の通念と合致したものとして個人に受容される。こうして、江原は「宗教」をすり抜け、さらに「霊」という言葉を「スピリチュアル」という語感で和らげながら、「霊を信じるが無宗教」というメンタリティにアピールし、「カルトはバッシング、オカルトはブーム」というメディア環境のなかで安定した地歩を固めることに成功したのである(なお私自身は、カルトとオカルトの二分法を絶対視しない。権威主義と反権威主義は裏表である。そして、カリスマの多くは、この相反する特徴を同時に持ち合わせている)。

7　ブームのゆくえ——スピリチュアリティ言説の状況から

私の立場は、江原信奉でも江原否定でもない。「霊」や「スピリチュアル」など、人々が完全に知りえないが関心を持たざるをえないような事柄に対して、それを科学では証明も反証もできないということをふまえて、全肯定も全否定もせず、かといって学問の対象外として無視もせず、それが私たちの生にとってどのような意味と価値があるのかを、無知の自覚を大事にしながら、探求していきたい。それが、様々な信念の乱立する状況のなかで橋渡し《ミディアム》的な役割を果たすことを希望しつつ。

このような立場から、江原啓之の言動、そしてそれが置かれている現代日本の状況を見てきた。その上で、多少、肯定的なことと批判的なことを述べたい。人々と具体的に関わらずにメディアを介しての み情報を伝達する「心理—霊」的なカリスマという「江原モデル」は、「カルトはバッシング、オカルトはブーム」という日本のメディア状況と、「霊を信じるが無宗教」という層に適合的であった。この成功例により、今後も同様のカリスマが登場する可能性がある。反オカルト論者も巻き込んで、透明性と共通言語が本当に成立すれば、霊に関するビジネスには自浄作用が働き、社会的信頼が高まるかもしれない。だが、これはメディア主導のスピリチュアル・ビジネスが、「宗教」を圧殺し、新しい宗教となることの予兆かもしれない。

そこで提供されるのは、最終的な真偽にこだわらず、役に立つかどうか、面白いかどうか、日常生活をおびやかさないかどうかという条件をクリアした情報のみである。若年層における都市伝説の流通、メディアにおける占いの定着、古くから存在するがますます高まりを見せるファンタジー人気、そして本章で取り上げた江原ブームなどは、その好例と言える。ポストモダンとも呼ばれる価値観や信念の多様化・流動化・相対化した社会においては、このようなプラグマティズム的な信念、あるいは(社会性を欠く場合)コミットメントなき信念が主流となる。それが、欧米では「スピリチュアルだが宗教的ではない」個人、日本では「霊を信じるが無宗教」という一般的態度、これらを総称するなら理解しやすさ、実践しやすさ、人々の支持を特徴とするポップ・スピリチュアリティとして表面化していると言えるだろう。いずれもプラグマティズム的な信念のあり方である以上、宗教のような「最終的な解決」は期待できないし、人々もはじめから期待しない。ブームは作り出され、使い果たされてゆく。そのなかで、一部の人々は、一時的な現実逃避を繰り返すようになるかもしれない。江原自身の「霊的真理」を広めたいという真剣な意欲と、江原ブームの置かれている文脈とのギャップは著しい。しかし、彼自身、どこかでその半端さや矛盾や欺瞞を感じながら、それに乗っているのである。

また、社会学者を中心とするカウンセリング批判に、社会問題を「心の問題」に還元し、社会制度の具体的な改革に向かわない隠れ保守主義だというものがある(日本ではたとえば社会臨床学会の活動など)。この批判はすべてを社会問題に還元するという再批判を呼び込むが、事態を多角的に見る際に重要な視点である。これは日本のスピリチュアリティ言説全般にも、そして江原にも当てはまる。社会がどのようなものであっても、個人ではどうにもならないのであれば、逆にそこから霊的真理を学んで霊的に成長してあの世に帰ればよいという考えが生まれる余地がある。スピリチュアリティ言説では、実践の個人主義的傾向とは対照的に、理論では個人と人類のスピリチュアルなつながりが強調されるが、しばしば抽象的にとどまり、実際の社会問題に取り組まない。それは、運動の実体を持とうとしない思想の構造的弱点である。(6)

最後に、スピリチュアリティ言説の非西洋社会へのグローバル化に固有の問題に、ローカルな文化ナショナリズムとの結合がある。権威主義的な世界宗教に対する個人的スピリチュアリティの強調は、先住民文化や東洋宗教の再評価につながる。これは欧米社会では主流文化への批判につながるが、その文化の当事者にとってはナショナリズムの根拠となる。日本の場合、自然との調和を重視する宗教伝統が、世界を救う価値観になるといった主張などがある。江原自身はナショナリズムに反対の立場だとしても、江原の、自然にあふれる神道関連の聖地の賛美が共感される素地には、近年の伝統回帰的な動きがある。

以上のような、個人主義的だが同時に保守的でもあるセラピー文化から文化ナショナリズム的な伝統回帰に至る、広いスピリチュアリティ言説のスペクトルのなかに、江原ブームは置かれている。江原の思想の中核にある「スピリチュアリズム」が、このような「スピリチュアル」な状況に適応するばかりでなく、批判的に働こうとするときに、彼が自らのブームをどのように「卒業」してゆくのかを見守ってゆきたい[7]。

（6）この論考を発表した二〇〇六年の後の変化を振り返ると、江原に続く影響力のあるスピリチュアルなカリスマをメディアが生み出すには至っていない。構造的にはテレビメディアの影響力の低下もある。直接的には第五章で紹介するように、バッシングと言える状況が起きたためである。江原啓之はこれを機にマス・メディアから身を引き、執筆、講演活動に軸足を置き、また社会福祉活動に入ろうとする構えも見せた。二〇一五年からは再び情報バラエティ番組に出始めたが、霊視などは控えめで、スピリチュアリズムの信条にもとづいたコメントやアドバイスが目立つ。

（7）江原自身によるスピリチュアル・ブーム批判としては、江原（二〇〇九）を参照。

第四章　メディアのなかのカリスマ——江原啓之とメディア環境

「スピリチュアル・カウンセラー」江原啓之のメディアでの活躍には目を見張るものがあった。二〇〇六年時点では三二の雑誌掲載(連載を除く)、〇七年までで約六〇冊の著書、テレビでは週一のレギュラー番組「オーラの泉」、年二回の特番「天国からの手紙」などに出演しており、いずれもゴールデン・タイムに全国へ放送されていた(8)。これは、従来のいわゆる「霊能者」では考えられない露出量であり、人々への影響力は軽視できない。

仮に、経験や理性を超えたものに関する信念や実践を「宗教」と呼ぶなら、江原の発言は「宗教」的内容を持つと見なせる。肉体とは別の霊魂の存在を主張し、輪廻転生を説くからである。しかし、権威づけられた聖典や儀礼や教団を有するものを「宗教」と呼ぶなら、そのいずれをも欠くため「宗教」としては認知されない。実際、これまでのところ、江原を「宗教」的指導者と見なすような言説はほとんど見られない。

超越的なものや非物質的なもの、ときに「霊」に関わるものを、個人が内面において実感するさまを

(8) この時点での江原啓之公式サイトの情報による。〈http://www.ehara-hiroyuki.com〉.

「宗教」的とせず「スピリチュアル」とするなら、メディアにおける江原関連情報のブームは、スピリチュアルだが「宗教」を形成するには至っていないということになる。

通常の人間には感知しえない霊と接触し、そのメッセージを伝えるとされる人物は、通常ならそのカリスマ的資質ゆえに、多くの信奉者を従えることになる。それが目に見える集団となれば、教祖的存在と目されるようになるであろう。

しかし、江原はメディアで成功すると、個人相談を中止し、依頼者との直接的接触を絶った。メディアを介してのみ、人々にその教えを伝達するという形態をとるに至る。その結果、教団形成や教祖崇拝への回路は塞がれる。しかし、閉鎖的な教団を作るよりもかえって広い範囲の人々にアピールするような存在となった。教祖にならないが、カリスマ的人物として大きな影響力を及ぼすようになった。それはあたかも、マス・メディアの一角がヴァーチュアルな教団として機能しているかのようでもある(テレビ業界に関しては、高橋 二〇一九:二五八)。

江原啓之が「宗教」集団の形成に至らず、メディアのなかだけでスピリチュアルな思想を説くカリスマ的人物として存在するということは、いかなる条件のもとで可能になっているのか。これが本章の問題意識である。具体的には、雑誌、著書、テレビなど、メディア別で江原思想の表れ方を分析し、メディアが提示の枠組としてどう機能しているか、どのような効果をもたらしているのかを見てゆきたい。

1 初期の雑誌掲載——占い特集のなかで

江原啓之公式サイトの「TV・ラジオ・雑誌・ウェブ」ページを見ると、江原のテレビ出演が本格化するのは二〇〇一年である。雑誌掲載はそれよりも早く、デビューの一九九二年ですでに一三件の掲載がある。オウム事件のあった九五年以後、その数は減少し、九八年から復活して、年間で一〇件前後を推移する。それが二〇〇二年に一気に五四件に増える（連載を含む）。書籍も〇一年から刊行が増え、〇三年以後は年に八冊程度刊行されるようになる。そして、〇五年に「オーラの泉」が始まり、〇七年度にはゴールデン・タイムに進出する。

つまり、単発の雑誌掲載が火付け役となってテレビ出演が始まり、著書刊行につながる雑誌連載が急増し、テレビでゴールデン・タイム進出後、知名度が急上昇という経過をたどっていることが分かる。〇二年以後の雑誌での発言は、著書を読めば大体の傾向はつかめる。そこで、本章では〇一年までの初期の雑誌掲載がどのようなものであったかを見てゆき、次に著書、そしてテレビへと分析を進めてゆきたい。

初期の雑誌掲載は、マガジンハウス社刊行の女性雑誌『ａｎ・ａｎ』が群を抜いて多い。一九九二年から二〇〇一年までに二四回掲載されている。そのほとんどが、占い特集での掲載である。

『ａｎ・ａｎ』は、二〇代から三〇代の未婚女性を読者層とするファッション雑誌である。しかし、純粋なファッションだけでなく、恋愛・性愛、女性の生き方、対人関係、身体・健康などに関する特集を組み、ライフスタイル全般の提案をおこなっている。マニュアル的なものが多く、こうすればいい男が手に入る、人からよく見られる、理想の身体が手に入る、きれいになるなどといった特集タイトルが目立つ。そこそこに努力もするが、なるべく少ない努力で大きな利得を得たいという欲望に応えている。占い特集も、努力を超えた運命や運勢への関心に応えるものと位置づけられるだろう。

そのなかで、江原は、当初から自分が占い師ではないことを強調していた。最初の雑誌掲載では、

「背後霊が話すことを伝えるのが霊能者。だから、当てるのではなく、その言葉は真実」というタイトルで紹介され、相談依頼の連絡先なども記されている(『an・an』一九九二年一二月一八日号)。ところが、それは占い師の情報を読者に提供するページのなかでの紹介なのである。占いとの違いは、林真理子との対談でさらに明確化されている(一九九四年四月二二日号)。これらを総合するなら、占い師は未来を断定口調で言い当てて、具体的な指示を出し、依頼心を湧かせるが、自分は、霊魂との交信で得た真実を伝え、その人自身が生きる目的を把握して、自分の意思と選択で力強く人生を歩めるようカウンセリングする、という主張になる。

このように、個人の努力を超えた運命に従って生きれば幸せになれるという占い的な世界観や人生観に対して、霊的なものと結びつきながらも努力してゆくことをすすめる世界観や人生観、(のちの表現だと)スピリチュアルな世界観や人生観が打ち出されている。しかし、それは占い特集という枠のなかで提示されていた。

『an・an』は年に二回の大きな占い特集で、これからの半年の世間・芸能界の変化を予測する記事を掲載している。一九九六年一二月六日号では、江原は三人の占い師のなかで一人だけ「心霊カウンセラー」として登場している。以降、年に二回、類似の記事に登場している。さらに九七年一一月二一日号では「一二星座で九八年前半の恋と運命を占う」というタイトルの特集の冒頭で、はじめて「スピリチュアルカウンセラー」として登場し、「器に合った生き方が見直され、自分自身を生かせる人に幸運が」という記事を寄せている。「運は強まります」、「運を勝ち取れる」などという言葉があるものの、その前提として、自分を知ること、努力の二つがあげられている。

その一ヶ月後の「ついてる女の運命が知りたい」という特集では、三人の女性タレントの質問に答え、

「もっと幸運になるためのスピリチュアルアドバイス」を与えている。個々の相談者に関する指摘をし、メディテーション、先祖参り、鉱物のお守り、うぶすなの神社への参拝、イメージトレーニングなどをすすめている。これらは目に見えない力、いわばスピリチュアルな力を高めることにつながるのだろう。図式的に見ると、運と努力とスピリチュアルな力という三つの要因のうち、雑誌側は運を強調し、江原は努力を強調する。両者は潜在的に対立するはずであるが、スピリチュアルな力が、それを媒介している。個人が、スピリチュアルな力と結びついて努力することで運は開けるというのが、江原側の主張になるが、それは「こうすれば運がつく」という努力を最大限回避するためのマニュアルとして提示されるのである。

〈占い的マニュアル思考〉と〈スピリチュアルな自力志向〉との対立をはらんだ共存はその後も続く。(9) しかし、時期が後になるほど、スピリチュアルなものと結びつくためのアドバイスが充実し、「教え」の形成につながる。「長いスパンで運・不運を見極める人格を養い、人にもらった運をさらに人のために役立てる」(一九九八年八月一四／二一日号)という発言は、「運」という言葉を使いながら、表面的な運・不運へのとらわれを否定し、人格の涵養と他者への奉仕に導く。同様のものを列挙すると、「自分自身のとらえ方が大切」、「波長、因果の法則を知り、運勢をアップ」(一九九九年一月一／八日号)などは、

(9)　誌面では占い師と並べられ、タイトルには運、運命、強運といった言葉が踊るが、江原は、スピリチュアルなものと結びつきながら努力することの大切さを説き続ける。「人気占い師六人が語る、強運をつかむ心得」のなかでは、「長いスパンで運・不運を見極める人格を養い、人にもらった運をさらに人のために役立てる」というアドバイスをおこなっている(一九九八年八月一四／二一日号)。「二〇〇〇年前半、どうなる？　あなたの恋と運命」では、「自分の才能や能力だけが頼りになる時代」が到来し、「ひとりひとりが自分を信じて、才能を開花させる努力がますます必要に」なるとしている(一九九九年一一月二六日号)。

のちに展開される「教え」に近い。「江原啓之さんが指南。秘めたる力を引き出して、恋愛運を高める一〇の教え」(一九九九年一〇月二九日号)、「思い通りの運を摑む女になる、スピリチュアル・レッスン」(二〇〇〇年一二月二九日/〇一年一月五日号)などの記事をまとめると、自分を見つめる、コンプレックスやトラウマにとらわれない、自己卑下しない、人との縁を大切にする、他人の悪口を言わない、人のせいにしない、不運から逃避するのではなく学ぶ、いい行いや素直な反省を心がける、感性を高めてアンテナを磨く、心を澄まして内なる声に耳を傾ける、長期的なヴィジョンをイメージする、地道な努力で運をつかむ、などがタイトルにもあるような「教え」「レッスン」の内容としてあげられる。この記事からは、スピリチュアリズム的な「教え」の本格的な展開の兆しが読み取られる。

「運命の出会いは必然的にやってくる」(一九九九年一二月一七日号)などは、「偶然ではなく必然」という教えの先駆けである。これは、自分を磨いていればよい出会いがやって来る、それは偶然でも運のよさでもなく必然だという、占い的思考に真っ向から反対する内容を含むものであるだろう。また、のちの因果の法則、波長の法則などの「教え」の萌芽でもあるだろう。

〈スピリチュアルな自力志向〉は、努力だけでなくスピリチュアルな力との結びつきを前提とする。雑誌の特集のコンテクストではそのための具体的な方法が求められ、〈占い的マニュアル思考〉に取り込まれる。だが、時期とともに〈スピリチュアルな自力志向〉の「教え」は徐々に数を増やし、体系化し、「法則」の提唱に至り、ついには書籍の形にまとまってゆくのである。

2　単行本の刊行——霊的真理の教義化の試み

すでに前章で、江原の著作に見る思想を紹介し、分析したので、ここではごく簡潔に、これまで見てきた雑誌での発言とは異なる側面に注目してゆきたい。

著作には様々なものがあり、ジャンルとしては、人生論・幸福論、恋愛・結婚・育児、紀行文・観光案内、自伝、ダイアリー、神秘的テーマなどにわけられ、その幅は広い。その多くは雑誌連載にもとづいている。二〇〇一年頃から、既婚女性を対象とした女性雑誌に進出したことが、幅を広げるきっかけとなった(著作のリストは公式サイトを参照)。しかし、ジャンル的にもっとも多いのは、霊的な見解を多く盛り込んだ人生論・幸福論である。

雑誌の読者は、偶発的に特集に挿入された記事を読み、読み終われば読み直さず、捨てることすらある。それに対して、単行本を読むのは、意図的に江原の文章を読もうとし、読み終えたあと本棚に保管し、読み返す可能性がある読者である。そのため、雑誌掲載のなかで小出しに表れていた、〝スピリチュアルなものとつながりながら自力で人生を歩む〟という人生観は、雑誌の特集の枠組から自由に、また明確に展開される。さらに、輪廻転生や守護霊に関する信念を含んだ世界観も本格的に展開される。前章で見たように、江原はそれを八つの法則にまとめ、スピリチュアリズムにもとづいた霊的真理としている。

このようなスピリチュアリズムにもとづいた世界観や人生観は、超越的なもの、非物質的なものに関する信念を含む限りにおいて、「宗教的」と形容される可能性がある。しかし、江原自身は自らを「宗教」とは完全に分離して、霊的真理そのものの探究をおこなっていると考える。前章で示したように、「宗教」を霊的真理に付け加えた方便と考え、スピリチュアリズムと「宗教」とは、分業・共存が可能なものだと考えているようである。他方、現世利益中心の権威主義的な「宗教」は、物質主義的価値観にもとづいて信者の依存心と教祖の我欲とが結託して生まれたものとも考えられる。対照的に、スピリチュアリズムにおいては、ミーディアム(霊媒)は単なる技能者に過ぎず、霊的真理は個人個人が実感するべきものであり、信者も持たないし、弟子もとらない(江原 二〇〇一、二〇〇三a参照)。

3 テレビ出演、個人相談の中止、「メディアのなかのカリスマ」の誕生

こうして、スピリチュアリズムは「宗教」ではないと結論づけられる。それは、江原が組織を背負わない個人としてメディアで発言し、信奉者との直接的な結びつきを持たずに、メディアを介してのみ読者や視聴者と結びつくという方針をとることで確立された。以下、このような非「宗教」的な形態がどう定着したのかを簡単に追う。

初期の雑誌掲載では、相談依頼の連絡先として、スピリチュアリズム研究所の住所と電話番号が明記されていた。個人相談が本業で、雑誌掲載はその宣伝活動の一環だったということが分かる。しかし、この形態は、メディアでの露出とともに変更を余儀なくされる。

二〇〇一年から、フジテレビ系列の午前中のバラエティ番組である「こたえてちょーだい」の心霊特集への出演が目立つ。この時点でも、雑誌記事に連絡先が明記されている。その後、江原は、おそらく〇二年前後に個人カウンセリングを中止する。〇三年の『スピリチュアルな人生に目覚めるために』では、その経緯が詳しく説明されている。個人相談の予約がいっぱいになり、予約すらとれない依頼者の苦情や不満が高まる。また、相談に応えても、結局、依頼者のわがままな依存心を増長させる結果にし

かならない、と。一人一人の相談に応え、アドバイスするよりも、メディアを通して指針となる「霊的真理」「人生の地図」を示し、その人自身が責任主体となって自分の人生を歩むことをうながす方がよいと、江原は感じる。こうして、個人相談を中止し、メディアを介してのみ人々と関わるような活動形態にたどり着く。

この場合、江原がもっとも伝えたい霊的真理を、もっとも体系的に表現できるメディアは、単行本という文字メディアであろう。しかし、活動が本格化すると、テレビという映像メディアに露出する機会が増えるようになる。

4　テレビ「えぐら開運堂」——カウンセラーとして

テレビ出演で重要なのは前章でも取り上げた「えぐら開運堂」である。これは江原にとって初のレギュラー番組である。

設定は、女性相談者(視聴者より募集)が顔にモザイクをかけて登場し、司会のネプチューンの名倉潤が話を聞き出し、江原に守護霊からのメッセージがあるかを聞き、江原が「ない」と答えればそれで終わり、「ある」と答えた場合でも、相談者が顔にかかったモザイクを取らなければメッセージを聞くことができない、取る決意ができなかったものはそれで終わり、という設定になっている(この設定は番組終了前にはいくつかの変更を経ている)。なお、「えぐら」とは共演者の名倉と江原の名前を足したものである。「開運」という言葉からもわかるように、ここでも「運」や「運命」がキーワードになっている。しかし、番組のエンディングでは江原が「幸運を引き寄せられるか否か、それはあなた次第です」と締めくくり、人生の責任主体が個人にあることを強調している。ここでも、守護霊からの「託宣」を聞いて開運をしたいという〈占い的な他力志向〉の枠組のなかで、江原が〈スピリチュアルな自力志向〉を貫こうとする作りになっている。

また、この番組を観察していて感じるのは、この時期の江原が、心理学的な知識を相当に援用していることである。そのため、心理的な問題については、霊的なことを背後に読み取らずに、心理的洞察を加えたアドバイスだけで終わることさえあった。最終的に、問題を解決するのは本人次第であるという態度と相まって、ここでの江原は、文字通り「カウンセラー」的な役割を演じている。

前章で紹介した事例「看護学校に通う女性」から分かるのは、運命の力に翻弄されているかのように不幸が続く相談依頼者に対して、江原が、自分の内側に人生を切り開く力、「隠された才能」があるとしているところである。心理的洞察と霊視を交えながら、相談者に感動を伴った気づきをもたらし、励ます様子は、それまでの霊能者に見られがちな、恐怖を強調したり、供養行為を指示したりする姿とは対照的である。ポジティブでカウンセラー的で癒しと励ましを与えるキャラクターという印象を与えるものである。

江原(二〇〇三b)によれば、テレビ出演に際しては明るいファッションと笑顔を心がけ、従来の霊能者のイメージを刷新しようとしたということである。実際、この番組の江原は、いくらかの変遷はあるものの、典型的な外見としては、茶髪に短めの髭、派手目のアクセサリー、光沢のある派手目の洋服を着こなすといった出で立ちで登場している。それに対して、後出の「オーラの泉」以降では和服が多くなる。

「えぐら開運堂」では深夜放送という枠、時おり女性相談者たちがスキャンダラスでセンセーショナルな悩みを披露すること、また内容的にも心霊的・オカルト的なものが多いことなどから、番組全体としては暗く怪しげな印象を払拭しきれていない。

5　テレビ「天国からの手紙」——ミディアム・ヒーラーとして

次に取り上げるのは、年に二回ほどの特別番組として二〇〇四年からフジテレビ系列で放送されていた「江原啓之スペシャル 天国からの手紙」である。

これは江原にとって初の長時間にわたる単独での冠番組である。死を直接的に扱っているので、他の番組より真剣な雰囲気がただよっている。家族を亡くしたが何らかの霊現象が起きており、死者からのメッセージがあるなら聞きたいという視聴者からの相談に応えて、江原が現場に駆けつけ、霊視を交えながら、死者のメッセージを伝えるというものである。そのため、占い特集や深夜のバラエティ枠などと異なり、霊媒としての実践が中心的位置を占めている。また、回を追うごとに、霊現象を強調する作りの再現ドラマの割合が抑えられ、現場でのスピリチュアリズム的実践が中心となってきている。

以下、長くなるがその事例の一つをまとめよう。

事例　二〇〇六年九月二五日に埼玉県で起きた、脇見運転による園児四人死亡事故

被害女児の遺族が家の中で女児の気配を感じると相談。江原はこの事故の関係者の多くが「グリーフ・ケア」「悲嘆のケア」を必要としているとスタジオ内で発言。［現場に移動後］遺族の仏壇の前で霊視。

江原「お母さんのね、出産まで見届けようと思っているのね」

テロップ：母 陽子さんは現在妊娠七ヶ月目だった……

江原「で、いて、それを、お母さんも、お父さんも、望んでいるからなの。それこそ帰って来れるものなら帰って来てねって言ってるでしょ」

母（涙を浮かべながら）「そうです」

江原「新しい命になって。だけどこの子は、ママのおなかのなかにまた帰ることはできないんだけれども、ずっと最後まで付き添うからねって言ってて、だからそれまで逝かないって、自分の意志なんですよ。〔略〕パパがね、とても暗ーい表情でいて、だから彼女なりにお父さんに一生懸命、話しかけていたのね。〔略〕一人で考える時間が、仕方ないんだけれども増えちゃったんじゃないですか」

父「そうですね。はい」

江原「〔略〕将来大きくなって二人で踊りを踊るのが楽しみだったんだって。『いっしょにな』って、昔から話しかけていたみたいなんですけど、そうなんですか」

父「はい、その通りです」

江原「お父さんは踊りが大好きなんですか」

父「（鼻をすすって）はい、大好きです」

テロップ：沖縄出身の父康太さんは沖縄の踊り「エイサー」を娘の前で踊っていたという……

江原「それ神事の踊りなんですか」

父「供養のための踊りなんです」

江原「なるほどね、だから、この子のために誰かが踊ってくれた部分もあるんですよ」
母「やりました……（驚いた様子）」
江原「やった？」
テロップ：父の友人が陽南子《ひなこ》ちゃん［被害女児］のために踊っていたという……
江原は、父が踊りから遠のいていたことを指摘する。それに対して父親は、うなずく。
テロップ：父は事故以来その踊りすら、娘を思い出す悲しみに繋がっていた……
江原は、遊園地に行く予定があったことを指摘し、母親は、驚いた様子で同意する。江原は、行けなくなったために怒っていることを伝える。
江原「ほんと、お風呂に入っているお父さんがかわいそうだって。お風呂に入るとね、もう、いないんだ、いないいんだって、なっちゃうんだって。［略］」
父「（頭を上下させながら、小さい声で）はい」
江原「でも、いたんだって。いっしょに。何とか気がつかせようって、分からせようっていう風には、何度かしていたみたいですよ、お父さんには」
クリームパンと、クーという名前のジュースが好きだったことの指摘。
母「はい、好きでした」
江原「それも最近あげてなかった」
母「（笑いながら）あげてないです」
テロップとナレーション：およそ三時間にわたり、亡き娘からの思いが両親に伝えられた。
生前大好きだったものを仏壇に供える映像が流れる。

江原は、事故現場に向かう。そこでは、犠牲となった他の三人の園児の遺族が待っている。相談者が遺族を江原に紹介する。江原は、ここに被害児の魂はいない、それぞれ自分の家に帰っている、と伝える。

次に保育園の映像へ画面が移動。保育園は責任を問う声や誹謗中傷によって閉園に追い込まれていたという。その保育園のなかで、それぞれの遺族に、霊視の実証を交えながら、死者のメッセージを伝える。［以下、ある被害女児とその母親に関するやり取りを中心に紹介する。］

江原「この子はお子さんなのにお母さんを励ましているの。がんばろうね、とか。ママ、泣いちゃダメだよとか。生きているときもそうだったんだけど」

母親、泣く。

江原「お母さんのせいじゃないからね、って、ずっと言ってるんです。で、いて、自分自身がこの子を振り回しちゃったんじゃないかって思いがあったんじゃないですか、どうです？」

母「はい」

テロップ：離婚してこの保育園に通ってから、わずか一週間後に娘は事故で亡くなってしまった。

江原「そのお母さんの心があるために離れられない。これからはお母さんも新しい友達を作っていかなくちゃねって、［略］その思いでべったりくっついているんですよ」

それ以外の家族についても、江原は、同様の霊視にもとづく死者のメッセージを伝える。

江原「皆さん、そうだと思うんですけどね、お子さんイコール事故になっちゃうでしょ。……でもね、……子どもさんは子どもさんでしょ、あくまでも。子どもさんの話を一杯してほしいわけ。自然にその子のことを思って、お子さんも、自分も元気になろうっていう、思いがなきゃ、ダメなんですよね」

実は夢の中でお子さんと会っているということを伝える。しかし、会うことで、自殺しかねない人のところには出ていないと言い、確かにそうなっているということを遺族たち同士で認める。

江原「［略］だから、今日をもってして、ママ一生懸命生きていくからねと、自分の人生切り開いていくよって言った途端、見ますよ」

母「んん……会える、ってことですか」（きっぱりと前を見据えて江原に問いかける）

江原「そういうことです。必ず、お子さんたちと会えるときが来るから、そのとき、胸を張って会えるように、いっぱい土産話を作って生きることなんですよ」

子どもの欲しがっている生前好きだったものを、江原が言い当てるやり取りがある。

江原「お子さんの確信、得たり、元気出たりしましたか」

全員うなずく。

テロップ：保育園関係者、事故に遭遇した園児や家族など、あの事故で傷ついたすべての人々へ。

保育園のホールに五〇―六〇人くらいの人が座り、江原がその前で挨拶する。最初の被害女児の父親が遺族を代表して説明する。最初は半信半疑だったが、すべてが子どものことに合致していたと語る。

江原「絶対に誰も責めないで欲しいって言っているんですね。これ、お子さんたちのそのままの言葉を使えば、「みんななかよく」って言葉で言ってるんです。［略］みんな後悔ってすると思うんです。［略］保育園の責任はどうだとか、［略］悔やみ続けたらきりがないっていうこと。［略］お子さんたちが、親や先生や皆さんから教わったこと、［略］それは、みんななかよし。［略］皆さんもそれを実行してくれなかったら、それは嘘ですよっていうことを、お子さんたちは言いたいってことなんです。亡くなったお子さんたち四人ともみんな手をつないで今日なかよくいるんですよ。
［略］お子さんたちが逆に教えていることだからこそ、それをきちんと受け止めてあげられることが、一番の供養だ、という風に、私は思うんです」

スタジオに戻り、ゲストたちのコメント。かなり編集され、端折られている感じ。

江原「絶望じゃなくて絶対そこにメッセージがある。自分をより輝かせるための、向上させるためのメッセージがある。大きな苦難を乗り越えた先に大きな輝きがある」

（フジテレビ「江原啓之スペシャル　天国からの手紙」二〇〇七年八月七日放送）

江原は、霊視や霊言を介して、遺族にしか分からない事実を言い当て、死者の言葉として整合するようなメッセージを伝える。遺族は、驚きながらリアリティをもってそれらを受け止めている。

また、「グリーフ・ケア」という用語が紹介されていることから、死別の悲嘆《グリーフ》に関する心理学的知見を江原が意識していることがうかがえる。除霊や浄霊を常とする霊能者の呪術的・宗教的救済とは異なり、相談者本人が悲嘆から回復するのを助ける心理的な癒しが目指されている。自らの存在意義を見失ってしまった遺族が故人との絆を再確認することで生きる意味を取り戻すのを助けるという実践は、東日本大震災の被災者に対する宗教者によるスピリチュアル・ケアとも近い（鎌田 二〇一四）。

しかし、遺族を癒すのが江原の伝える死者のメッセージそのものだという点は、グリーフ・ケアやスピリチュアル・ケアの域を超えている。遺族の自責の念は「誰も悪くない」という死者のメッセージによって癒され、死別後の孤独は、実は死者が語りかけていたという光景に置き換えられる。そうして、見えなくなっていた家族の絆がリアルに思い描かれる。

そのメッセージが、愛を与えることをうながすような「教え」に接近する。関係者たちが互いを責め合っている状況に対する「みんななかよく」というメッセージである。これは、大人たちが子どもに教えた言葉である。それが実践されることで、大人たちの「教え育てる」という愛が嘘でなかったことも証明される。それは同時に生者の相互扶助に誘導される。悲しみと責め合いは愛情に転換される。遺族たちが死者との継続する絆を深めつつ、生者同士の絆をも深めながら前向きに生きることがうながされる。

この番組は、単独の冠番組であり、制作側の意図や枠組より、江原が伝えたいことが前面に出ている印象を受ける。番組構成のモデルが、バラエティ番組でなく、難病や障害、事故・災害・犯罪の被害など極限状況に置かれた人々に取材するドキュメンタリー番組になっているかのようである。

視聴者の反応を代弁するはずの、スタジオの司会者やゲストの発言も抑えられている。これは、視聴者がスタジオを介さずに遺族と同一化できることを前提とした作りである。重心がスタジオから現場へと移行している。

このような番組を見ると、江原の実践は、本来は現場での救済にあったのだと理解される。とくにこの事例では、多くの人をどんどん巻き込んでゆく点が印象的である。アポイントメントなど事前の根回しが当然あるはずだが、視聴者には、多くの人々が次々と江原の周囲に集まってゆくように見える。江原の教祖的、カリスマ的な資質を十分に感じさせる構成である。霊視の内容を遺族がことごとく認め、信頼を寄せる相談者集団がふくらんでゆく。死者の霊のリアリティが、番組の経過とともに高まる。最終的には、約五〇人の関係者が集まる。従来の霊能者で、テレビ番組上でこれほど多くの人々を巻き込んで家族の悲嘆を癒した例はおそらくなく、その光景は圧巻である。

いわゆる教祖が教団の施設で集団単位の除霊・浄霊などをおこなう光景を、テレビが報じることはないだろう。このような江原の実践が許され、違和感がないのは、それが呪術的実践ではなく、悲嘆の心理的な癒しやケアに重点が置かれているからである。また、相談によって高額の謝礼を受け取ることをやめていたため、宣伝行為と見なされないからであろう。

「天国からの手紙」という番組は、最後に放送された二〇〇七年一二月に至るまでの数回はお盆と年末のゴールデン・タイムに放送されていた。もはや、もともと霊に興味がある視聴者が特別な時間帯に見る番組ではなかった。無「宗教」だが、漠然とした霊信仰を持っている日本人であれば、偶発的に視聴した場合でも、死者の遺族を思う気持ちに感動させられ、家族の絆を想起させられ、涙してしまうような内容となっている。弱っている人や苦しんでいる人に共感し、他者との絆や、自己の生き方を振り返る機会を提供する番組となっている。

6　テレビ「オーラの泉」——コメンテーター化

江原啓之の名を全国に知らしめたのは前章でも触れた「オーラの泉」という番組だろう。[10] この番組は、国分太一と美輪明宏と江原啓之が毎回異なるゲストを呼んで話すトーク番組である。

男女比は半々であり、女性中心であった雑誌やえぐら開運堂と異なる。ゲストは役者、バラエティタレント、スポーツや音楽などのスペシャリストという三つの分野から偏りなく出ている。[11] 文化人・知識人は少なく、民放「テレビの世界」の縮図の観がある。ただし、スピリチュアルなものへの共感は多くのゲストに共通している。「スピリチュアル」は前提であり、積極的な批判者は見られない。「オーラの泉」は、ホラー的要素をもつ心霊番組とも、懐疑派との討論「バトル」番組とも異なる。とはいえ、「霊的真理」をストレートに伝える番組でもない。明るく前向きで、日常的な人生観と結びついた「スピリチュアル」が、空気のように流れる、他に類例のない番組である。

また一般視聴者を相談者とする番組と異なり、「有名人」の人生模様を伝える番組に内容も構成も近い。有名人への興味が、その人生への興味へ、そしてその前世への興味へとスムーズにつながってゆく。ゲストも前世の話に激しい抵抗を示さず、興味深そうに耳を傾け、ときに納得している様子を示す。以下は、シンクロナイズド・スイミングの小谷実可子選手がゲストのときの模様である。

江原「シンクロなさってたからってこともあるでしょうけど、正に水の精なんですよ」
国分「そうなんですか」
江原「そういう水の精の信仰っていうか、そういったことをやっていた巫女さんみたいな人なんです。［略］どこかの、島のような所で。［略］だから、その時から、もう実はイルカとの縁は、ある

(10)　このなかで、特別な霊視能力を持つ江原啓之の存在は大きいが、形式上は三番目のレギュラーという扱いである。番組の正式名は「国分太一・美輪明宏・江原啓之のオーラの泉」であり、公式サイト（現在は削除、〈http://www.tv-asahi.co.jp/aura/〉）のトップページの説明でも、「国分太一が誘う「スピリチュアル・トークショー」。愛の伝道師・美輪明宏が人々を幸せな人生へと導き、スピリチュアル・カウンセラー・江原啓之がさまざまな人生の謎を解き明かします」とある。つまり、この番組は、三人のなかでは当時もっとも知名度のある国分太一がホストとなるトーク番組なのである。

(11)　初回から数えて一〇〇人のゲストの内訳は、役者三五人、バラエティタレント三四人（モデル・アイドル出身の女性タレント一四、お笑いタレント六、その他一四）、スペシャリスト三一人（ミュージシャン一二、スポーツ選手一一、芸術家四、学者・霊媒・作家・弁護士が各一）である（活動の比重がもっとも大きい分野で分類）。

んです。［略］どこの何ていう国なんだろうっていうのは、ちょっとよく分かんない」

小谷「ギリシャの壁画とかで、あの、イルカと一緒に共存してた人たちの昔の壁画とかって出たりしましたよ」

美輪「ご存知なの？」

小谷「あの一度、これもまた、ぽっと出た仕事で、あのギリシャの……」

国分「島ですか？」

小谷「はい」［略］

美輪「見るべきものを見ちゃったわけ」

小谷「うーん」

美輪「で、行くところへ行っちゃったわけですよ」

小谷「ふふふ」

（二〇〇七年三月一四日放送より）

小谷は、競技中に観衆のエネルギーが自分に集中し、忘我状態で好成績を収めた体験や、イルカとの不思議な出会いについて語っており、スピリチュアルなものに共感的である。この場面でも江原の前世の霊視に整合する経験を進んで示すなど協力的で、霊視を真剣に受け止めているように思われる。

「有名人」は、現代ではライフスタイルのモデル、社会的事件のコメンテーター、キャリア次第では政治家にも転身しうる存在である。小谷の場合はその後、教育再生会議有識者の一人となっている(12)。そのような信頼感の源泉となる有名人の日常や価値観が「スピリチュアル」であることは、「スピリチュアル」そのものへの信頼感を高めることになったであろう。

この番組は深夜番組として始まったが、二〇〇七年四月からは夜八時という視聴者の多い時間帯で放送されている。なかには、「スピリチュアル」よりゲストの方に興味を持つ「偶発的な視聴者」もいることだろう。

また、この番組の視聴者は、先の「天国からの手紙」と違って潜在的参加者ではない。視聴者参加型の相談番組ではないからである。視聴者は、有名人をめぐる不思議なやり取りの観察者でしかない。視聴への集中度は、ゲストへの興味に左右される。ゲスト中心の構成であるため、江原の発言も「天国からの手紙」と比べると控えめである。

ここでの陰の主役は、表面的には目立たない国分太一である。霊能と無関係の立場から美輪や江原の発言に驚いたり納得したりし、雰囲気がホラーに近づくと笑いをとり、明るさと面白さを維持している。そのリアクションは、観察者としての視聴者の立場に近い。霊能と無縁の普通の視聴者が「スピリチュアル」に接したときの態度を代弁すると同時に、モデルともなっている。

国分が、決め台詞として時折用いるのが、「偶然ではなく必然」という言葉である。これはもともと江原の言葉であり、人生の出来事はすべて目に見えないつながりで結ばれているというものである。そのようなつながりがゲストの人生のなかで見られると、国分は、「必然だったのか」と驚きながら納得する。そのうち、国分は学習し、江原がほのめかすと、江原のかわりにこの言葉を発するのである。

(12)　首相官邸ホームページ、〈https://www.kantei.go.jp/jp/singi/kyouiku/kousei.html〉。

江原「[養子縁組について]それこそ、この世の中には、親の無い子もいれば、子の無い親もいて。だから、そういった意味では自分の所に来るのも偶然ではなく……」
国分「必然です」
江原「ですよね。子はご養子で来たとしても[略]必然として結ばれて来てくれた子なんですよね」
（二〇〇七年四月二八日放送より）

次の引用は、番組を毎回見ているというゲストとともに「偶然ではなく必然」という言葉が江原を横において交わされる場面である。これまでの引用例にない「笑い」の要素も、番組のなごやかな雰囲気を伝えてくれる。

片岡鶴太郎（画家、タレント）「椿を一輪切って、それで花器に入れて、こう描きますでしょう。で、それで三、四時間位、こう描いてるんですね。それでまあ、大体こんな感じかなって、ふっと置いて、ちょっとしたらポトって落ちたんですよ」
国分「はい」
片岡「それがねー、あたかもね、私が描くのを待っててくれたみたいにね」
国分「わー」
片岡「そういう体験が、あるんですね。もう、そうするとね、たまらんですね。偶然、偶然じゃないんですね」（一同笑）
美輪「それ、こちらのセリフ」

国分「必然ですから」

片岡「必然です。……で、そのテーブルの下にね、ゴミ箱があったんですよ。ゴミ箱のなか、入ってったんですよ」

江原「ふっふっふっふ」

（二〇〇七年二月七日放送より）

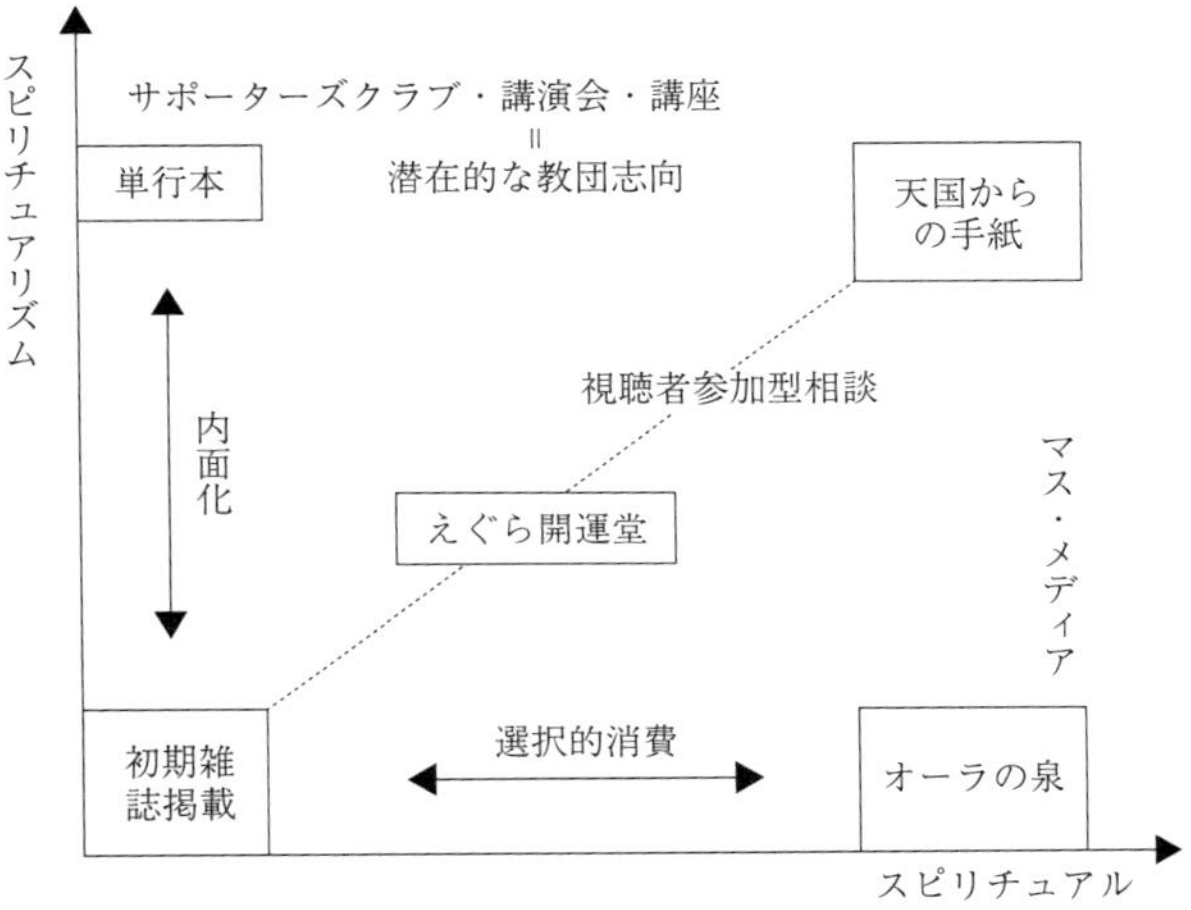

図 4-1

霊能力が本来は誰にでもあるとする江原にとって、「偶然ではなく必然」という視点は、目に見えないつながりを誰もが身近に感じるために有効な方法である。これを、国分は番組の回を重ねるにつれて、自分の言葉として発するようになる。それは、非霊能者にも可能な「スピリチュアル」な人生観を、国分が学習するプロセスである。視聴者ともっとも近いポジションの国分の「成長」は、定期的な視聴者にとってはわが事のように感じられ、自分の成長と重ね合わされるかもしれない。

7　まとめ——メディア論との接合

これまでの議論を振り返ろう。

初期雑誌掲載で見たように、江原が伝えたいこととメディア側の枠組は必ずしも一致しない。江原は、スピリチュアリズムの教えを内面化して、努力し、成長することをうながす。雑誌は、スピリチュアルな力による開運を読者に提示する。霊的真理を体系的に伝えやすいのは単行本であった。逆に、雑誌と同等に興味本位でつまみ食いできるのは「オーラの泉」であろう。とはいえ、映像メディアは江原のスピリチュアルな実践を鮮明に映し出してくれる。「天国からの手紙」は、それに加えて、教えをも提示できている。そこまでいかず、バラエティ番組や心霊番組のセンセーショナリズムやホラーの要素を残していたのは、「えぐら開運堂」であった。

江原自身、書籍ではスピリチュアリズムを説き、テレビではスピリチュアルをデモンストレーションすると使い分けているようである(江原 二〇〇三b)。スピリチュアリズムという真理とスピリチュアルな現象、教えと方便としてのパフォーマンスとの二項対立を想定しているようだ。教えの内面化による自立をすすめる自力志向と、カリスマ的能力の選択的消費や依存を許す他力志向として対比することもできる。この二つの座標軸のあいだに、各メディアを配置するならば、図4-1のようになる。

本章では、インターネットの動向については扱っていない。公認のサポーターズクラブや携帯サイト、ファンによるSNSコミュニティ(当時のミクシィ)、批判者の多い匿名掲示板(当時の2チャンネル)などである。公式サイトやサポーターズクラブ(当時の年会費は五二五〇円で、コンテンツは江原の「ほぼ日記」、有料動画、厳重に管理された掲示板など）を見ると、江原の潜在的な教祖志向、ファンの潜在的な教団志向を確認できる。講演会やコンサート、講座などは、信奉者の集会といった観を呈する。もちろん、個人相談の中止や弟子がいないことの強調によって、教祖化・教団化への回路は断たれている。しかし、信奉者の江原の教えへの傾倒、そこで江原が見せる批判者や一般社会への厳しい言葉とを考え合わせると、江原が批判する「宗教」へと向かう傾向性を、江原自身が潜在的に持っていることが分かる。

先述の図式にこの潜在的な「宗教」志向を加えると、江原啓之という人物が、読書宗教型の教団の教祖と霊能タレントとのはざまにあるということが分かる。すでに見たように、江原はいずれをも否定する。しかし、両方の要素を持っていると言うことも可能である。

これはメディア論の観点では二つのモデルとして表現される。(1)文字メディアを根本とする読書「宗教」モデル、すなわち教祖の限られた教えを信者が繰り返し読み、内面化し、信仰するもので、真理かどうかを受容の条件とするもの、そして(2)映像メディアで展開する「スピリチュアル」モデル、すなわち視聴者が大量で多様なカリスマ的パフォーマンスに偶発的に接触し、メッセージの断片を選択的に消費するもので、興味や好奇心を満たすかどうかを受容の条件とするもの、である。この理論化はメディア形式決定論の弊害をなお引きずっている。雑誌は文字メディアだが、選択的消費の対象として読み捨てられ、テレビは映像メディアだが、録画保存され繰り返し視聴されれば、内面化の対象となりうる。したがって、受容論的観点から整理して、メディアの内面化か消費かという二項対立を立てることもできよう。

「メディアのなかのカリスマ」の場合、信奉者がカリスマを直接利用することは不可能だし、カリスマが信奉者を直接支配することも不可能である。カリスマ的支配による指導者と信奉者の相互の身体化は、近代以後のリテラシーの向上と大組織を形成する新宗教教団の成立の段階ではすでに不完全なものとなっていた。文字メディアを介したカリスマの知の内面化による個人の自律と、教団における均質化による他律とのあいだには内的葛藤《コンフリクト》がある。それが信者の他律を批判して自律を求めることで教団をコントロールしようとする社会と教団の外的対立《コンフリクト》と対応していた。

江原啓之のケースは、宗教と敵対していたはずの世俗メディアがカリスマを繰り返し上演して日常化し、個々人に選択的消費を許すことによって、自律と他律の葛藤・対立を解消しようとするものである。それによって、信奉者はカリスマ的支配に陥ることはなくなった。同時に、カリスマを自らの身体の延長として利用することもできなくなった。すべての責任は個人が引き受けなければならなくなった。だが、均質化による他律から完全に逃れられるわけではない。消費の選択肢はポピュラリティという市場原理に左右され、スピリチュアリティの領域を公平にカバーしない。人々の選択によってふるいにかけられたポップ・スピリチュアリティは、逆に人々の選択をせばめる。

二〇〇〇年代の江原は、スピリチュアリズムの教えの内面化とスピリチュアルな情報の消費という二つのモデルのはざまにあり、矛盾をはらみつつ、メディアを利用するような活動を展開した。その後、次章で見るバッシングを経て、テレビからいったん撤退する。最終的には、メディアへ控え目に露出しつつ、会員制のサポーターズクラブや日本スピリチュアリズム協会におけるスピリチュアリズムの教化に軸足を置くようになった。

他方、責任を委譲された個人が、日常生活のなかで「スピリチュアル」をどう摂取しているかが気になる。その一端は、拙著『スピリチュアリティのゆくえ』(堀江 二〇一一)などでインタビュー調査の手法を用いて紹介している。

第五章　スピリチュアルとそのアンチ——江原番組の受容をめぐって

一九七〇年代のオカルト・ブーム以来、超常現象や心霊現象を扱ったテレビ番組はある一定の視聴率を稼ぎ、テレビの世界でその存在価値を認められてきた。

とはいえ、それは恒常的な地位を占めていたわけではない。むしろ、ブームと衰退を繰り返してきたと言ってよい。たとえばユリ・ゲラーや宜保愛子など、人々を引きつける存在が現れる。番組制作側は、彼らが視聴率を稼ぐことを確認すると、彼らを繰り返し出演させる。それに伴って知名度が上がると、懐疑派から批判が続出する。台頭してはバッシングを受け、衰退する。それがいわゆる「オカルト番組」、超常現象を扱う番組がたどる運命であった。それはまるでモグラ叩きのように、アンダーグラウンドにあったものが表に出ると一斉に叩かれるという図式である。

なぜこのようなことが起こるのか。ひとつの説明としては、マイナーなものが急にメジャーになろうとするが、マジョリティからは受け入れられないからだ、というものがありうるだろう。しかし、長期的視野に立てば、すでに四〇年以上もそうした綱引きが続いているのだから、アングラ文化がメディアの表層で起こす小さな騒ぎとしては片づけられない。

むしろ、発言力の差が背後にあるととらえることもできるのではないか。つまり、一方には発言力がないものの視聴率という数字を通して番組を支える視聴者がいて、もう一方にはそのような現象の非科学性を言論でもって暴く学者・知識人がいる、という構図である。場合によっては、支持者はマイノリティではなく、サイレント・マジョリティかもしれない。そこまで行かなくても、一定のまとまりを持ったサブカルチャーを形成しているかもしれない。

本章では、二〇〇七年から〇八年にかけて起こった江原啓之出演のテレビ番組をめぐる論争を取り上げる。その際、これまでの先行研究のように、懐疑派、場合によっては規制論の立場に立つのではなく、どちらかといえば中立の立場から議論を進めたい（懐疑派の先行研究としては小池 二〇〇七b、石井 二〇〇八）。江原支持者とその批判者のどちらが正しいかということを論じるのではなく、その言説の内容と形態の差異に注目する。また、その背後にあるテレビ理解の隔たり、ジェンダー的偏りについても指摘する。最後に、「テレビ」というメディアが衰退しても、江原を支持する集団、あるいは共感的なサブカルチャーは容易に解消されないことを指摘する。

1 弁護士たちによる要望書

「オーラの泉」がゴールデン・タイムに進出する直前の二〇〇七年二月、全国霊感商法対策弁護士連絡会（以下、霊感商法対策弁連）が、日本民間放送連盟（以下、民放連）やＮＨＫに対して、超能力や心霊現象を取り上げたテレビ番組が霊感商法による被害への素地になっている危険性があると指摘し、番組内容の見直しを求める要望書を提出している。

要望書では、この数年、「霊能師」と称する人物が「霊界やオーラが見える」と断言したり、タレントの未来を断定的に予言したりし、出演者が信じているような番組が目立ってきた、と指摘。番組の社会的影響に注意を払い、行き過ぎを是正してもらいたい、などと求めた。／連絡会によると、〇五年に連絡会や消費者センターに寄せられた霊感商法の被害は約千件で、総額約二八億円。多くは世界基督教統一神霊協会（統一教会）がらみの相談という（『朝日新聞』二〇〇七年三月五日）。

また、要望書には次のようにある。

統一協会（統一教会）は各地にあるビデオセンターにおいて、［略］これらの番組のビデオを見せたり、講義ビデオを見せて次のようなことを教え込みます。「霊界が存在し、［略］あなたの先祖のほとんどは霊界の地獄で地上界の子孫に救いを求めていて、これを何とかしないと［略］様々な不幸にあう。そうなりたくないのなら［略］血と汗と涙の結晶である財産をすべて神にささげなさい」[13]。

ここでは江原の名前はあげられていないものの、「オーラが見える」とか「タレントの未来を断定的に予言」という箇所から、タレントが出演するトーク番組「オーラの泉」を念頭に置いていることは明らかである（なお、江原は自身を「霊能師」とは呼んでいない）。

ここで注意しておきたいのは、「断言」や「断定」という言葉である。なぜなら、それは江原自身が

（13）全国霊感商法対策弁護士連絡会「要望書　日本民間放送連盟、日本放送協会へ」、〈https://www.stopreikan.com/kogi_moshiire/shiryo_20070221.htm〉。

「カウンセラー」という言葉に込めている意味、つまり人生を切り開く責任主体は相談者の側にあり、カウンセラーはそれをサポートするだけであるというニュアンスと正反対だからである。江原は、霊能者的な存在が不安や恐怖をあおって、相談者に一定の行動をとらせるように命令し、相談者はすべての判断を霊能者にゆだねるという関係性のあり方を繰り返し批判している(江原 二〇〇三b)。

筆者は江原側を擁護する意図はないが、論点を明確にするために、この要望書に対して当然出てくるはずの疑問を二点ほどあげておこう。この要望書がもし効力を発揮するとしたら、それは特定のテレビ番組に留まらず、霊魂の存在を前提とする表現一切(テレビ以外のものを含む)への制限となりうる。もしそれが出版物の制限や宗教教団の活動の制限を含むとしたら、無理な要求となる。これが第一の疑問である。霊感商法の被害の「素地」になるものを根絶することなどできないのではないかという疑問である。突き詰めれば、日本人の霊信仰そのものを規制することを要求しなければならないだろう。

もしかしたら弁護士たちの念頭にあるのは、テレビという媒体の特殊性かもしれない。視聴しただけで強い心理的影響を与えるメディアであるのに、不特定多数の視聴者に偏った信念を一方的に提示し続けているということが問題視されているのかもしれない。実際、要望書の要旨には「霊魂観や死後の世界についての特有の考え方を断定的に述べて、これを視聴者に植えつけかねないテレビの番組が目立ちます」とある。しかし、大きな影響力を持つ放送局側に「自粛」を要望することが、思想や信教や表現の自由を損なう圧力にならないかという懸念が生じうる。これが第二の疑問である。

要望書には、「もとより、死後の世界や霊界について考えたり、占いや気学方位学などをもとに自分の生活や将来について考えることを否定するものではありません」とある。しかし、問題となっている番組が「現在のようにたびたび放送されることは、視聴者、特に社会的経験の乏しい未成年者や若者、主婦層の人々に、占いを絶対視し、霊界や死後の世界を安易に信じ込ませてしまう事態をもたらしている」とする。つまり、心のなかで勝手に信じることはよいが、マス・メディアで霊信仰を大々的に頻繁に表現することは、特定の信仰を刷り込むことになるというのである。そして、放送法が定めるよう義務づけている番組基準に当たる「日本民間放送連盟放送基準」の、たとえば「宗教を取り上げる際は、客観的事実を無視したり、科学を否定する内容にならないよう留意する」(四二)や「占い、運勢判断およびこれに類するものは、断定したり、無理に信じさせたりするような取り扱いはしない」(五四)などを取り上げ、そのような基準に違反している番組の改善を要望する。

この要望書は、憲法の第一九・二〇・二一条で保障されている思想・信教・表現の自由への圧力になるかならないか、すれすれのラインにある。要望書の全体を丁寧に読めば、法律家として、このような基本的人権に当たる自由の保障を考慮していることが分かる。つまり、弁護士たちは、霊信仰を表現するもの一切の規制を呼びかけているのではなく、ある「特有の考え方」を「たびたび放送」することに問題があると言っているのである。そうであるならば、バランスの問題であり、特定の信条に偏らず、様々な立場の信条を断定的にならないように取り上げればよい、ということになるだろう。

しかし、文面を表面的に読むならば、そのような留保や配慮を含んだ言葉づかいは目立たないため、死後の世界や霊魂の存在を取り上げるもの一切の規制を呼びかけているように読めてしまう。実際、先述の放送基準を厳格に適用すれば、科学と異なる説は一切放送できないことになる。「オーラの泉」を偶発的に視聴し感情的反発を感じた者であれば、待望の「規制論」が登場したと歓迎し、その根拠もきちんとあったと安心するであろう。

一方、「オーラの泉」の熱心な視聴者で、江原啓之のファンであることを自覚する者であれば、「江原さんは断定口調ではないし、霊感商法とは何の関わりもないのに、どうして規制されなければならないの？」という素朴な疑問を抱くであろう。

なお霊感商法対策弁連の指摘の根拠のひとつとなっている、宗教を取り上げてもよいが科学を否定してはいけないとか、占いを取り上げてもよいが断定してはいけないという放送基準が、矛盾を含んでいないかどうか、それが制作現場の判断に混乱をもたらしていないかどうか、検討する余地はある。そもそも宗教的教義は科学とは異なる主張を含むものが多く、占いは託宣である以上、断定的な性格を持たざるをえない。仮にそうではない宗教や占いがあったとしても、それだけを取り上げることは、公平さを欠くことになるであろう。いっそ、宗教や占いを取り上げてはいけないという基準の方が、矛盾がなく、明瞭である。しかし、それは表現の自由や言論の自由を脅かすような基準であり、制作側——つまり表現者——にとって準強制的となるような「自主」基準としては許容されるものではない。筆者としては、「宗教や占いを取り上げる際には、特定の立場に偏らないように配慮すること」という基準の方が、多元主義的な民主主義社会にふさわしいと考える。

いずれにせよ、「オーラの泉」側は要望書と放送基準を意識して、次のようなテロップを番組最後に流すことになった。

> 「前世」や「守護霊」は、現在の科学で証明されたものではありません。人生をよりよく生きる、ひとつのヒントです。「オーラの泉」では、番組のＶＴＲ等を使用した物品の販売・勧誘などを一切許可していません。悪質なセールス等にご注意ください［適宜、句点を挿入］[14]。

同時に、筆者が視聴している範囲でも変化が生じた。江原が、出演者の前世について告げる際に、「これは夢物語だと思って聞いてくださいね」という言葉を挿入するようになったのである。それは、前世について「断定」的に述べているのではなく、あくまで人生をよりよく生きるための「ひとつのヒント」として提示しているのだということを強調するためであろう。

2　二七時間テレビ「ハッピー筋斗雲」問題

次に取り上げるのは、二〇〇七年七月二八日にフジテレビ系列で放送されたＦＮＳ二七時間テレビの「ハッピー筋斗雲」という番組をめぐる問題である（以下「二七時間テレビ問題」と略記）。

番組内容は、新潟県中越地震被災者やいじめ問題などで苦しんでいる学校関係者に自らのリンゴ園から無償でリンゴを送っている東北地方の美容院経営者Ａさんの前に、「サプライズ企画」で江原啓之が突然登場し、亡き父のメッセージを伝えるというものであった。その趣旨は「素晴らしい活動をしている人」を「元気づけ喜ばせる」というものであった。だが、リンゴを無償で送り続けることによる「美容院の経営難」がたびたび強調され、江原の伝える「父からのメッセージ」は、「Ａさんが悪い」、「自分の生活を度外視してはダメ」というものだった。

放送後、Ａさんは「経営難」と断定されたことで、「善意の放送の形をとりながら、結果的に自分や周囲の人たちが傷つけられた」と、ＮＨＫと民放でつくる第三者機関「放送と人権等権利に関する委員

（14）　同じ文章は番組のホームページにもある（現在は削除）。〈http://www.tv-asahi.co.jp/aura/〉。

会」（ＢＲＣ）に申し立てた。放送局側はこれに対して謝罪し、フォロー番組でその後のリンゴ園の状況を伝え、ＡさんはＢＲＣ案件としては取り下げた。一方、「放送倫理・番組向上機構」（ＢＰＯ）の放送倫理検証委員会は、放送局側に質問するとともに、何度かにわたってこの問題について審議し、「裏づけに欠ける情報の作為」、「スピリチュアルカウンセリングの押しつけ」、「出演者及び取材対象者との信頼関係の不在」という問題を指摘し、「自省を促す」という委員会決定を下した。

なお、放送局側は、関係者からもＡさん本人からも「お金がなく苦しい」という証言を事前に得ていたと弁明すると同時に、客観的裏付けがなかったという点では非を認めている。また、放送前に本人からクレームがあれば放送を取りやめる方針だったが、カウンセリング後もクレームがなかったという。最終的にＡさんは「江原さんが心配してくれたように、絶対にまたりんごを作るためにお店をつぶさないで、これを教訓に真剣に頑張ります」と述べたので、カウンセリング過程で反論がなされていたという認識を持たなかった、とある。[15]

また、江原側は、カウンセリングを望まれていると番組制作側から伝えられていたとし、収録時には先方も喜んでいたとしている。そのため事態を見抜けず、相手の心情に対する考慮に欠けていたと、反省し、謝罪している。[16]

この問題の本質は結局のところ何だったのだろうか。放送倫理検証委員会が問題としているのは、先述の通り、事実誤認、スピリチュアル・カウンセリングの押しつけ、サプライズ企画の三つである。この三つが錯綜している。仮にこれがスピリチュアル・カウンセリングでなく、たとえばテレビによく出演する有名な精神科医によるカウンセリングであったらどうだろうか。やはり、「経営難」という客観的裏付けを欠いた断定の問題や、カウンセリングの押しつけという問題、サプライズ企画であるための信頼感の欠如という問題は残るであろう。つまり、カウンセリングが「スピリチュアル」かどうかが問題なのではない。

このことは、「霊能者」や「スピリチュアル・カウンセラー」をテレビで取り上げることを規制するべきだという立場を前面に出している石井研士も指摘している。

誰も江原啓之の霊視自体の妥当性に関しては問題としていない。検証委員会は「スピリチュアル・カウンセリングの押しつけはよくない」とはいうが、「スピリチュアル・カウンセリングの放送自体が違反している」とはいわない。／それゆえに番組は続くのである(石井 二〇〇八：八九)。

委員会はスピリチュアル・カウンセリングの押しつけはよくないとしているのであって、「出演者及び取材対象者との信頼関係の不在」が解消されればかまわない、と述べているにすぎないともとれる(同、一三五)。

このように、規制論の立場にある宗教社会学者から見ても、委員会の意見は、スピリチュアル・カウンセリングの放送そのものの是非を問題視しているとは言えないものであった。

(15)　以上、放送倫理検証委員会「委員会決定第〇二号　ＦＮＳ二七時間テレビ「ハッピー筋斗雲」に関する意見」二〇〇八年一月二一日、〈https://www.bpo.gr.jp/wordpress/wp-content/themes/codex/pdf/kensyo/determination/2008/02/dec/0.pdf〉、およびフジテレビジョン「「ハッピー筋斗雲」に関する報告書」二〇〇八年三月一七日、〈https://www.bpo.gr.jp/wordpress/wp-content/themes/codex/pdf/kensyo/determination/2008/02/taiou/0.pdf〉。

(16)　江原啓之「江原啓之からのメッセージ」二〇〇八年一月二一日二一時四八分、江原啓之公式サイト。ただし現在は削除されている。

3　スピリチュアル番組規制論へ
――『J-CASTニュース』の批判記事――

ところが、この一連の出来事は、江原啓之に敵対的な立場のメディアやネットの書き手によって、規制論を巻き起こす火種となった(なお、江原も先の注であげた「メッセージ」において、番組制作のあり方の問題が「霊能番組が是か非か」という問題にすり替わってしまう報道の流れがあるとしている)。

具体的には『週刊文春』、『日刊ゲンダイ』などの雑誌、『J-CASTニュース』などのネット・ニュースが、批判的な規制論を展開した。紙媒体の場合、大手出版社の多くが江原の著作を刊行していることもあり、週刊誌に限れば『文春』以外でのバッシング記事は目立たない。これは、男性週刊誌の新宗教やカルト一般に対する敵対的態度に比べると対照的である。

そこで、江原と利害関係がなく、批判的論調を展開しやすいメディアとして新たにインターネットが浮上した。インターネットでも他メディアと同様、「マスコミ」と呼ばれる通信社や新聞社の記事の発信は、世論の枠組を決定する際に中心的な役割を果たしている。しかし、それだけでなく、個人ブログや掲示板などへの書き込みが醸成する「ネット世論」――場合によっては掲示板の「祭り」「炎上」状態、さらには誹謗中傷の渦巻く「荒れた」状態も含む――も無視できない。逆にそれがマスコミで「ニュース」として取り上げられ、流布することも珍しくない。

先にあげた『J-CASTニュース』は、ネットで話題になっている、または話題になりそうなニュースを拾い上げ(「メディア・ウォッチ」と称している)、その経緯や動向を紹介し、各種ポータルサイトに配信することに特化した当時としては新しい形態のニュース・メディアである。それは、「ネット世論」の増幅器、あるいは拡声器のような役割を果たすだけでなく、ネット世論を先導／扇動する面もある。ネットでのニュース価値は閲覧数によって決まる。なぜなら、閲覧数は、そこに掲載されている広告の視認の目安となり、広告収入もそれに応じて決まるからである。そこで、あらかじめネットで話題になりそうな、あるいはネット・ニュースに親しむ人が好みそうな記事や見出しを作成する傾向が必然的に高まる。

また、その配信先は、大手ポータルサイトをほぼ網羅しており、当時の大手SNS（ソーシャル・ネットワーキング・サービス）のミクシィにも配信されていた。江原批判で目立ったニュースを発信しているのが『J-CASTニュース』だけであっても、その配信先の幅広さから、ネット・ユーザーの多くはそれに接触しやすいという状況が生まれる。

ここでは、『J-CASTニュース』を題材として、それが江原番組の規制論をどのように展開したのか、そしてそのニュースに対してネット・ユーザーがどのようなコメントを書き、規制論を支持し、展開するようになったのかを見てゆきたい。『J-CASTニュース』を取り上げる理由は、江原批判を持続的に展開している数少ないメディアであること、配信先が幅広いこと、ネット・ユーザーのコメントを掲載していること、掲載期間が限定されておらず現在でも閲覧可能であることなどである。

〔記事1〕テレビのスピリチュアル番組　「民放連の放送基準違反」（二〇〇七年一二月一日）

この記事は、二七時間テレビ問題を取り上げた『週刊文春』の「『善意のボランティア』をペテンにかけた江原啓之とフジテレビ」（二〇〇七年一一月八日号）を紹介する内容である。そのなかで、BPOの放送倫理検証委員会における、民放連の放送基準に抵触していると言えるのではないかという委員の発言を取り上げ、「スピリチュアル番組に対する警告」が発せられたとする。そして、先述の霊感商法対策弁連の要望書を取り上げ、さらに紀藤正樹弁護士への取材から、番組ビデオが霊感商法のPRに利用されているという発言を紹介する。あらためてこの記事のリードを読むと、その全体的論調が分かる。

テレビや女性誌では今、霊視や占いのタレントがひっぱりだこのスピリチュアルブームだ。が、特に公共性が問われるテレビで、これらタレントによる過剰な演出が見られ、放送界から民放連の放送基準に抵触するとの声が出ている。さらに、番組ビデオなどが霊感商法などのPRにも使われているという事態は深刻だ(17)。

結局この記事は、二七時間テレビ問題を取り上げていながら「スピリチュアル番組」(江原番組)全体の是非を論じている。そして、非「公共性」、「倫理」違反、詐欺的商法のPRという問題の深刻さを訴えている。

(記事2)「人間の尊厳を傷つけかねない」　フジ「江原」番組をBPO「断罪」(〇八年一月二一日)

先の記事と同様、二七時間テレビの問題の経緯を紹介し、一月二一日に出されたBPOの意見を紹介している(18)。とくに批判的な意見のみを紹介しており、記事自身が「江原」番組を「断罪」しているように読める。

(記事3)江原啓之がフジを痛烈批判　「虚偽の提案でだまされた」(〇八年一月二五日)

先述の、江原啓之による釈明と謝罪を含む声明を紹介しているが、「「テレビ局から虚偽の提案を受けた」「私自身が不覚また迂闊に騙された」などと、あたかも被害者であるかのように訴えた」とまとめる。それによって、江原が加害者であるのに開き直って激怒していると皮肉る記事になっている。[19]

(記事4)テレ朝「オーラの泉」が苦境　フジ「江原番組」は有識者から集中砲火(〇八年四月四日)

弁護士など「有識者」の「非科学的、荒唐無稽な番組」という言葉を紹介し、フジテレビだけでなく、テレビ朝日の「オーラの泉」も打ち切りにならないかとテレビ朝日に問いかける。取材を装いながら、非科学的で荒唐無稽な「オーラの泉」が打ち切りになることを期待する内容の文章となっている。[20]

以上のことから、『J-CASTニュース』は、二七時間テレビの制作手法に関する問題を紹介しながら、スピリチュアル番組、あるいは江原番組自体の、非公共性、非倫理性、詐欺性を訴え、番組の打ち切りを呼びかける規制論を誘導している、とまとめることができるだろう。

(17)　http://www.j-cast.com/2007/12/01013856.html
(18)　http://www.j-cast.com/2008/01/21015791.html
(19)　http://www.j-cast.com/2008/01/25015994.html
(20)　http://www.j-cast.com/2008/04/04018615.html

4　ネット・ユーザーの反応——規制論からテレビ批判へ

記事にはユーザーがコメントをつけることができる（その雰囲気は表5－1のようなものである）。コメント数は、記事1から4まで順番に、一五八件、一〇八件、九九件、四三件である（二〇〇九年三月一五日アクセス）。それぞれの記事のコメントの最初の三〇件、二〇件、二〇件、一〇件を抽出し、その論旨の内容を分析する。全体の最初の五分の一を分析対象とする計算だが、大体これくらいで論点が出尽くし、その後はニュースの内容とに関係ない、オカルトの是非をめぐる議論（といっても圧倒的に懐疑派が多い）に流れてゆくからである。したがって、以下の分析は、ユーザーの第一印象を明らかにするものと言えるだろう。なお分析項目は、主張が存在する書き込みであれば必ずカバーするように作っていった。一つのコメントに複数の主張が存在する場合は、複数の項目としてカウントした。その結果は表5－2の通りである。

結果として、三つの主張が浮かび上がってきた。それぞれが、ほぼ同数のコメントに含まれており、四番目にコメントの多い主張を引き離している。第一の主張は、スピリチュアル番組を批判し、規制するべきだという主張で、これはニュース記事の主張に賛同するものである。

第二の主張は、江原だけでなく細木数子をも引き合いに出して「霊能者」としてひと括りにして批判するものである。とくに、不確実なことで金を稼いでいるのに批判されずに重用されるのは許せないという主張が目立つ。「霊膿」「不快」「デブ」「偉そう」「インチキ」「消えてほしい」「詐欺師」「銭の盲者」など、人格を否定するような言葉が並ぶ。

表 5-1　記事 1 に関するコメントの例(コメント 1～10)
(http://www.j-cast.com/2007/12/01013856.html?ly=cm&p=all)

1：「江原啓之を信じている人なんているの？　バカじゃねぇ？」
2：「民放連の放送基準に反している. ……番組にすべきではない」
3：「テレ朝w／江原も見えてるかどうかなんて証明できないしねw」
4：「……信じてしまうことがあるらしい／そんなアホな」「あるあるの納豆ダイエットで／国内の納豆が品切れになる国なのだ／中にはテレビの内容を信じて自殺する子供もいる」
5：「結局マスコミは細木にしろみのにしろ江原にしろ／もちつもたれつ……テレビはもはや利権団体が自らの利益のためのみに活動するだけの, 有害な存在以外の何者でもない」
6：「誰かが実害を伴ったり“被害者”意識が芽生えにくいのでエハァーラ達の思う壺ですな. ……皆さんも催眠！　法を○似してみては？」
7：「やっぱ, 罰則必要ですよ」
8：「民放連の基準てこれな. [引用]これからすると, 朝の情報番組の占いコーナーもダメだな. 細木やら江原の番組なんてもってのほか」
9：「検証のしようがないのだから「霊能力を自称するタレント」／「占い師を自称するタレント」たちは言いたい放題.／面白ければそれでいいのだという放送局の無責任さがそれに／輪をかける. まあそんな番組は見ないのが一番」
10：なぜフジだけ？　霊朧タレントエハラを追及するなら主犯の朝日が槍玉にあがるべきだろ」

表 5-2　J-CAST ニュース江原関連記事に対するユーザーのコメントの主張別分析(数字はその主張を含むコメントの数)

分析項目	記事 1	記事 2	記事 3	記事 4	合計
スピリチュアル番組批判・規制論	9	2	7	6	24
江原・細木・霊能者批判(批判されずに重用されること)	7	5	10	1	23
テレビ・マスコミ批判	11	9	1	1	22
視聴者やファンや信じる人の罵倒, 国民性の問題, 霊信仰批判	8	2	2	0	12
記事批判	0	0	3	3	6
他局の問題性の指摘(フジ擁護の意図)	0	3	0	0	3
江原への同情	0	1	1	1	3
カウンセリングとしての問題	0	0	2	0	2
スピリチュアル自体ではなくテレビという大マスコミで流すことが問題	0	0	0	1	1
相対主義	1	0	0	0	1

第三の主張は、ニュース記事と少し離れたもので、テレビ・マスコミそのものへの批判である。ニュース記事は放送基準への違反を根拠としてテレビ局側の自粛という形で番組の規制を呼びかけている。それに対して、この三つ目の主張は、テレビ業界に自浄能力はなく、不祥事が続く放送局に対しては、停波と免許取り消しなどの行政処分を適用するべきだとする。

「マスゴミ全て不要」／なにフジは意味不明な言い訳を並べ立てているんだろうか？／やっぱり放送法改正に際して／放送局に対して罰則を盛り込まなかったのは／ダメでしたね。／罰則がない（＆一応あるけど適用していない）／から図に乗るわけで、もはや自浄能力なんて甘いことは期待できません。／やっぱり捏造や倫理違反に対しては／放送局を厳しく罰するべきでしょう。／他業界が営業停止とかしてるのに／なぜ放送局は停波とかしないんでしょうか？／絶対おかしいです[21]（〇八年一月二二日）。

このような発言の背景には、健康番組の捏造問題をきっかけに、捏造をおこなった放送局に対する行政処分を盛り込んだ放送法改正案が第一次安倍政権時に提出されたことがある。結局、言論・表現の自由の侵害につながるとする放送局側からの反発、参院選で大勝した民主党の慎重論の影響で見送られた（『読売新聞』二〇〇七年一一月二八日、二面）。「ネット右翼」とも形容されるネット世論では、テレビ批判の文脈でしばしばこの話題が登場し、行政処分の必要性を訴える意見が出やすい。（なお、コメントのなかには、問題とされたフジテレビではなく「左寄り」とされるテレビ朝日に矛先を向けようとするものが散見される。同じく「左寄り」とされるＴＢＳの不祥事だったら、もっと批判が出ただろうというコメントもある。）

こうして、掲示板の論調は、ニュース記事のスピリチュアル批判の意図を超えて、政権の意向をくんだテレビ局批判につながり、自主規制ではなく法律と政府による規制を求める方向に流れてゆく。これと、四番目に多い、信じる視聴者、騙されやすい国民性への非難とを合わせて、これまでの主張をまとめると、利益追求のために国民を騙すマスコミと霊能者も悪いが、騙される国民も愚かなので、国家による規制が必要だという論調になる。

世界的に見ても、テレビは常に、国家による介入と言論や表現の自由とがせめぎ合い、ときには政治の動向を左右する論戦の場になりやすい。言論や表現の自由が保障されている民主主義国でも、商業主義と公共性との対立という形をとって議論の対象となる(Giddens 2001: Ch. 15)。スピリチュアル番組の規制論がネットで展開すると、商業主義と流行現象を嫌悪し、国民の愚かさを嘆き、強力な国家権力による解決を待望する独自の「ネット世論」に行き着くのである。左翼的な立場からの唯物論的なオカルト批判は、ネットにおけるスピリチュアル番組をめぐる議論ではほとんど目立たないと言ってよい。

5　好意的コメントに見られる江原評価の要因

ニュース記事をめぐる掲示板の論調の大半は、言うまでもないが、江原批判(非難)一色で、同情的意見はごく少数である。しかし、これは人々の反応を忠実に反映しているとはとても言えない。それは、江原の著作の発行部数やテレビ番組の視聴率を考えても明らかである。江原番組に共感する声のネット

(21)　http://www.j-cast.com/2008/01/21015791.html?ly=cm&p=all

上での相互交流は、匿名掲示板の外部でしか見られない。たとえば、江原啓之公式サイトが運営している「江原啓之サポーターズクラブ」(二〇一〇年四月からは携帯サイトへ移行)、またはある程度書き手の身元が把握されるSNS、たとえばミクシィ内のいくつかの承認制コミュニティなど、敵対的な書き込みを排除できるような場に限定される(近年ではユーザーの増加とともに敵対的書き込みが増加した)。これらは、もともとはオープンだったが、敵対的書き込みを排除するために早い段階からクローズドになった。しかし、外部から閉ざされたサイトでの書き込みは、論文などに引用しにくい(学術目的の引用が可能かどうかは、これからの議論であろう)。

ファンの声を拾う別の選択肢としては、アマゾンなどのオンライン書店のサイトにおける江原の著書に対する読者レビューなどがある。これらは、好意的なものが多く、しかもクローズドではない。本の感想は、実際に読まないと書けないので、ファンの声を拾いやすい場である(逆に言えば「アンチ」のほとんどは著書を読まずに批判している可能性がある)。しかし、これは本に関するコメントであり、この研究の対象であるテレビ番組に関するものではない。

そこで効率は悪いが、オープンな掲示板やブログから、数少ない好意的なコメントを拾い上げることにする。収集の仕方は、「江原」「オーラの泉」「天国からの手紙」という三つの番組名と、「魅力」「好き」「感動」「涙」など、好意的評価においてよく使われることを筆者が確認している四つの言葉と組み合わせて、一二通りのアンド検索を実行し(グーグルを使用)、上位二〇件の検索結果、つまり全部で二四〇件の検索結果のなかから有意味なページを選び、そのなかからテレビ番組を念頭に置いた好意的なコメントを拾うというものである(コメントの例は表5-3を参照)。結果として、三〇人の書き手のコメントを収集することができた。そこから、評価の要因を抽出して分類したのが表5-4である。

表 5-3 江原関連番組に対する好意的コメントの例

http://oshiete1.goo.ne.jp/qa2317058.html 今までにほとんど見られなかった「霊の所為にしない」霊能者だと思います．／[略]誰も知らないはずのゲストの悩みや問題点をズバズバ言い当ててゲストの驚く顔も，解決に導く事も楽しいです．／しかし，それ以上に，自分に思い当たる点が幾つも出てくる事に楽しみがあります．／[略]背後霊とか先祖とか，前世と言う部分を排除しても自分の行き方や人との接し方など，反省点や気付きが多くあります．／[略]霊的な世界構成を明らかにしながら，それに囚われず，個々の努力で改善していく／[略]そんな姿勢が私は好きです．そして，番組を見ながら自己反省のきっかけにしています．
http://stf-hitorigoto.cocolog-nifty.com/blog/2005/12/post_0845.html 賛否両論あると思いますが，江原さんのやろうとしている事，やっている事は凄く良い事では？と番組を見て感じました．亡くなった時の様子を知りたい家族．それを伝えたい亡くなった方々．『生きている人と亡くなった人での苦しみの共有』なんて考えてもみなかったですね．『私は通訳です』と自分の事を話していた江原さん．これからも苦しんでいる人達を助けてあげてほしいですね．
http://ehontoongakudaisuki.blog41.fc2.com/blog-entry-309.html そうなんだよね～／愛情あふれてて，家族の大切さを実感できる番組だよね．／幽霊という感じに脅かしたり怖がらせたりというのとは違って，／見たあとにとっても優しい気持ちになれるものね．／私も江原さんの言葉に救われるときがよくある．／大好きだった亡くなった祖母も／今は痛みもなく安らかに楽しく過ごしていると思うし，／私が辛いときには生きていたときのように優しく話を聞いてくれると思っています．

表 5-4 江原番組に対する好意的コメントの評価の要因
（数字は当該要因をあげているコメントの数）

評価の要因	江原本人	オーラの泉	天国からの手紙	合計
説得力ある常識的・現実的な人生観	9	1	3	13
霊的なことはあまり信じない，分からない，別にして	5	2	2	9
やさしい人柄，慰めつつ諭す	5	1	5	11
相談者のことを言い当てているように見える	4	0	3	7
自分を見つめ直せる，学び	2	1	4	7
感動・涙・浄化	0	3	8	11
人を愛そうという気持ちになれる	0	0	4	4
死者＝亡き家族との絆の再確認・家族への感謝	0	0	9	9

これを見ると、相談者にしか分からないことを言い当てているので、その霊視の能力は本物だという素朴な信頼を示す評価もある程度は存在する。

だが、それよりも多いのが、「霊的なことは自分には分からない／あまり信じていない／霊視の真偽は別として」という言い方である。これは、「評価の要因」というよりは、評価者の態度である。しかし、書き手自身の評価の理由が霊能力以外の要因にあることを示すための前置きとしてよく見られるのであげた。たとえば、もっとも多くの書き手があげている「説得力ある常識的・現実的な人生観」とは論理的にもつながりがよい。つまり、多くのファンは、霊的な話より現実的な話を評価しているということである。典型的なのは、「霊的なことは分からないけれど、江原さんは、本来当たり前とも言える大事なことに気づかせてくれる」というものである。江原番組を見ることによって、自己を振り返っている様子がうかがえる。

また、江原自身も霊的なものにこだわっていないという点は、評価ポイントとして受け止められている。つまり、「何でも霊のせいにしない、断定的にならないよう気をつけた慎重なものの言い方」などである。

このことは、「柔らかい物言い、やさしい人柄、威圧的でない態度」として評価される。ちなみに、この文脈でよく引き合いに出されるのが、細木数子の威圧的な態度である。

番組別で見ると、「天国からの手紙」に対する感想は、「オーラの泉」よりも多い。またその評価の要因も特徴的である。「死者の家族への思いに触れて、涙を流して感動し、家族の絆を確認して、家族の存在に感謝し、やさしくしよう、愛の気持ちを大事にしようと思った」などという具合に、自分の日常の生活態度を見つめ直すものが典型的である。

6　アンチとファンの対比

以上見てきたことからファンのあげる江原の魅力をまとめると、「霊の有無にこだわらず、やさしい口調で現実的問題に答えて、自己反省・感謝・愛の重要性に気づかせてくれる」というものになる。そして、これをひっくり返して、「断定的に霊のせいにして信奉者を脅かして害悪をもたらす」とするならば、アンチ側の、霊感商法を投影したような江原イメージに近づく。つまり、「断定的／非断定的」「霊のせいにする／霊のせいにしない」「脅迫的／やさしい」「有益／有害」という具合に、アンチとファンとでは、同じ江原という人物をめぐって、まったく正反対のイメージを持っているということが分かるのである。

どちらが正しいかということについて、筆者は判断する立場にない。ただ、正反対のイメージがあるというだけのことである。だが、アンチの見解はもともと具体的根拠にもとづいた江原批判ではなく、霊視という行為そのものへの反発の投影であることは指摘しておこう。それに対して、ファンは霊視の真偽にはこだわらないという態度をとる者が多く、その上でアンチが見向きもしない江原の口調や態度や道徳的主張を評価している。着眼点がまったく異なるのである。もちろん、ファンの方がイメージを作り上げるための材料を多く持っているのは間違いない。だが、イメージは限られた情報にもとづいて構築されるものでしかなく、ファンでさえ、江原啓之のすべてを知っているわけではない。

江原の特徴ではなく、アンチとファンの態度の違いに着目するならば、「実証主義／実用主義」、「絶対的／相対的」、「攻撃／寛容」とまとめることができる。アンチは、「霊視は実証されないかぎり真実ではないのだからインチキだ」ということを前提として、インチキで金もうけをするのだから江原は詐欺師であり、番組は有害なので規制するべきだと結論づける。それに対して、ファンは、まず何よりも江原の言うことが、自己の人生にとって有益な示唆を与える実用的なものだと判断することから始まり、霊視の是非を曖昧なままにして、江原のような存在に対して寛容な姿勢を示す。

アンチとファンのすれ違いの根底には、テレビというメディアを公的なメディアとしてとらえるか、私的なメディアとしてとらえるかという態度の違いもある。アンチが問題としているのは、視聴者の多い時間帯に、ある特定の信念を背景とした番組を流すことが、公的な報道機関であるテレビにとって不適切であるという点である。それに対して、ファンは、共感や感動や納得を評価の要因としてあげていることから分かるように、個人的感性や選好や価値観を重視している。「それぞれ価値観が違うから嫌なら見なければ良いだけです」と言うのである。[22]（もっとも、アンチも第三者から見れば感情的反発に突き動かされているように見えるが、当人の自覚としては、実証的態度と公共性への配慮がモチヴェーションとなっているようである。）

番組への接し方にも違いがある。典型的なファンは、番組を録画して何度も繰り返して見るが、典型的なアンチは、ゴールデン・タイムにたまたま番組を見てしまい、感情的な反発を覚える。番組を真剣に見ようとするファンであれば、アンチの態度をとる同居者と一緒に見ることはできず、一人で視聴するようになるだろう。スピリチュアル番組をめぐる紛争は、家庭内でも起こっているのである。

私が話す内容に、旦那は一言／「インチキなんじゃないの〜?……」[23]
私の妻は完全にハマっていて信者と言っても／過言ではありません。／実際のところどうなんでしょうか？[24]

江原さんの事が大好きでいつもテレビを見ています。／でも、父親はインチキだしつまらない。というのです。[25]

これらの引用から分かるように、このような家庭内紛争でアンチの立場に立つのは男性が多く、好んで視聴しているのに水を差されるのは女性が多い。ここにはジェンダーの違いという問題が潜んでいるのではないだろうか。

7　「ネンダー」間の論争？

ジェンダーの観点から見ると、これまで見てきた論争に新たな光が当てられる。アンチ側のメディアは、男性週刊誌、スポーツ新聞であり、男性向けと認知されているメディアである。それに対して、江原が人気を得るようになったきっかけは女性雑誌であり、午前中の主婦向けのテレビ番組であった。

すでに引用した霊感商法対策弁連の要望書には、「視聴者、特に社会的経験の乏しい未成年者や若者、主婦層の人々に、占いを絶対視し、霊界や死後の世界を安易に信じ込ませてしまう」という表現もあっ

(22)　http://detail.chiebukuro.yahoo.co.jp/qa/question_detail/q1316483873
(23)　http://plaza.rakuten.co.jp/myrakle2/diary/200712260000/
(24)　http://detail.chiebukuro.yahoo.co.jp/qa/question_detail/q1413119169?fr=rcmd_chie_detail
(25)　http://detail.chiebukuro.yahoo.co.jp/qa/question_detail/q1494663593?fr=rcmd_chie_detail

た。つまり、「主婦層」は社会的経験に乏しく、スピリチュアルなものの影響を受け、霊感商法の被害を受けやすいという前提が、要望を出した弁護士たち（筆者が知る限り男性が多い）の側にあるということである（経験則にもとづいているものと思われるが、言うまでもなく、霊感商法の被害者に主婦が多いとしても、主婦が霊感商法の被害を受けやすいと断定することはできない）。

ネットに関して言えば、二〇〇四年以降は、ユーザーの男女比がほぼ半々となっており、ネットは、かつてほど男性中心のメディアではなくなっている（Yahoo! JAPAN 第一六回インターネット利用者アンケート結果）[26]。しかし、これまで見てきたことから分かるように、アンチ側の文体は男性的で攻撃的な口調であるのに対して、ファン側の文体は明らかに女性の書き込みと思われるものが目立つ。性別を特定できないとしても中性的な文体であり、またアンチ側のような攻撃性は見られない。もっとも分かりやすい指標は、アンチが「俺」という一人称の表現を用いていることであろう。もちろんネット上の書き手の性別は特定しようがなく、その条件下で、アンチが社会的に「男」に特徴的とされる文体を使用して、攻撃的な発言を展開しているということである。

当時の匿名掲示板などでは、女性雑誌などでよく使われるキャッチフレーズの末尾に「（笑）」をつけることによって、メディア上の商業主義的な流行を追いかける女性を揶揄《やゆ》ないし侮蔑するニュアンスを表現することが多かった。よく使われるのは、「スイーツ（笑）」である。今回扱った『J－CASTニュース』へのコメントのなかでも、四回ほどこの表現が見られる。唐突に「スピリチュアル（笑）」とだけ書いてあるコメントもあれば、「科学的な立証を受け入れようとしない／スイーツ（笑）」などというものもある[27]。つまり、アンチのなかには、「メディア主導の流行に踊らされる知性の低い女性」がスピリチュアル番組の視聴者であるということを前提として、それを冷笑する傾向があるということである。

ネット上の文体によって表現されるジェンダー・イメージを仮に「ネンダー」とでも表現して、生物学的な性差や社会的に構成された性イメージと区別するとしたら、スピリチュアル番組をめぐる論争は、「ネンダー」間の論争とも言うべき様相を帯びている。匿名掲示板では、極度に男性的なネンダーの攻撃的な書き込みが女性的ネンダーあるいは中性的ネンダーをまとうファンを圧倒し、アンチの意見一色に染める。それに対して、ファンの声は、ＳＮＳのなかでも匿名性の低い場、あるいは誹謗中傷コメントがあらかじめ排除されたり速やかに削除されたりする管理の行き届いたコミュニティに限られる（非公開のため、本章では引用・参照することができなかったが）。

ＳＮＳの大手であるミクシィは二〇〇四年、つまり先述のようにネット・ユーザーの男女比が半々になった年にサービスを開始している。匿名の書き手の攻撃的コミュニケーションから隔離された場を求めるニーズに応えたサービスと言えるだろう。このような場で、女性的ネンダーは、安全な場を確保し、スピリチュアルなことに関して趣味を共有する仲間との親密なコミュニケーションを展開することによって、匿名掲示板の闇を背景化し、周縁化しようとした。それは消極的な回避のようでもあるが、したたかな戦略とも言える。現実生活とネット世界双方でのアンチの圧力を無力化し、合理主義的知識人や反宗教的メディアの陰に隠れて展開していた「民俗宗教からポップ・スピリチュアリティへ」という潮流が、ＳＮＳの登場によって、あたかもすべてのアンチを相対化し、超越した次元のものであるかのように想像させるヴァーチュアルなコミュニティの醸成へと向かったのである。

（26）　http://docs.yahoo.co.jp/info/research/wua/200410/
（27）　http://www.j-cast.com/2008/01/21015791.html?ly=cm&p=all

フジテレビで特番として放送されていた「天国からの手紙」は、二〇〇七年一二月を最後に放送されていない。その背景に先の二七時間テレビ問題があることは、疑いえない。テレビ朝日の「オーラの泉」は、週一回のレギュラー番組としての形態を二〇〇九年三月までとし、その後は特番扱いで放送されていたが、同年九月で放送を終了した。批判的な雑誌／ネット・ニュースでは、放送終了以前から「打ち切り」「スピリチュアルブーム終焉か」と騒がれていたが、その背後には不況による制作費削減の要請があるようである(28)。

8 「テレビ」の衰退とスピリチュアルのゆくえ

さらにその背景を見るならば、テレビとネットの対立、ひいては「テレビ離れ」があるだろう。今後、テレビとネットの融合、制作された映像のネット配信が進むことによって、スピリチュアル番組の視聴も、「見たい人だけが見る」ものとなり、それに関する意見も、匿名掲示板とファン・コミュニティとに棲み分けされ、「規制論」は無意味なものになる可能性がある。結局のところ、アンチ側の紋切り型で根拠の乏しい批判は、ファンにとっては大した打撃にならないだろう。また、よほどのスキャンダルでもなければ、江原がテレビ外の著述活動や講演活動を停止するとは思われない。テレビが衰退しても、サポーターズクラブやファン・コミュニティなどの支持者集団、あるいは江原のような存在に共感的なサブカルチャーが解体することはないだろう。

一九七〇年代からのテレビのオカルト番組が二〇〇〇年代のスピリチュアル番組に形を変えながら日本の宗教文化を崩壊させているると見るか、それともテレビは視聴者のニーズに応えているだけで、宗教離れと精神世界・スピリチュアリティへの関心の受け皿になっていると見るか。この認識上の二項対立は、アンチとファンの対立構図の反復に終わる可能性がある。筆者は、テレビの影響力や発信力の増大(一九七〇年代)と衰退(二〇〇〇年代)という変数をも考慮しなければならないと考えている。

とはいえ、テレビのみの影響力でゼロからオカルト・ブームが起きたと考えるのは無理がある。民俗宗教や新宗教を成立させる土壌がオカルト・ブーム以前からあったことは言うまでもない。それが、七〇年代以降の「ニューエイジ」「精神世界」などに見られる、ポップ・スピリチュアリティへの関心を示す様々な表現につながってゆく。いわゆる「スピリチュアル」番組は、その潮流の一部にすぎない。

このようなマクロな図式を念頭に置きながら、今後「テレビ」衰退後のスピリチュアリティへの関心が、どのような方向に向かうかを見届けられれば、ここで取り上げた論争の意義もより明瞭なものとなるに違いない。

(28) http://www.cyzo.com/2009/02/post_1576.html

第六章　現代の輪廻転生観——輪廻する〈私〉の物語

スピリチュアリティと死生観

本章で取り上げるのは、現代の輪廻転生観である。それが従来の輪廻転生観とどのように違うのかを、具体的な素材、特に前世療法の体験談を通して明らかにしたい。それを通じて、いわゆる「宗教」からスピリチュアリティへの移行にともない、どのような変化が死生観に生じているのかを示す。

輪廻転生観は、現代の広大なスピリチュアリティの文化を代表するものとは言えないが、その死生観（死後観）として重要な位置を占めている。

スピリチュアリティの定義は様々だが、第一章では分析者側からの定義を示した（本書：一六）。一方、ある種のスピリチュアリティ文化の当事者にとってもっとも単純で分かりやすい定義は、文字通り「霊《スピリット》であること」である。つまり「人間が本来は霊であること、あるいはそれを自覚すること」が「霊」性、スピリチュアリティの定義となる。このような字義通りの神学的とも言える（信奉者側に立った）定義は、スピリチュアリストの江原啓之などが、「スピリチュアル」という言葉に込める意味と共通している。(29) それは、スピリチュアリティから漢字の「霊」のイメージを払拭しようとするアカデミックな定義よりも一般的には理解しやすい（本書：二七—二八）。さらに、キリスト教の「聖霊《スピリット》」や、世界各地に広がる「精霊《スピリット》」、日本の従来の「霊」に対する信仰とも連続する。それは宗教の表層を削ったときに最終的に残る核――スピリチュアリティ――として、当事者には信じられている(30)。

スピリチュアリティ概念の射程、すなわち有効性と限界を確定するためには、分析概念としてのスピリチュアリティとは別に、当事者概念としてのスピリチュアリティを精査する必要がある。両者の一致度が、分析概念としてのスピリチュアリティの適用可能性を示すだろう。

当事者概念としてのスピリチュアリティの構成要素として死生観の具体相を無視することはできない。なぜなら、その語源であるスピリットは、生き死にする人間存在を単なる物理現象・生理現象に留まらない存在として把握するものだからである。たとえば、心理療法、スピリチュアル・ケア、キリスト教、仏教、神道などのそれぞれの当事者が「スピリチュアリティ」(スピリチュアル)概念をどのように使用しているのか、それがその死生観とどう関わるのか。このような問いに答えることが、スピリチュアリティをめぐる現象を分析する上で必要となるであろう。

本章の対象と構成

本章は、そのような作業の一環として、ニューエイジ/精神世界などと呼ばれる領域で広範に受容されている輪廻転生という死生観を考察の対象とする(なお、仏教では単に「輪廻」と呼ぶ例が多い)。

輪廻転生観は、自己の霊性《スピリチュアリティ》(霊であること)の自覚を突き詰めたものと言える。なぜなら、霊としての〈私〉が、この世のすべてを、時代や地域をも超越して一貫して続いているという信念の表明だからである。実際、二〇〇〇年代の「スピリチュアル・ブーム」では、前世への言及がよく見られる。スピリチュアルなものに関心がある人は、霊的能力を持つ人にどのような前世であったかを尋ねたり、催眠状態で前世の記憶を取り戻す「前世療法」を受けたりする。このような輪廻転生観の受容のあり方が、本章では考察の対象となる。

輪廻は、日本では仏教由来の伝統的死生観として考えられがちだが、実は葬式仏教の先祖祭祀とは矛盾する。次節からはまず、(1)日本の現代的輪廻観が、イエを基体とする民俗的輪廻観と異なり個人を主体とするものであり、輪廻からの解脱を目指す仏教的輪廻観と異なり、輪廻における成長を目指すものであることを明らかにする。(2)その上で、具体的事例を検討し、その特徴を明らかにしてゆきたい。(3)最終的には、それが伝統的なものではなく、近代的なものであり、欧米でも類似したものが同時発生的に展開していることを紹介し、(4)輪廻する〈私〉の霊としての自覚《スピリチュアリティ》——当事者概念としてのスピリチュアリティ——が、どのようにして近代以降の社会生活上の特徴と関連するのかを明らかにする。それを通じて、分析概念としてのスピリチュアリティとの関連も明らかになるだろう。

1　日本における輪廻転生観

輪廻転生は日本の伝統的死生観か——仏教的輪廻観と民俗的輪廻観

仏教的輪廻観においては、人は自らのなした業《ごう》——行為——の力によって、迷いの世界である六道

(29)　江原啓之は霊的真理(スピリチュアリズム)の八つの法則の第一として、「人間は霊的存在」だという「霊魂の法則」を掲げている(江原 二〇〇三b：八五)。

(30)　さらに霊の人格的な部分までも捨象すると、気やエーテルやプラーナ、マナなどと呼ばれるものが残るだろう。これもスピリチュアリティの重要な構成要素だが、本書では第七章の「パワー」「エネルギー」の説明の箇所で扱う。

（地獄・餓鬼・畜生・修羅・人・天）で生死《しょうじ》を繰り返すと信じられている。輪廻は動物と人間のあいだでも起こるとされる。このような輪廻は苦であり、それからの解脱が修行の目標とされる（大正大学総合仏教研究所 二〇〇二）。

輪廻の観念は、伝統的な先祖祭祀とは論理的に矛盾する。霊が輪廻するなら、死者の霊は「死霊」ないし「祖霊」のまま留まらずに生まれ変わってしまう。そうであるなら、死者を祭祀すること自体が無意味になる（大隅 一九八六：四八―四九）。たとえば、曽祖父が生まれ変わっているなら曽祖父を先祖として祭祀したり、祈りを捧げたりすることには意味がない。

輪廻と先祖祭祀の矛盾を処理する方法はいくつかある。一つは、分裂した信念体系を使い分け、矛盾を自覚しないというものである。もう一つは、死者はしばらく生まれ変わらないと考え、記憶のある近親者のみを追悼すること（メモリアリズム）である（Smith 1974: 223＝下巻三五四）。しかし、祖霊の系列を真剣に祀る先祖祭祀からは離れる。

先祖祭祀の立場から輪廻を統合するものとしては、先祖は仏になった死者である（浄土へ往生、あるいは追善供養を経て成仏）という観念がある。この場合、六道輪廻は成仏しない死者に限定される。仏教の教理を表面上は保持しているが、このような輪廻の局限化は、死んですぐに仏になって生まれ変わらないと考えるのであれば、実質的な無効化に等しい。

論理的にもっとも整合的な融和策は、民俗的輪廻観とでも言うべきものである。ラフカディオ・ハーンは、一八九六年の時点で、日本人には西洋流の薄くて透明で内側に宿っている個性ある「霊 ghost」の観念がないと書いている（Hearn 1896: 225-226＝二一八）。西洋流の「自己」とは、仏教においては無数の前世 preexistence の行為と思念との総計であるカルマ（業）が作る幻想 illusions の一時的合成体であり

(239-240＝二三〇)、神道においても複数の死者の霊(＝神、祖先)の集合体である。それを若い学生から教育のない最貧層の百姓までもが信じている、と記述している(232-5＝二二四―二二六)。このことから、ハーンの観察する当時の日本人は、自分が複数の前世ないし祖霊の集合体からの生まれ変わりであるという死生観を持っていたことが分かる。このような死生観であれば、先祖祭祀と輪廻の矛盾は解消されるだろう。

　時代を下って、柳田國男は六道輪廻の思想は日本にはなく、死者の霊が浄化されると大きな霊体、「神」と呼ばれるものと一体化して個性をなくし、以前の個性のままでは生まれ変わらないとした(柳田　一九四六：一九八―一九九)。その一方で、床下に小児の墓を設けて生まれ変わりを早めようとする事例(同、二〇〇―二〇一)、子どもと故人の類似性を取り上げて「この児は誰さんの生まれ替りだ」などと観念する事例から、「必ず同一の氏族に、また血筋の末にまた現われると思っていたのが、わが邦の生まれ替りだったかと」推測している(同、二〇二―二〇三)。イエの先祖や氏神などと呼ばれる祖霊集団にいったん融合して、そこから生まれ変わるという、イエを基体とする輪廻観である。この輪廻観なら先祖祭祀と両立可能である。

　「イエ」の属する比較的閉鎖的で同質な地域共同体のなかでの転生の場合も、共同体の祭祀を営む人々の祖霊集団が、転生するまでの霊の母体、産土神《うぶすながみ》として観念されるだろう。柳田も引いている平田篤胤の報告した『勝五郎再生記《き》聞《ぶん》』は近隣の村落間の転生の記憶を持つ少年の話だが、その後、前世の家と現世の家が親戚付き合いを始めたという(平田　一八二九：三七四)。このことは、同一共同体でなくても、時代や地域が近い転生は信じられやすかったことを示唆する。実際、平田は前世の鎮守の神と現世の鎮守の神が相談したのだろうとしている(同、三八三)。このような神同士の相談が必要なのは、生まれ変わりは「神の幽事《ひめごと》の中の秘事《ひめごと》」であり(同、三八四)、鎮守の神の采配により同一村落内で起こるのが基本だったからであろう。前世の記憶を持つ勝五郎自身は仏教を嫌い、極楽は偽りだと言ったと記され(同、三七六―三七七)、平田も仏教の輪廻観を相対化し、どこの国にもある天国地獄、再生転生、因果応報に類する観念に後から夾雑物を付加してできたものだとする(同、三九四)。

もとより日本人の死生観を一つに代表させることはできない。インド起源の輪廻の説話が文字通り信じられていたとは言えない。貴族の輪廻の観念がどの程度民衆に広まっていたか定かでない(大隅 一九八六：二三二)。輪廻を無効化した死後即成仏の観念や先祖祭祀も、寺請制度やイエ制度に適したものであり、日本史を一貫した普遍的なものとは言えない。民俗的輪廻観／祖霊観／他界観も、普遍化するには根拠が薄い。むしろ異なる死生観が多元的に並存し、時代・地域・階層によって強調点が移動するというのが、日本人の死生観の現実であろう。

現代的輪廻観の三つの特異性

このような複雑な歴史的背景を踏まえると、現代人の輪廻観を安易に伝統的死生観の残存と見なすことはできない。先祖祭祀や死後即成仏・往生と鋭く対立することは言うまでもないが、仏教的輪廻観や民俗的輪廻観とも同一視できない。現代的輪廻観の具体的事例を見る前に、予めその特異性を三つ指摘しておこう。

第一は、「前世は中世ヨーロッパの騎士」などのように外国の古い時代からの転生――異文化間輪廻と呼んでおく――つまり先祖祭祀と論理的に矛盾する輪廻転生が信じられていることである。第二に、輪廻を通しての成長や使命の遂行など、輪廻をポジティヴにとらえる観念が見られることである。第三に、前世が霊視によって知られ、退行催眠によって体験されると観念されるが、その際、個々人の納得や体感が重視される。これを体験的リアリティの優位と呼んでおこう。

第一の異文化間輪廻の受容は、競合する先祖祭祀の弱体化と連動している。都市における核家族化、地方の過疎化、イエ観念の衰退、離婚率の上昇や単身者の増加を背景として、メモリアリズム、薄葬、自然葬、寺での永代供養など、イエを基体とした先祖祭祀の衰退を示す証拠がいくつもある(井上 二〇〇三)。

このような状況では、先祖祭祀と輪廻転生を橋渡しする民俗的輪廻観の必要性も薄れる。両者を矛盾なく統一するためにイエや近隣からの転生を考える必要はなくなる。離れた地域や古い時代からの転生への違和感も薄れるだろう。

このことは第二の特質と連動する。現代の輪廻転生は、イエから離脱した個人に、家系の物語に代わる魂の系譜の物語を提供する。個人は輪廻を通じて、家運ではなくそのスピリチュアリティを向上させる。前世の探究は、現在の自己のよりよき理解、カルマからの解放、使命への目覚め、本来の計画を遂行する自己実現につながるとされる。このような輪廻転生は、個人主義者にとって受け入れやすい死生観である。

そのポジティヴさは、輪廻からの解脱を目指す仏教的輪廻観とは対照的である。死後すぐ「仏様」として祀られるという葬式仏教の考えは、修行を不要とし、楽観的と言えるが、六道輪廻に留まる未浄化霊の恐怖を残したし、輪廻自体はネガティヴなままである。それに対して、輪廻を通しての成長という観念は、輪廻自体をポジティヴにとらえる。

第三の特異性は、輪廻の体験的リアリティの強さである。かつては、前世からのつながり、宿縁(ちぎり)を現世の状況から推測する程度であった。[31] ところが、現代では前世を知りうる「能力者」が登場し、さらには非能力者であっても催眠下で前世を想起できるとされている。それは検証不可能であり、幻視された人生が史実と同様のものとして信じられているかどうかは不明だが、個人的確信を持って受け入れられているようである。[32]

現代日本の輪廻観——八〇年代前世ブーム

以上の三つの特徴を持つ現代的輪廻観が日本でいつ広まったかを特定することは難しい。輪廻自体は古代から受け入れられており、異文化間輪廻も、先例に事欠かないだろう。

しかし、それが体験的リアリティを伴って多くの人々によって語られるのは、現代的な現象である。その先駆は、霊界観念を奉じる新宗教であろう。近い所では、一九七〇年代からGLAなどの教団による異文化間輪廻に関する語り——トランス状態における異言を含む——が目立つようになる(高橋 一九七三:二二〇—)。たとえば教祖である高橋信次は釈迦の生まれ変わりとされ(沼田 一九八六:二四—二六)、死後ある時期まで娘の高橋佳子も大天使ミカエルの降臨とされた(同、二七—二八)。類魂説に似た本体・分身説、守護霊・指導霊の観念を持ち(同、一七—一八)、輪廻転生観を基本とした上で、子孫の調和した生活によって先祖を正しく導くことこそが供養だとしている(高橋 一九七三:一八一)。[33]

GLAの影響を受けた平井和正の『幻魔大戦』は、前世から関係を持つ超能力者たちが悪の勢力と戦うというストーリーである(平井 一九七九—八三)。このアニメ映画を八三年に制作した角川春樹は、同年に、転生した光の戦士と闇の軍団との戦いをテーマとした映画『里見八犬伝』も制作している。

その後八〇年代中頃、雑誌『ムー』(学習研究社)の文通欄(コンタクト・プラザ)で、前世の記憶を共有する仲間を求める投稿が目立ってくる。この現象は八三年に出現し、八五年から八六年にピークを迎える。八八年の前半には姿を消すが、浅羽(一九八九)によれば、編集部の自粛によって掲載されなくなったようである。[34]一例をあげよう。

輪廻転生を信じている方、自分自身がムー大陸で生きていたと思う方、リムル、アンジャという名前に覚えのある方は、ご連絡を(『ムー』一九八五年一月号)。

文字通りに受け取ると、投稿者が前世でムー大陸に生きたこと、「リムル」「アンジャ」という名前の人物と前世で知り合いだった(あるいは自分自身がそうだった)ということを思い出し、同じ記憶を持っている人物を探し求めているということになる。もちろん、そう信じているとは限らない。遊び心から虚構の設定を投稿したのかもしれない。反応があったら面白い、反応がなくても自分の名前や連絡先がこ

(31)　たとえば、『源氏物語』の冒頭には、光源氏のように美しい皇子が生まれたのは、帝と桐壺更衣との契りが深かったからだろうという推測が見られる(紫式部:桐壺第一章第二段)。

(32)　「体験的リアリティ」という用語は、視点に応じて「心的リアリティ」とか「物語的リアリティ」という用語と置き換えられうる。「前世の体感」は当事者の心的世界においては実在の証拠となる。だが、分析者の視点から見ると、体験自体が受け入れられるのは、それをめぐる物語が、自己をそこに据えるのにふさわしいと感じられる限りにおいてである。実証不可能だが物語られる世界は、フィクションであっても現実を再記述し、自己に憑依し、自己を騙り、物語的自己同一性を筋立てる(Ricœur 1983-85)。

(33)　なお、熊田は、GLA系の教団に「自分で環境を選択して修行している」という「選択輪廻観」が見られると指摘している(熊田　一九九六:三六)。

(34)　浅羽は「一号に必ず四~五通はどうにも異様な投書が目にとまるはずだ」(浅羽　一九八九:一二)と述べているが、それは明らかに誇張である。たとえばピークの八五年全体で一〇通、八六年全体で一一通である(確認できた数)。

のような形で投稿欄に載ることが面白いと感じていたかもしれない。

なお、『ムー』は、この現象の前に輪廻転生の特集を組んで読者の関心をあおるようなことはなかった。現象が始まった後に例外的に一九八六年八月号で特集を組んでいるだけである。おそらく投稿者の輪廻への関心を無視できなくなったのであろう。その後、前世記憶共有者への呼びかけも掲載しなくなる。編集者側は、もともと輪廻を取り上げることに消極的だったのみならず、若い読者が極度に空想的な世界に耽溺《たんでき》することを警戒していたと考えられる。

この現象がピークを迎えたあと、マンガ『ぼくの地球を守って』(日渡 一九八七—九四)が、宇宙人としての前世を記憶するキャラクターを描いている。そこには『ムー』のパロディが出てくる場面もある。一九八九年三月には、オカルト雑誌を愛読していた小学六年生が自殺し、生前「霊が呼んでいる」と言っていたと報じられた(『朝日新聞』一九八九年三月二八日、二七面)。同年八月には、お姫さまだった前世を見るために徳島の少女たちが大量の解熱剤を服用したという事件が起こった(『朝日新聞』一九八九年八月一七日夕刊、一二面)。

このような事件が起こると、メディアの影響が指摘され、自粛や規制が起こりがちである。だが、『ムー』は輪廻の特集に消極的だったし、『ぼくの地球を守って』は、前世共有者を求める投稿のパロディ、後追いである。つまり、メディアは「前世ブーム」の原因ではなく、結果にすぎない。時代的に先行する『幻魔大戦』の影響は否定できないが、単なるフィクションが、なぜ大きな影響を与えたのか。この作品がなければ、前世への関心は起きなかったのか。同時代のアメリカで言うと、女優シャーリー・マクレーンが輪廻を信じるに至った経緯をつづった『アウト・オン・ア・リム』(MacLaine 1983)は輪廻観の広まりに影響を与えたとされるが、この作品がなければ輪廻観は広まらなかったのか。

どの場合も先行する影響源、カウンター・カルチャーや新宗教があり、これらの作品がなくても、別の作品が「きっかけ」を与えたであろう。つまり、輪廻転生を受け入れる土壌が、日米で同時に人々の間に育まれていたと考えた方がよい。本書の主題であるポップ・スピリチュアリティの好例と言える。

なお、一九八五年と八六年の二年間に『ムー』で前世記憶共有者を呼びかけた投稿者の平均年齢は、八五年が一六・七歳（昭和三年生まれの一名をのぞく）、八六年は一七・三歳である（学年情報のみのものは便宜上、高一を一五歳とした）。名前から推測すると、女子八一％、男子一九％である。つまり、一七歳前後の少女が典型像と言える。二〇〇〇年代後半では四〇歳前後にあたり、スピリチュアル・ブームの担い手と重なる（本書：二四二）。

その直後に登場した幸福の科学やオウム真理教など、一九九〇年前後に「新新宗教」と呼ばれていた教団は、輪廻観を死生観として持ち、魂の進化・成長、最終戦争の切迫感を強調していた。だが、九五年にオウム事件が起き、地球滅亡が恐れられていた九九年（ノストラダムスの予言の一解釈による）をすぎると、終末論的な雰囲気はおさまる。二〇〇〇年以後、江原啓之が牽引したスピリチュアル・ブームでは、輪廻転生が基本的な死生観となっている。だが、善と悪の最終戦争で闘うという共通の使命を持った仲間が転生して、その使命に目覚め、連帯するという壮大な物語は、もはや共有されていない。江原と並んで、二〇〇〇年以後の輪廻転生観に重要な影響を及ぼした飯田史彦は、生まれ変わりを認めることで、「生きがい感」や生きる意味が得られると主張するが、これは個人の「自分らしさ」の探究に資するからだと言う（飯田 一九九六：二六六―二七一）。大きな物語が無くなったあとの輪廻観は、輪廻する〈私〉――この世を生きる私を超えたより大きな単位としての〈私〉（以下、〈〉を付けて現在の私や前世の「私」と区別）――の進化・成長の物語となるのである。

国立国会図書館のデータベースによると、「輪廻」をタイトルに含む出版物は、八〇年代後半からコンスタントに増えている。一方、前世療法家ワイスの邦訳（Weiss 1988）も九〇年代初頭に出ていたが、「前世療法」をタイトルに含む本の急増は二〇〇四年からである。[35]つまり、輪廻への関心は八〇年代後半から高まるが、自分自身の前世を自分で体験する前世療法への関心は二〇〇〇年代中頃から高まり、スピリチュアル・ブームと連動しているということである。前世療法そのものが紹介された九〇年代には、〈私〉の前世よりも、近未来の危機に際しての社会や人類の目覚めや結束や生き残りが、関心をひいていたのである。

スピリチュアル・ブーム以降の輪廻観

それに対して、二〇〇〇年以後のスピリチュアル・ブームでは、来世より前世の探究が目立つ。探究の手段としては次の三つが考えられる。

第一は、「前世占い」であり、インターネットなどで「前世」を検索するとトップを占める。しかし、この場合の「前世」とは、生年月日や心理テストや血液型などから自動的に割り出されるものである。試みに筆者のデータを入力した結果、ＧｏｉｓｕＮｅｔの「前世チェック」では「古代に世界を統べていた巫女」が前世、「前世と現世と来世　性格診断　時間飛行」では「踊り子」が前世で「地球を救った人」が来世と出る。[36]

このような前世判断を、利用者は文字通りには信じていないだろう。これは、輪廻転生観にもとづく前世探究ではなく、王様、兵士、農民、巫女などのキャラクターを託宣の記号として用いる占いの一種である。だからといって、現代の輪廻観の理解に役立たないということはない。このような現象は、利用者が「前世」をそのまま信じるのではなく、自己理解の一契機として楽しんでいることを示す。それは、検証不可能の「前世」を、自分に仮に当てはめることを面白がる感性、それによって自己がどのように多重化されるのかを楽しむ感性の広まりを示す。

第二の前世探究手段は、能力者（スピリチュアル・カウンセラーなど）による判定（リーディング）である。金銭を支払って相談するという形態もあるが、もっとも人々に知られているのは、江原啓之のテレビ番組「オーラの泉」での「霊視」による語りであろう。以下は、女優の小雪の前世に関するやり取りの引用である。

江原「霊媒だったんですよ。……でいて、どっちかと言うと、あのね今で言うヒーリングって言うんですけどね。だから看護の仕事行こうとしたのも、そういうのあるかなと思うんですけどね。……で、そのお城にいたっていうのは、その能力を買われてというか、ほぼ軟禁状態というかね」

小雪「ああ」（首を横にして笑う）

江原「そういった中で、ずっと居させられて。だから、特定の人だけの為に、自分がそうやって働かせられるのは、とっても嫌だ、っていうのがあってですね。で、ご自身は、もっと貧しい人か

（35） 国会図書館のデータベースでタイトルに「前世療法」を含む書籍を検索すると、一七件中九件が二〇〇四年以降に出版されたものである。それ以前のものも四件はワイスの翻訳である（二〇一〇年六月一四日検索）。

（36） 「前世チェック」、〈http://goisu.net/cgi-bin/psychology/psychology.cgi?menu=c036〉、「前世と現世と来世　性格診断　時間飛行」〈http://www.jikanhikou.jp/〉。

ら何から、ほんとに、その弱ってる方を少しでも、癒してさしあげたいという想いが凄く強かったにもかかわらず、その能力を買われて幽閉されてしまったのがその、それこそヨーロッパなんだけど、私はね、これもまた別に、こじつけてるわけじゃないんですよ。フランスだと思うんですよ。だからね、パリコレ行かれたとかって。［略］」

国分「今、軟禁状態という話した時に、すぐに「ああ」っていうようなこと言ってましたけど、何となく分かるんですか、それは」

小雪「よく人に、私は姉が、けっこうそういう体質なので、あの姉からよくそういうこと言われてたんですね」

美輪「どういう風に？」

小雪「私は、ヨーロッパ、もと、生まれ、先祖とかヨーロッパで、そういったお城の中にいて、閉じ込められてたから、こういうものが怖いはず、とか。よく小さい頃から姉に言われ続けてて。お姉ちゃんって何言ってるんだろうと思いながら、ずっと来ましたし」

（二〇〇七年一〇月二〇日放送、傍点は筆者）

この語りでは、前世と現世の対応がよく表れている。前世でヒーラーだったので、現世でも看護師になろうとした。前世では能力を買われて権力者に軟禁されたが、現世でも看護師にはならず芸能界で働いている。前世の軟禁経験のせいで、特定の人のために働くことを嫌う。舞台はフランスで、パリコレに出たのも関係がある。前世のことは、霊能力のある姉からも言われていた。以上のことから、小雪は江原の前世に関する霊視に大いに納得しているようである[37]。

能力者による前世の霊視・リーディングは、もとより実証可能なものではない。しかし、現世の状態との整合性から、受け手は確信を得る。それによって今の自分がどうしてそうなのかが分かる。とはいえ、文字通りの真実としているわけではない。番組の最後には、「〝前世〟や〝守護霊〟は、現在の科学で証明されたものではありません。人生をよりよく生きる、ひとつのヒントです」というテロップが流される。これは、番組の自粛・規制を訴える動きへの対策として、特定の霊的世界観の押し付けではないことを示すために付けられたものであった（本書：九二）。しかし、前世の物語の受容の基準が実証性よりも実用性――生きるヒントを得られるかどうか――にあることをよく示している。

前世リーディングの受け手は、前世の「私」――幻視された真実性の不明な括弧付きの「私」――と現世の私――自明視されている括弧なしの私――との符合から、それらを貫く輪廻する〈私〉――時代や地域やイエを超えて連続する主体としての〈私〉――の物語を構築する。提示された前世を受容する基準は、現在の私に当てはまり、自己理解を助け、これからの人生に有益なヒントを与えてくれるという実用性である。現在の私を照らし出してくれる物語――輪廻する〈私〉の物語――の一コマとしてその前世が機能するかどうかという基準である。後述する前世療法に比べれば受け手自身の体験的リアリティは弱いが、物語としてのリアリティが受容の鍵となる。

なお、この例からも窺い知れるように、江原の霊視する前世にはヨーロッパが少なくなく、異文化間輪廻がかなりの割合を占めている。

(37)　なお、バラエティ番組でのタレントの応答は信頼できないという批判は、筆者の目的を誤解したものである。前世受容のプロセスのパターンを抽出することが目的であり、たとえ彼らが台本に合わせてトーク・ショーを進行させているとしても、前世受容の場面として不自然ではないと彼らが考えるものが現れているならば、その目的は達成される。

輪廻を通しての成長は、テレビ番組では目立たない。右の例であれば、小雪に仕事上での我の強さの原因を指摘し、自らの職業の受容をうながしていると解釈することは可能である。だが番組では、「成長」をうながす印象はない。

それに対して、江原自身の著作では、輪廻を通じてのたましいの進化・向上、現世の試練の計画、問題や苦難の「責任主体」としての自覚という考えがはっきりと主張されている。カルマさえ、たましいの傾向性を教え、過ちを修正するチャンスを与えてくれる恩寵として前向きにとらえ返されている(江原 二〇〇八:二六―二七)。

2　現代日本の前世療法の体験談の分析

前世療法の体験談

第三の前世探究の手段は、自分自身が前世療法や夢などの変性意識状態において前世を幻視するというものである。この幻視は、当事者にとっては前世の記憶の「想起」ととらえられるため、強い体験的リアリティと確信をもたらす。

ここでは、前世療法の体験談を取り上げて傾向性を確認したい。前世療法とはアメリカの精神科医ブライアン・ワイスが考案した催眠療法の一種である。年齢をさかのぼるように暗示することで忘れていた記憶を回復するという退行催眠を続けると、生まれる前、さらには前世の光景までもが見えてくる、というものである(Weiss 1988)。それを通じて、現在の問題の原因を知り、自己理解を深め、問題解決のヒントを得て、癒されると言われている。ただし、多くの前世療法家は、臨床心理士など社会的信用のある資格を持っておらず、スピリチュアルなものに関心のある人々の間でのみ認知されているような民間資格しか持っていない。

前世リーディングと比べて前世療法の体験談を分析するメリットは二つある。一つはテレビ番組に出演する有名人ではなく一般の人々の輪廻観を、より鮮明に示してくれるということである。二つ目は、療法の施術者の宣伝のため多くの体験談が公開され、収集が容易であることである。反面、宣伝が目的なので、失敗例やクレーム例がない。これは、前世療法の実態を知る上ではデメリットであるが、その理想型を把握する上ではメリットである。

本節では、この体験談を素材として、スピリチュアルなものに関心がある現代日本人の間で輪廻転生が具体的にどのようなものとしてとらえられているのかを把握したい。

体験談の事例は、収集の便を考え、インターネット上の施術者のサイトを対象とする。(38)

事例は以下の手順で収集した。まず、前世療法家のリンク集「前世療法セラピスト一覧（東日本）」と「前世療法セラピスト一覧（西日本）」でリンクされているサイトを対象とした。収集の基準は、サイト

(38)　インターネット上の情報は信頼できないから使うべきではないという批判が根強くある。媒体の社会的信用が薄く、著者が不明の情報を、学説や理論の根拠として使うことができないのは当然である。しかし、研究対象の資料としては意味がある。また、施術者のサイトの体験談は捏造の可能性があるので信頼できないという批判もありうる。「実態」把握が目的なら信頼すべきでないだろう。しかし、体験談の「モデル」の把握が目的であるなら仮に施術者が作文したものでもかまわない。もちろん、それがただ一人の施術者の手によるものであれば偏りは免れない。そこで、ここでは別々の施術者のサイトから一例ずつ取り上げることとした。なお、捏造や誇張の可能性は、通常のインタビュー調査でも起こりうることである。「信者」の体験談には偏りがあるという批判は、部外者や脱会者の告発にのみ信を置こうとするが、それもまた偏りは免れない。結局、「完全」に客観的な証言などどこにもない。ここでは前世療法の体験談のバイアスを理解した上で、その「物語」としての傾向性を把握したい。

のトップから体験談のカテゴリーがたどれるもの、およその年齢と性別が分かるもの、最初からたどって簡潔で分かりやすい事例を一つのみ選ぶというものである。この収集作業を北海道から南へ順次おこない、二〇例集まった岡山県でストップした。アクセスは二〇〇八年九月一一日である(39)。

なお、最初の事例に限らず、およその年齢と性別の分かる体験談は全部で一二八例あった。その平均年齢は三四・八歳であった。これは、八〇年代前世ブームの頃は中学生であった計算となる(40)。男性は二四例(一九%)、女性は一〇四例(八一%)である。したがって、三五歳の女性が典型的なクライエント像であると言える。

体験談の特徴

結果は、現在の問題、前世の特徴、前世の出来事、学び・気づきという項目に分析した。分析内容の要点は、一三六―一三七頁の資料「前世療法の体験談・分析」にまとめた。

平均年齢は三七・〇歳であった。性別は、一例が男性で残りはすべて女性だった(上記の収集手続きに従った結果で、筆者の作為はない)。分析対象以外を含む全体でも、先述の通り男女比は一対四であり、女性が圧倒的に多いことは言うまでもない。

ここではまず典型的な事例を一つ取り上げて、そこから全体的傾向性の確認に進みたい。

事例6は、四〇代女性の体験談である。彼女は催眠状態下で、古代ギリシャの男性の前世を見たという。

家族や自分、人間関係のことで悩んでいましたが、今の私にとって一番大事なものは子ども達だということが改めてわかりました。［略］まだお話している最中にこみあげたあの不思議な感覚。子ども達のことを考えた途端に激しくとまらない涙は（多分私の中にあった）前世の記憶からとしかいいようがありません。

セラピーも正直言いますと、始めは自信がなく、もしかしたら自分で作り上げるかもと思っていたのですが、予想もしない展開で驚きました。今の自分とははるかに遠く、ギリシャ時代の男性で、髪の毛や手まで感覚があり、名前まで浮かんできたこと。かわいい子どもをなくしてしまった時のとてもリアルな感覚や悲しみ（…これは今でも涙が出てしまいます）。

自分の死の場面が思いのほか安らかで、その時思ったことやメッセージが自分であり自分でない人から今の自分に必要なものを教えてくれ、受け入れなくてはと考えられるようになったこと。不思議な体験から、今まで狭くなってしまっていた世界が少し広がったようです。今回のセラピーで受け取ったメッセージを大事に、自分や周りがいい方向に向かうよう実践していけたらと思っています（傍点筆者）[41]。

ここには現代的輪廻の特徴がすべて出そろっている。まず、古代ギリシャという「予想もしない」前世からの異文化間輪廻が想定されている。

（39）　現在は閉鎖。当時のＵＲＬは〈http://www.geocities.jp/hypno_pastlife/e-jp.html〉、〈http://www.geocities.jp/hypno_pastlife/w-jp.html〉。

（40）　なお、「三〇代」などと表記されているものは三五歳として計算した。ただし「一〇代」と表記されているものは、その内容とセラピーを一万五〇〇〇円から三万円払って受けているという状況とを考慮して一八歳として計算した。

（41）　http://therapyroomaube.jp/taikendan/hypnotherapy/

輪廻を通しての成長という観念も読み取れる。「一番大事なものは子ども達だということが改めてわかり」、視野が広がり、「自分や周りがいい方向に向かう」よう努力することを決意するという語りである。

この語りは、前世で子どもを亡くしたから、現世では子どもを大切に育て上げようという、誕生前の決意を示唆する。それを想起させるものとして前世療法はとらえられている。この想起を通して、前世の「私」（古代ギリシャの男性）と現世の私（現代日本の女性）を貫く、輪廻する〈私〉の物語が構築される。そのような物語によって、自己が広い「視野」のもとで再構築されるのである。

それは、観念的な推測ではなく、体験的リアリティを伴った実感である。「髪の毛や手まで感覚があり」、「かわいい子どもをなくしてしまった時のとてもリアルな感覚や悲しみ」を感じ、子どものことを考えた途端に流れ出した涙から、「前世の記憶からとしかいいようがありません」と確信している。

以上のような、異文化間輪廻、輪廻を通しての成長、体験的リアリティの優位という特徴は、他の多くの事例にも分け持たれている。以下、前世の特徴、現在の問題、前世の出来事、学び・気づき、という項目に体験談を分析した結果を、事例横断的に見てゆこう。

事例横断的分析

「前世の特徴」を見ると、地域はヨーロッパ八例、アジア四例、日本三例であった。不明な一例以外は、八三％が外国人である。つまり、体験談では異文化間輪廻が圧倒的に多いということである。アジア四例は神奈川以西のサイトのみに見られ、逆に東京以北の地域ではヨーロッパが目立つ。なお、メルトンは、E・ケイシーのリーディング資料を調査し、リーディングされた前世が当時のアメリカ人の歴史的知識の範囲に収まることを指摘している(Melton 1994)。今回のケースでは、アフリカや南米がなく、ヨーロッパが多い。このことは、知識の範囲だけでなく程度もかなり大きな要因となっていることを意味する。というのも、多くの日本人は、物語(童話・映画)を通じて幼少期からヨーロッパ文化に親しんでいるからである。前世療法は幼児期への退行を経て前世へ誘導するという手順を踏むため、幼児期に記憶した物語の影響を受けている可能性はある。神奈川以西の人々の前世にアジア文化が登場するのは、距離的に近いことが関わっているかもしれない(42)。

「現在の問題」は、家族関係の問題が七例、自分自身の性格の問題が五例であった(恋愛の問題三例、不明六例)。女性がスピリチュアリティに関心を持つのは、職業や結婚など将来に関する不安定要因を抱えているからだという俗説があるが、ここでは家族関係に由来する問題(性格も含む)が多い。

「前世の出来事」との関連付けは、「現在の問題の原因が前世にあることを知る」パターンが一〇例(事例3、6、8、9、11、12、14、15、17、19)、「悲惨な前世から現世のありがたみを知る、あるいは反面教師とする」パターンが九例であった(2、5、6、7、11、13、16、18、19)。先の事例6はこの両方に当てはまる。子どもを亡くした前世が現在の子どもへのこだわりに影響しているし、それに比べれば今の状況に感謝しなければならないとも考えるからである。それに対して、「明るく成功した前世に励まされる」パターンは四例しかない(1、4、10、20)。したがって、前世のヴィジョンは必ずしも願望の

(42)　筆者は「前世」がクライエントの作った幻想だと断定しているわけではない。信奉者側は、今の自分になじみのある前世が出てきたのだと説明するだろう。もとより筆者は真偽問題に関わらない。〈私〉をそこに位置づけることがふさわしいと感じられる物語が、自己を形成するという物語論的な視点を踏まえつつ、どのような物語がリアリティをもたらすかを考察しているのである(浅野 二〇〇一：五一—七)。

体験談・分析

学び・気づき	備考
自分のなかに眠っていた力に気づく.	
平和のありがたさと人を愛する素晴らしさ	決して戦争を起こしてはいけないという感情
寂しい思いをしている義母に優しくしなさいという前世からのメッセージ	
クヨクヨしなければ人生が開ける.	暗い気持ちを改善するために，なるべく明るい前世を体験.
前世が何であるかではなくて，そこから何を学ぶか[経験から学ぶことが大事？].	後日，大学時代にアルコールに依存していた自分を支えてくれた夫の観音様のような愛に気づき，頼りないと言っていた自分を恥じる.
自分にとって本当に大事なのは，子どもたちだということ.	セラピー中に涙が止まらなくなり，前世だと実感.
もっと夫を大事にしなければいけない.	
強奪した男は，現世では，ひそかに思い続けている高校からの友人．後日，出会った男性が殺された恋人の騎士だと確信．依存関係のない素直な感情で付き合える.	鮮明な体験
現在の自分の性格の原因がわかる．セラピストによる恐怖からの解放[暗示？].	前世の証明はできないが，癒されたことは事実.
フランスに行こうという意欲がわき，社会復帰への意欲もわく.	鬱を改善するために前世での成功体験を見ることを希望.
自分の時間を大切にするようになった．それによって問題が軽減.	
現在の男性不信の原因が分かる．孤独だったために，人との接触が多い職場，大家族を選んだと解釈.	人生は選択したもの．意味があり，感謝しなければならない.
前向きに生きること，時間を無駄にしないこと.	
恋愛を遠ざけていたのは，もう一度会いたいという気持ちから．その後，彼と会う(目で分かる)．3カ月後にプロポーズ.	
前世での家族関係が恋人との関係の原因.	
周りの人のありがたさ，今回の人生の幸せを実感.	
宗教哲学書への理由なき興味	
今の家族のありがたさが分かる.	
催眠を中断するほどの悲しみ．二度目の催眠で，光の彼方へ．今生とは関係ないと認識．すっきり，自己肯定感，親に対するひがみっぽさ，子ども(前世の子どもは甥っ子)への特別な感情の原因が分かる.	くたくたに疲れたがすっきりし，自己肯定感が増し，甥っ子を抱きしめたときに涙.
後悔のない人生で安心．現世と関係あるかどうかは不明.	

事例番号	年齢	性別	現在の問題	前世の特徴	前世の出来事
1	20 代	女性	低い自己評価	ヨーロッパの貴族の娘	魅力的な前世
2	50 代	女性	十数年前に離婚, 独身, 不安	中世ヨーロッパの騎士	結婚前に戦死
3	27 歳	女性	姑が嫌い.	1600 年代の英国	今の夫を取り合っていた.
4	52 歳	女性	夫と別居, 30 歳の一人息子は病気でひきこもり. 老母宅に居候. 将来の希望なし.	前近代日本の貧しい農家の娘	明るい性格で奉公先で養女になり, 幸福な結婚と人生を送る.
5	35 歳	女性	頼りない主人, 姑との関係, 仕事のことなどで, 焦燥感と不安.	16 世紀ノルウェー辺りの水兵	自己中心的な戦いで一人だけ生き残り後悔.
6	40 代	女性	家族や自分, 人間関係	[古代]ギリシャ時代の男性	子どもを亡くして悲しい思いをした.
7	41 歳	女性	不明	江戸時代の男性	優しい妻と結婚したが, 享楽に走り, 妻は家を出てゆき, 死ぬときに後悔.
8	20 代後半	女性	依存する男性としか恋愛できない.	[ヨーロッパの騎士階級の]女性	恋人の騎士が目の前で殺され, 自分は強奪される.
9	29 歳	女性	人間不信, 目立たないようにする癖.	古代ローマ時代のトルコの貧しい少年	目の前で家族を全員殺される. 人間不信, 警戒, 目立たないように生きる.
10	30 代	女性	鬱. 社会復帰への不安.	フランス	前世での成功体験として体験.
11	32 歳	女性	母の世話, ストレス, 感情コントロールの困難, 子どもへの感情の爆発, 右目の痙攣.	40 代の男性	自分のことより, 両親の面倒. 病気で家族から距離をとって孤独死[伝染病？].
12	30 代	女性	不明	英語圏, 牧場の女性	父親が家族を捨て, 結婚をせず, 母, 自分と牧場を営む.
13	50 代	女性	不明	古代ギリシア,オリンピック選手	傲慢になり, 恨まれて片足を潰す.
14	30 代	女性	恋愛に消極的. ソウルメイトに会いたい.	平安時代の姫か裕福な地主の娘	駆け落ちを約束した恋人を裏切り死なせた.
15	20 代	女性	恋人に劣等感, ギクシャク.	不明	家族関係に問題
16	20 代	男性	有名な不思議な力がある人に前世がインド人と言われた.	インドの男性	内気で孤独で働かず, 家を無くして孤独死.
17	50 代	女性	不明. 何かに怒り.	チベットの修行僧	修行
18	30 代	女性	不明	ポーランドの女の子	母親に愛されず, 父親に雪に埋められて死ぬ.
19	30 代	女性	両親の離婚. 幼少期から愛されない不安, 孤独.	東南アジアの海辺の女性	母は厳しく, 父もかばわず, 厄介者. 結婚したが, 幼子を残して死亡.
20	30 代	男性	不明	モンゴルの男性	妻の死, 娘の結婚, 自分の死.

投影とは言えない。むしろ不幸な境遇や波乱万丈な前世が見られている（現状のありがたみを知りたいという願望が動機だと見ることは可能である）。

「学び・気づき」としては、「人生は自分が選択したもの」とするのが一例（12）しかないのに対して、「今の苦境は前世のせい」とするものが四例であった（9、12、15、19）。すでに見たように、現代の輪廻思想の多くは、現世は自分が選択したものだと説く。それに対して、今回収集した事例では、前世のせいで問題が生じたと考える方が優勢である。この両者は、前世で積み残した課題に現世で再チャレンジしているととらえれば両立可能なのだが、事例では自己決定論より前世決定論に向かう傾向の方が強い。この点に、自己決定論的な輪廻思想を説く地位にある著作家たち――ほとんどが男性――と、自分だけでは解決が困難な問題を抱えて前世療法家を訪れるクライエントたち――ほとんどが女性――とのギャップが垣間見える。

一方、前世決定論をとっている場合でも、仏教的輪廻観のように諦めて受け入れるよう諭すようなネガティヴさは見られず、「時間を大切にして前向きに生きる姿勢」（4、5、10、11、13）など、ポジティヴな姿勢が目立つ。

自己を輪廻の犠牲者ととらえるネガティヴな見方を払拭する要素は二つある。一つは自己の主体性、もう一つは輪廻を一貫する絆の素晴らしさである。

前者の「自分のなかにある力を認識し、自己肯定し、自分を大事にし、依存関係を断ち切る」というパターンは四例あった（1、8、11、19）。典型化すると、周囲の人間関係に振り回されていた自分が、それを前世からのものと知り、断ち切ることで自己肯定感を強めるというパターンである。

それと反対に、周囲の人間関係を賛美するパターンもある。「愛や絆の素晴らしさ、平和な家族の素晴らしさを認識する、とくに家族への感謝、家族を大事にし、優しくする」という物語であり、九例が該当し、こちらの方が優勢である(2、3、5、6、7、14、16、18、19)。なかには前掲の事例6のように、人間関係(おそらく仕事の)で悩んでいたが、家族の方が大事だと再認識するものもある。

クライエントたちは、輪廻する〈私〉に対応する輪廻する〈絆〉のようなものを想定しているとも言える。前世の「絆」(鉤括弧つき、見られた絆)は現世の人間関係の問題の要因でもあるが、前世と現世を貫く〈絆〉、とくに家族の〈絆〉(山括弧つき、想像された絆)は、素晴らしいものとして語り直される。その素晴らしさに気づき、感謝し、そのなかで主体的に愛情を深めることで現在の絆(括弧なし、経験された絆)の問題を解決できると考えるのである[43]。

輪廻する〈私〉と輪廻する〈絆〉は緊張関係にある。前世の「絆」を否定することで私は成長するというのが第一のパターンであった。しかしそれよりも多い、他者も他者との〈絆〉も輪廻を繰り返しており、それを改善するのは〈絆〉に気づいた自分だけだという物語では、〈私〉の成長は〈絆〉の成長を通してなされる。いずれの物語においても、〈私〉は輪廻の犠牲者ではなく、それを進化させる主体である。〈絆〉は悪しき「因縁」や「カルマ」によって決定された脱却するべきものではなく、主体的に進化向上させるべきものである。

前述のように、現在、近親者中心のメモリアリズムが、先祖祭祀を変質させつつもかろうじて温存させている。

(43)　前世から続く絆の相手を「ソウルメイト」と呼ぶこともある。ワイスは「愛によって永遠につながっており、何度も転生しながら、その度に一緒になるような人」と定義している(Weiss 1996: Preface 2-3＝九)。しかし、ワイスの例では恋人が多い。今回の体験談でも事例三と事例一四では前世につづいて恋人となった相手が「ソウルメイト」と呼ばれている。しかし、飯田(二〇〇五)や江原(二〇〇七)は、広い意味では関わりのある人はすべてソウルメイトだという考えも持っている。

せている。近親者が絆を保って一緒に転生してきたという観念は、メモリアリズム的な先祖祭祀と現代的輪廻観を橋渡しする可能性がある。

しかし、メモリアリズムの範囲が、輪廻する〈絆〉の範囲と重なるとは限らない。前世でも強い「絆」を持っていたと本人によって「認定」された近親者しか〈絆〉には入らないし、逆に家族以外の恋人・友人・知人も〈絆〉を結ぶ相手になりうる。また、現在の家族を自己の成長のために誕生前に「選択」したと考えるなら、家族の自明性は崩れる。したがって、輪廻する〈絆〉の観念によって、先祖祭祀の現代版であるメモリアリズムも解体され、輪廻する〈私〉の物語に回収されうるのである。

なお、前世が実証可能な歴史的過去として信じられているのでなく、体験的リアリティをもたらすがゆえに受容されていることを示す言葉もある。「前世であるかの証明は難しいとは思いますが、映像は鮮明に覚えていますし、心がとても癒された事は事実です」(事例9)などである。前世の確信の根拠は、「激しい感情、すっきりしたこと(カタルシス)、癒されたこと」(2、6、8、9、19)など、極めて感覚的である。受け手に顕著なのは、事実性についての不可知論的態度と、有意味な心理的・情動的変化を受容の基準とするプラグマティズム的態度である。

考察1――「個人―普遍」主義と私生活主義

前世療法の体験談の分析からは、現代的輪廻観の特徴が再確認される。事例の八割方が、異文化・異時代からの転生、「異文化間輪廻」を前提とするものであった。イエを基体とする民俗的輪廻観よりも個人を主体とする輪廻が受容されている。

また、「輪廻を通しての成長」も確認された。この観念は、思想レベルでは、近代個人主義と相関すると思われるが、事例では自己の主体性は際立っていない。「輪廻を通しての成長」の個人主義ヴァージョンとの違いは、事例の多くが現世の問題を自己決定論より前世決定論で説明する傾向があるという点である。見方を変えると、問題は自分が引き寄せているとする自己責任論よりも、前世のせいだ（＝現世の自分に責任はない）と考える免責論が優勢だということである。[44] その解決を自己変革に求める点で主体性は確保されるが、なおそれは個人主義に帰着しない。〈私〉だけでなく、他者との〈絆〉も輪廻を通して成長しており、それを成長させるのは輪廻に気づいた自分だという観念が見られるのである。したがって、体験談に見られる「輪廻を通しての成長」という観念は、必ずしも個人主義的ではない。運命の犠牲者でありながら、〈絆〉の盟主でもあるという曖昧な性格を、〈私〉は有しているのである。

江原啓之のスピリチュアリズム思想では、小我を離れて大我につき、[45] 自他の霊的なつながりを認識することがすすめられる（江原 二〇〇七：三〇）。輪廻観は、今の私を多重化し解体しつつ、前世や類魂と関連づけて、現世を超えた時間的広がりをもつ〈私〉に統合する。それが、運命に翻弄されるちっぽけな私の救済に終わらず、他のスピリチュアルな存在――輪廻する他者――との関係性のなかで、自己のスピリチュアリティ＝霊性――現実の私を超えた流動的で複数的な霊としての性質――への気づきに至るのであれば、仏教における無我の自覚に接近するだろう。すでに見たように、スピリチュアリズムは、

(44)　自己啓発セミナーなどの自己責任論理をアダルト・チルドレンの免責機能と対照させたものとしては小池（二〇〇七a）の仕事がある。島薗（二〇〇七a）は後者のように自己の解放を目指すようなスピリチュアリティを「解放のスピリチュアリティ」と呼んでいる。これは本書第二章（二〇―二二）で見たトラウマ指向のポップ心理学と関連している。

(45)　大我は、他者との霊的つながりを認識して、理性的視点から、自己を愛するように他者を愛す。小我は肉体的な欲求を追求するため、他者よりも自己の満足を優先する。したがって、大我とは自他の分別を超えた視点で見たときの自己―他者の全体を意味する（筆者なりの表現を含むが、江原 二〇〇八：八二―八九）。

霊的進化の終着点として、大霊——非人格的な神——との合一と個性の消失を掲げている(江原 二〇〇三b：一四二)。それは仏教的輪廻観における解脱とも民俗的輪廻観における祖霊への融合とも近い。

しかし、大霊との合一は、個人の具体的目標となりえない。実際、江原は一般向けメディアで大霊との融合などには言及しない。そのため、仏教者のなかにはスピリチュアリズムを無我と異質な個性信仰と切り捨てるものもある(玄侑 二〇〇六、もちろん理論的な読みとしては間違っている)。今回取り上げた体験談においても輪廻する他者との〈絆〉への関心は見られるが、大霊との合一を来世の希望とするようなものはない。他者との〈絆〉の重要性に目覚めたとしても、それは身近な他者との私的な関係に留まる。

単純化すると、スピリチュアリズム思想の「個人—普遍」主義とポップ・スピリチュアリティの私生活主義との対比が浮かび上がる。前者では、個人の輪廻を通しての霊的進化が宇宙の霊的進化につながっていると信じられており、個人主義と普遍主義が直結している。それに対して後者では、本来は宇宙論的な含意を持つスピリチュアルな資源(前世療法のテクニックなど)が私生活の問題の解決に総動員されるものの、私生活の充足が人類の進化をもたらすとまでは期待されない。

個と普遍の直結は、一九八〇年代では広く受容されていた。ファンタジーという形ではあるが、宇宙規模の戦いに備えて前世から続く「戦士」同士が連帯することが想像された。「新新宗教」でも人類の最終戦争を契機とする信者の霊的進化が信じられていた。その担い手は、世代的には前世療法のクライエントと重なる。しかし、二〇〇〇年代に入ってすでに人生経験を経た彼(女)らの関心は、現在では私生活の深層に向かっている。二〇〇〇年以後でもマヤ暦が終わる二〇一二年一二月以降に地球が次元上昇し(アセンション)、霊的進化が加速し、地球の進化できない部分が破滅的状況を迎えるという信念が、オカルト的度合いの高いスピリチュアリティの領域では共有されている(浅川 二〇〇九)。だが、前世療法の事例ではそのような地球規模の霊的進化への言及はない。実際の効果としては、個人的危機を経由した〈私〉の道徳的成長、家族や恋人などとの〈絆〉の進化――もしくは深化――が期待されるのみであり、世俗的セラピーと変わらない。

このような私生活主義は、認識論的には体験的リアリティの優位という形をとる。輪廻思想の著作家は、輪廻を物理的「真実」であると信じ、前世の真実性を直接体感するための手段として前世療法をとらえる。しかし、直接体験であることが逆説的に、客観性を弱める。すでに見てきたように、受け手の側はあくまで個人的確信に到達したにすぎないという限界を認識していた。真理要求を放棄した不可知論的プラグマティズムの態度に帰着するのである。催眠中の幻想の軽信と切り捨てることもできるが、実証性の限界を自覚する点で、思想レベルの素朴実証主義より、ポップ・レベルの不可知論的スピリチュアリズムの方がかえって洗練されていると言うこともできる。(46)

考察2――ジェンダーの視点から見た先祖祭祀／供養と輪廻転生

ほとんどが女性であるクライエントたちにとって家族は両義的である。問題のトップ要因であると同時に、その〈絆〉の再評価がゴールでもあった。クライエント自身の自己像もまた両義的である。前世の「絆」に縛られる自己と、その〈絆〉に目覚め、改善する主体としての自己が並存している。ストレスフルな家族から個として離脱しようとしつつも、家族の情緒的結合の調停役を依然として担わざるをえな

(46)　石川(二〇〇四)は、既存の心理療法から隔絶した形で展開している前世療法のあやうさについて臨床心理学の立場から批判的に検討するが、同時に、前世の「イメージ」に関する療法として現象学的な立場から熟練した心理療法家によって実践されるならば可能性のある療法だと指摘している。

いと感じている／感じさせられている女性の姿が浮かび上がってくる。

ここで、〈絆〉を調停する役割が女性的ジェンダーと結びつけられているという視点に立って、先祖祭祀から現代的輪廻への歴史的変遷についての仮説的な見通しを組み立て、今回の事例の特徴を考察してみよう。(47)

(1)イエ制度のもとでは、男性の家長が葬式仏教の枠組で先祖を祭祀することでイエを継承しようとする。そこでは、柳田が言うように個性を持たない「先祖」の祭祀を通じて、死後「先祖」になることが、家長の務めとして考えられていただろう（祭祀する家父長制的主体性）。

(2)近代家族においては、男性の社会的活動が地域共同体から離れ、女性が家族の情緒的調停役を期待される。先祖祭祀はすぐには衰退せず、メモリアリズムの形態をとるが、かえって非近親者の霊の浄化が課題となる。家族に問題が生じると、祖霊化コースから外れ、ひそかに苦しみ、恨み、祟る未浄化霊の存在が、背景に想定される。その供養が家族の絆をつなぎ止め、争いを和解に導くと観念される。このような恐ろしい霊を、救いを求めているととらえ返して、現実の家族を守るだけでなく、浮かばれない霊的存在をも救い上げ、先祖に祀り上げ、家系の霊格を高めようとする強い「母性」が、家父長に代わって先祖を供養する。彼女たちは、男性や葬式仏教には供養をまかせておけないという自負を持って、場合によっては霊能者や新宗教の助けを借りて、形骸化する先祖祭祀を支える（供養する母性的主体性）(48)。

(3)婚姻率が低下し離婚率が上昇し、葬送の簡素化と自由化が進み、檀家数が減少し、先祖祭祀がいよいよ崩壊すると、供養を通じて主体性を示すことはできなくなる。女性の母性も自明のものではなくなり、身近な「家族」の絆からも離脱する意識が見られるが、なお、家族に対する罪悪感、家族を再建するのは自分だけだという使命感も見られる。ここで取り上げたような女性たちは、宗教や教団を外れたスピリチュアルな資源である前世療法という私秘的なセッションを経て、輪廻する〈私〉の物語を個人的に探究していた。その過程で、自分一人だけが家族の輪廻する〈絆〉に気づかされたのだから、前向きにそれを受け入れ、進化させるのだと決意する。だが、他者を儀礼などの形で巻き込むことはなく、個人的覚醒に留まる。ここでの「家族」は、〈私〉に関わると選別された、ごく近い親族とパートナーなどである。今後、シングルのライフスタイルが増えれば、規模はさらに縮小するだろう。重要なのは〈私〉にとっての〈絆〉であり、血縁関係自体には大きな意味がない（輪廻する〈絆〉を成長させる〈私〉としての主体性）。

ジェンダーの視点から見ると、「個人―普遍」主義より私生活主義が選択される背景にある状況とは、女性にとって家族が病原化し、個として離脱する意識が強まるが、自律の資源となりうるはずの普遍的なもの――男性の輪廻思想家が同一化するような人類の進化への参与――からも距離をとるという状況である。普遍への憧れはあるが、自己の運命すら自分で計画したとまでは言い切れない状況では、現在の私生活の充実に向かわざるをえない。普遍的なものからの排除が進めば進むほど、輪廻する〈私〉と〈絆〉に現れるスピリチュアリティ（輪廻する霊であること）の孤独な自覚が深化する。そしてそれが、スピリチュアリティに私だけが気づいているという特権化に転じる。その裏には、私だけが〈絆〉を担わなくてはならないという従属性をはらんだ使命感がある。従属性、孤独、特権意識は、男性パートナーがスピリチュアリティに理解がない場合には、ある種の循環をなして高まってゆくだろう。

(47)　島田（一九九二）は、ワイスが日本に紹介された直後の一九九二年に前世療法についてコメントし、日本の伝統的な精神文化の枠組に取り込まないかぎり定着せず、一過性の流行に終わるだろうと予測している。実際には一九九〇年代には流行すらせず、二〇〇四年頃から本格的に広がり始めたが、それは伝統的な先祖祭祀自体が消えつつあるからである。

(48)　霊友会系の新宗教に偏っているが孝本（二〇〇一）の第四部を参照。

もちろん、以上のような図式は、本章の素材だけでは論証できない。しかしながら、今後の研究で何が必要となるかを探るためのスキーマとなりうる。

考察3——霊の暗さからスピリチュアリティの明るさへ

さらに、現代的輪廻観が日本の宗教的文脈にもたらしつつある変化について言及しておこう。輪廻する霊としての自覚という意味でのスピリチュアリティは、何よりも「霊」にまつわる暗さ、否定的なイメージを刷新しつつある。

第一に、霊としての〈私〉は、前世のあと現世に転生する前に、光に包まれた中間世で浄化されていると考えられている。地獄のようなものを経る霊も、時間をかけて浄化し、中間世に移行する。その上で、前世からの課題を現世でどう果たすかを計画して、主体的に転生する。「カルマ」という言葉はあくまで「傾向性」でしかなく、絶対的拘束力はない。このような前提が、前世の暗い過去を知ったあとの、明るさや前向きさの根拠となっている。

第二に、〈私〉や他者〈〈絆〉を共有する〉の霊性《スピリチュアリティ》は自覚されても、それ以外の未知の「霊」の障害は問題にされない。祟るような正体不明の霊的存在は、かつて祖霊化コースから離れた未浄化霊として恐れられていた。しかし、先祖祭祀が弱まれば、未浄化霊の恐怖も弱まる。たとえば江原啓之は、霊の憑依を認めつつも、それは自分自身の想念が引き寄せたものだとし、何よりも自己そのものを明るくし、波長を高めることが大事だとする(江原 二〇〇三b：一〇九、一一三—一一四)。

スピリチュアルな存在としての自己に内面において目覚める形態のスピリチュアリティは、こうして自己の外の超越的存在としての「霊」を後景化し、明るさと前向きさと主体性をスピリチュアリティに付与した。

だが、実際の事例には、霊としての〈私〉の従属性や暗さが残っている。それは、完全な主体性と明るさに向かう過渡的状態なのか。スピリチュアリティ文化の男性著述家との文化的階層差を示すものなのか。従属性の孤独な自覚を特権化しようとするジェンダー的戦略なのか。現段階では即断を許さない。

3　欧米における輪廻転生(49)

一九世紀の輪廻転生観

これまで日本の宗教史の文脈において、現代の輪廻観が、従来の仏教や民俗宗教の輪廻観とどのように違うのかを明らかにしてきた。それを通して、現代の輪廻転生観が、伝統的なものではなく、近代的なものであることを示唆してきた。

ここでは最後に、欧米の輪廻転生観の近代における展開を概観し、現代の輪廻転生観が地域的なものではなく、グローバルに展開してきたものであることを示したい。

西洋の輪廻思想は古代ギリシアにさかのぼるが、ここでは近代に限定して概観する。

アラン・カルデックはフランスのスピリティストだが、ダーウィンの進化論より早い一八五七年に、「輪廻 réincarnation の目的」は「贖罪、すなわち人類の進歩的改善 amélioration progressive de l'humanité」だという霊の言葉を紹介している(Kardec 1857: §167)。また現世の試練は誕生前に選択したも

(49)　西洋におけるニューエイジも含んだ輪廻転生の歴史の概観としては Kelly (1990) を参照せよ。スピリチュアリズムに関しては津城(二〇〇五)がある。

のだとする(§258)。そうして、魂がいっさいの穢れから脱したとき、輪廻の必要はなくなるという(§168)。カルデックは、異民族からの輪廻があると仮定すると父親が異民族だったかもしれず、先祖への尊敬の念が薄れるではないかと質問する。それに対して、通信霊は、家系への自尊心よりも霊としてのつながりの方が重要だと答える(§205)。すでに、輪廻を通しての成長、異文化間輪廻の観念がはっきりと出ている。しかし、体験的リアリティと関わる前世の記憶について、否定しないものの、心の集中による想像の可能性を示唆する(§396)。だが、質問者であるカルデックが前世の記憶に関心を持っていたことは明らかである。

その後、神智学のブラヴァツキーが大霊からの分化、無生物をも含んだ壮大な「輪廻を通しての進化」の考えを明確にした。

すべての魂が、［略］宇宙大霊 the Universal Over-Soul と一体であること。そして、すべての魂が避けることのできない巡礼の旅――つまり魂の火花――におもむくこと。それは、［略］輪廻《サイクル》とカルマの法則に即した受肉の循環《サイクル》［略］を通してなされる。［略］秘教哲学の枢要な教理は、何の特権も特別な恩寵も人間に認めない。転生 metempsychoses と輪廻 reincarnation の長い連鎖の間に積まれた個人的努力と功徳とによって人間自身の自我が勝ち取ったものを重視する(Blavatsky 1888: I-17)。

ブラヴァツキーは神智学を提唱し、東西の秘教的な教えや神話や伝説を集大成し、超古代の人種やアトランティス大陸をも含む歴史を通して人間が輪廻を繰り返しているというヴィジョンを打ち出した。右の引用では、神の恩寵による救済に対して、個人の努力による進化が打ち出されている。異文化間輪廻(宇宙規模輪廻)、輪廻を通しての成長、体験的リアリティの優位(神秘的直観による記述)など、現代的輪廻観の特徴が出そろった。

人智学のシュタイナーもこのような輪廻転生観を受け継ぎ、宇宙のエーテル体に残された「アカシャの記録 Akasha-Kronik」を読み取って、宇宙の進化や歴史、著名な人物の転生譚などを著した(Steiner 1904-08)。

二〇世紀の輪廻転生観

エドガー・ケイシー(一八七七―一九四五)も、一九〇〇年代に入ってから「アカシャの記録 Akashic Records」をトランス状態で読み取るライフ・リーディングを多数おこない、アメリカのニューエイジに多大な影響を及ぼした。そこで読み取られた前世のなかにはアトランティス大陸のものも多く含まれる(Cerminara 1950: 42-43＝七六―七七)。ケイシー自身は敬虔なキリスト教徒と自称しているが、用語法や思想体系は、明らかに神智学や人智学の影響を受けている。

スピリチュアリズムでは、いわゆるマイヤーズ通信『永遠の大道』が類魂説を唱えた。類魂 group soul は複数の魂の集団であり、人はそこから生まれ、死後そこに帰るとされた。仏教のように魂の全体が再生するのではなく、融合した類魂のある部分が再生する(Cummins 1932: Ch. 6)。この説によって、前世の個性と現世の個性の違いが説明される。さらに、訳者の浅野和三郎は「評釈」のなかで、直近の前世の霊が「守護霊」になるという浅野の自説にもつながるとしている(浅野 一九三八：七九)。

『永遠の大道』の原書は、英語圏では絶版であり、日本のどの大学図書館にも保存されておらず、影響は過大視できない。実際、英米のスピリチュアリズムでは輪廻が公式に受容されていない。近年では輪廻の支持者は増えているが、それは後述のワイスの影響によるだろう。

それに対して、日本では、浅野の訳書は現在でも刊行されており、スピリチュアリストの輪廻や守護霊の観念に大きな影響を与えている。実は、類魂と民俗的輪廻観の祖霊集団とは、霊が融合し、そこから生まれる集合体という点で似ている。イエの祖霊集団が個人の守護霊集団に置き換えられたと言える。したがって、当時の日本人に受け入れられやすく、守護霊を加護する祖霊と同一視するような理解もあっただろう。なお、現代の江原啓之も類魂説にのっとっている(江原 二〇〇三b：一二三)。

戦後、西洋では超心理学の分野で、スティーヴンソンによる輪廻の実証研究が出る(Stevenson 1966)。さらに、女優シャーリー・マクレーンが輪廻説に回心する過程を自伝的につづった『アウト・オン・ア・リム』は、輪廻説の広がりに大きな影響を与えた(MacLaine 1983)。

現代のスピリチュアリティの領域でもっとも影響力があり、頻繁に引用・参照されるのは、精神科医ブライアン・ワイスの「前世(退行)療法」だろう。これは、退行催眠によって前世を想起し、現世の問題を解決するという療法である。前世の状況、その死から光あふれる中間世への移行、「マスター Master」(現在は肉体のなかにいない高度に進化した霊)との出会い、現世への計画的な誕生の有り様が、催眠中のクライエントの口から語られる。以下は、セッションの終盤に現れた「マスター」の言葉である。

「知ることによって、われわれは神に近づき、その後に休息できる。それから、われわれは人々を教え助けるために、戻ってくるのだ」／私は言葉を失った。これは死後の中間世 in-between state からの教えだった。このメッセージはどこから来たのだろうか。キャサリン[クライエント]が言っているようには思えなかった(Weiss 1988: 46＝四六)。

ワイスはクライエントの語りを記述しただけだとするが、ワイスは退行催眠のセッションを続けるのと並行して、従来の輪廻研究を学習したと述べている(40＝三七)。したがって、こうした「教え」の解釈には、すでにそれまで西洋で説かれてきた輪廻観の三つの特徴が引き継がれている。引用に出てきたキャサリンは、ヨーロッパを中心とする異文化における前世を幻視している。輪廻の目的は「神に近づく」こと、霊的な成長である。現世での生と死は、誕生前に計画するとされる(83＝九〇)。マスターという言葉は、神智学その他を介して広くニューエイジで流通している言葉で、輪廻をやめて昇天《アセンション》(次元上昇)した霊を指すことが多いが、ワイスの本に出てくる「マスター」たちは、浄化されてはいるが完全に輪廻をやめた存在ではないようである。以下は、キャサリンが超意識の視点から語ったという言葉である。

　とてもたくさんの霊たちがいます。彼らは来たいときに来るだけです。[略]私たちは、みんな霊なのです。でも、他の霊たちは、[略]肉体に宿っているものもいれば、新しく生き返る時期にさしかかっているものもいます。別の霊は、守護霊 guardians になっています。でも、私たちはみんなそこ[中間世]に行くのです。私たちも守護霊だったことがあるのです(123-124＝一四〇―一四一、傍点は筆者)。

要するに、複数の霊が集団をなしており、肉体に宿ったり、守護霊として肉体を持つ者を見守ったりしているということである。これは、マイヤーズ通信や浅野和三郎の言う「類魂」に近いと言えるだろう。また、このように輪廻を繰り返している私たちはみな「霊《スピリット》」であるという自覚が表明されている。輪廻観を突き詰めれば、生者と死者の区別はなくなり、人間はすべて霊であるというスピリチュアリティの自覚が高まるということをよく示している。

また、催眠中に前世を語るという形態は、トランス状態で依頼者の前世を語ったケイシーと類似している。だが、催眠誘導の手続きを経れば、ある程度の割合の人が前世のヴィジョンを得られるというアイディアは、先行する輪廻思想のなかでも革新的であった。このような前世療法が広まることによって、輪廻が強い体験的リアリティをともなって語られるようになったからである。

4　輪廻転生観の近代性

東西のスピリチュアリティにおける輪廻転生観の広まり

以上のことから、西洋近代の輪廻思想には、日本の現代的輪廻観と同様、異文化間輪廻、輪廻を通しての成長、体験的リアリティの優位という特徴が備わっていることが確認された(50)。東西の現代的輪廻観は、その思想内容を見る限り、ほぼ同一のものと見てよい。日本の現代的輪廻観は、伝統的な仏教や民俗宗教の輪廻観よりも、西洋近代の輪廻思想に近い。その理由や意義は二通りに説明される。

第一は、相互影響が実際にあったことである。西洋では、東洋宗教はオカルト思想、ニューエイジに持続的に影響を与えてきた。神智学は、西洋の神秘思想だけでなくインド宗教の影響を濃厚に受けている。つまり東洋宗教を通して輪廻が受け入れられたということである。一方、スピリチュアリズムは浅野を介して日本に早くから紹介されている。沼田健哉によればＧＬＡの高橋信次は、若い頃からオカルト雑誌を読み、スピリチュアリズム関連団体の会員でもあったという（沼田 一九八六：九）。ＧＬＡから『幻魔大戦』を通じて八〇年代前世ブームへという流れは日本国内で発生したと言えるが、その後の前世療法は米国のワイスの技法の輸入である。

このような相互影響は東西の輪廻観の類似性を説明してくれるが、しかし、その近代性は説明してくれない。なぜ仏教的輪廻観や民俗的輪廻観がそのまま継承／導入されなかったのか、という疑問が残る。

グローバル化と個人主義／私生活主義

もう一つの説明は、現代的輪廻観が、伝統や地域の違いを超えて個人主義／私生活主義やグローバル化の浸透した社会で、一定程度の人々に受け入れられるというものである。東西の相互影響が可能になったのも、異なる伝統の宗教文化的資源の折衷的摂取への抵抗感が、文化のグローバル化を通じて弱まったからである。また、現代的輪廻観は、個人的スピリチュアリティの領域（ファンタジー、メディア、セラピーなど）で広く受容されているが、それは個人主義／私生活主義を前提とする。現代的輪廻観の東西交流と個人主義的受容は、グローバル化と個人主義／私生活主義という近代以後の社会生活上の形態と連動しているのである。

それは、これまで見てきた現代的輪廻観の内容的特徴とも連動する。グローバル化は、異文化間輪廻の受容を容易にしたであろう。個人主義／私生活主義は、実体験に価値を置き、輪廻を通しての成長を

（50） Walter & Waterhouse（2001: 91）は、現代英国人対象の輪廻に関するインタビュー調査のなかで、カルマの観念が言及される場合でも、西洋的な自己決定や自己改善の一般概念に合致する、輪廻を通しての進歩や学びの観念が奉じられていると報告している。

魅力的な物語ととらえるような感性の発達に寄与したであろう。つまり、近代以降漸進的に拡大しつつあるグローバル化と個人主義／私生活主義が、現代的輪廻観の受容形態と内容的特徴の双方に影響を与えていると考えられる。

表 6-1

	現代的輪廻観の受容形態	現代的輪廻観の内容的特徴
グローバル化	東西の輪廻思想の相互影響	異文化間輪廻
個人主義／私生活主義	スピリチュアリティの個人的探究	輪廻を通しての成長,体験的リアリティの優位

現代社会における輪廻観の広まりと限界

実際、米国の世論調査を見ると、輪廻転生を信じているのは、FOXニュースの二〇〇三年の調査では二五％(FOXNews 2004)、ギャラップの二〇〇五年の調査では二〇％(Gallup 2005)、ピュー研究所の二〇〇九年の調査では二四％である(Pew Research Center 2009)。他方、二〇〇八年の読売新聞による調査では日本人の三〇％が生まれ変わりを信じているという(『読売新聞』二〇〇八年五月三〇日、一面)。日米の差はそれほど大きくない。輪廻が日本の伝統的死生観であり、キリスト教と相いれない死生観であるなら、日本での支持率はキリスト教国アメリカのそれよりもっと高くなるはずである。このことは、現代の輪廻思想の受容の要因としては、ローカルな伝統との連続性よりも近代化の度合いの方が重要であるということを示唆する。トニー・ウォルターによれば、家族内の輪廻は、アメリカやアフリカの部族、および民衆ヒンドゥー教では信じられているが、英国では信じられていないという。個人的アイデンティティが前世と現世とで類似しているという主張は、近代的な自己のプロジェクトの一部と見なされる(Walter 2001)。つまり、西洋人の輪廻観も東洋宗教の影響より、近代化との関連が大きいという見方である。

もちろん、輪廻がグローバル化と個人主義にふさわしい死生観であるなら、近代化の進んだ国で二―三割に留まらずもっと支持されてもよいだろう。なぜそうならないのか。現代的輪廻観の広まりを社会変動のみに還元することはできない。もとよりこの論考にとって可能なのは、現代の輪廻転生観の特徴を明らかにし、それが近代以降の社会変動と関わりがあると示唆することだけである。現代人にとって輪廻観が必然的な死生観であると主張するつもりはない。

輪廻観の社会的重要性は、支持者の多寡ではなく、むしろ社会的変化の反映と文化的凝集性という点にある。

輪廻支持者が多数派にならないことのもっとも自然な説明は、伝統的な死生観（日本の場合は先祖の重要性）の根強さ、新奇な死生観への抵抗である。必ずしもすべての人が近代以降の社会変動の影響を内面化し、その死生観にまで反映させるわけではないということである。逆に言えば、輪廻を支持するということは、そのリアリティを増大せしめるような生活上の条件が、支持者の側にあるということである。

輪廻する〈私〉の物語はあくまで一つのオプションにすぎない。この物語を採用するのは、グローバル化や個人主義などの社会的変化を反映するような内面生活を持ち、輪廻の物語が自らのライフストーリーをうまく説明してくれると判断するような人である。本章でも見たように、彼らは輪廻する〈絆〉という、家族や地域や時代をも超える人間関係という物語的リアリティを構築している。それは家族関係の変容と対応していた。彼らの死生観は、日常生活のなかでは容易に実感されない現代社会の変化を可視化するようなものであると言えるだろう。

また、現代的輪廻観は、すでに見てきたように東西の相互影響のなかで自己展開してきており、現代文化のなかで一定の位置を占めている。日米の支持率が同程度であることから、伝統との連続性や地域的な偏りと関係なく受容されうるということが分かる。それは、同時多発的に興隆しつつある東西の個人主義的なスピリチュアリティの文化——日本では精神世界、英語圏ではニューエイジと呼ばれる（島薗 二〇〇七a）——のなかで、ほぼ標準的な死生観となりつつある。[51]伝統や地域の文脈を離れて、近代社会を生きる個人の意識に適合的な死生観としての地歩を固めてきている。

現代の輪廻転生観は、このような文化的凝集性を持ちながら、主流文化の死生観とは別にグローバルに展開しており、その内容的特徴は、現代社会の変化を敏感に反映している。したがって、それに注目することは、宗教からスピリチュアリティへと移行する社会と文化のゆくえを占うという点で有意味である。

輪廻転生観とスピリチュアリティ

先にあげた、現代的輪廻観の受容形態と内容的特徴は、本書第一章であげた、スピリチュアリティの二つの定義に対応する。東西の輪廻観の相互影響と個人主義的な探究という受容形態は、分析概念としての「スピリチュアリティ」に含まれる。つまり、「⑴通常は知覚しえないが内面的に感じられるものへの信念と、⑵それを体験して変化をもたらそうとする実践の総体であり、⑶宗教文化的資源の選択的摂取、⑷個人主義や反権威主義といった態度が、程度の差はあれともなうもの」という定義である（本書：一六）。

それに対して、異文化間輪廻、輪廻を通しての成長、体験的リアリティの優位という内容的特徴は、当事者概念としての「スピリチュアリティ」に対応する。つまり、地域や時代を超えて転生する〈私〉が霊《スピリット》であることそのもの、あるいはその自覚である。

この二つの概念は、近代以降の社会変動を背景として、相互に関連していることが分かった。このことから、現代の輪廻転生観がスピリチュアリティの文化に適合的な死生観であることが分かる。もちろん、輪廻転生における当事者概念としての「スピリチュアリティ」(輪廻する霊《スピリット》であるという自覚)が通用する範囲には限界がある。キリスト教徒の「スピリチュアリティ」「霊性」は、英語辞書の定義に近い(本書：三)。スピリチュアル・ケア実践者にとってのスピリチュアリティは、心理学的定義(同、一五)とケア対象者の死生観のすりあわせから模索されることになる。

本章では、現代的輪廻観が、仏教や民俗宗教における輪廻観や、先祖祭祀とどのように異なるかは、明確に示すことができた。そして、その内容的特徴が、現代のスピリチュアリティの文化の形式的特徴とどのように関わり、近代以降の社会変動とどのように対応しているのかを明らかにすることができた。しかし、それがスピリチュアリティの文化の他の領域とどのように異なり、どのような限界を有するのか、どのように関わっているのかは、今後の探究課題となるであろう。

(51)　西洋のニューエイジにおいて輪廻が広く受容されていることについては Walter & Waterhouse (2001: 85) を参照。

第七章　パワースポット現象の歴史
――ニューエイジ的スピリチュアリティから神道的スピリチュアリティへ――

二〇〇九年一二月二四日、明治神宮の清正井《きよまさのいど》の写真を携帯の待受画面に設定するとよいことが起こるという噂が、「手相芸人」島田秀平によってテレビ上で流された。彼は「携帯の待受画面にすると運気が上がる」などと、そのご利益を強調した(52)。これをきっかけに、清正井が「パワースポット」とされ、水に触れたり、写真を撮ったりするために長蛇の列ができるという現象が起こった(大和 二〇一五)。

「パワースポット」という言葉は和製英語である。おそらく英語圏の人が聞くと、電気関係の用語かと想像するかもしれない。しかし、日本では一般的に、目に見えないスピリチュアルなパワー、エネルギー、気が強く感じられる場所を指す言葉として用いられている。『現代用語の基礎知識』は、二〇一〇年版からこの言葉を「心身を癒してくれる自然のエネルギーに満ちた場所」と定義している。興味深いことに、この用語辞典はパワースポットを「外来語」のカテゴリーに含めている。一般的な日本人の間では、「パワースポット」は英語なのだから、国外から輸入された新しい概念だと思われているのだ

(52)『現代用語の基礎知識』二〇一一年版、「パワースポット」の説明。

ろう。

その一方で、日本では、先ほどの明治神宮のような歴史的に神道と関係する場所が、しばしばパワースポットであると認められ、そこを訪れた時に心身が癒されるということが信じられている。しかし、従来の神社参拝と同様に現世利益、つまり仕事や恋愛の成功が期待されることもあるようだ。さらに、パワースポットは世界中に存在すると信じられており、訪れることは、地球の霊的エネルギーに敬意を払うことだと思われている。その一方で、日本の自然崇拝は、自然を支配しようとする一神教よりも、環境危機を抱える世界にふさわしいというナショナリズム的な言説も存在する。自己変容のための受動的な気づきと現世利益のための能動的な利用、精神性と物質性、西洋由来のニューエイジ的スピリチュアリティと日本古来の神道的スピリチュアリティ、普遍性と特殊性、私事化と伝統回帰、これら対立する要素が、パワースポットをめぐる言説の中に混在している。その複雑な様相を時系列に従って記述するのが、この章の目的である。

1　一九八〇年代のパワースポット――天河神社の登場

パワースポットの観念は、先程示したように二〇〇九年から一〇年にかけて急にマス・メディアから広まっていったように思われがちである。パワースポットに関する先行研究の場合、清田益章の一九九一年の書籍をパワースポットの始まりに位置づけているものが多い（菅 二〇一〇、小寺 二〇一二）。しかし、長年にわたって個人主義的スピリチュアリティの領域を観察している研究者にとって、パワースポットへの関心は決して目新しいものではない。清田の本より前にさかのぼり、彼がこの用語の提唱者とは言えない（清田 一九九一：二二―二三では、彼の少年時代、すなわち七〇年代からこの言葉を個人的に使い始めたと書いているが）。すでに八〇年代中頃から、この言葉は日本のニューエイジ関係者のあいだで十分に広まっていた。漫画家の美内すずえは『ガラスの仮面』（一九七五年連載開始）という作品に出てくる伝説の劇「紅天女」の舞台を探しているときに、奈良県の天河大弁財天社（天河神社）を口コミで知って訪れた（八五年一一月）。そこは、当時すでに国内外のミュージシャンたちの間でインスピレーションが得られると評判になっていた。美内自身もそこで不思議な体験をしたという。

> 突然、まるで自分が地球に開いた穴の真ん中にいて、大地の底から吹き上がる冷たい空気にさらされ、体が透けていくような感覚を覚えました。残ったのは感情も肉体もない、命の塊だけ。それが本当の自分。他の生き物や火や水、いろいろなものとつながって生きている、と感じました。一晩で人生観が変わってしまった。
> 人も自然も大きな力によって生かされている――。作中でかつて紅天女を演じた名女優・月影千草が語るメッセージは、私自身が体験し、言いたいことなんです。[53]

天河神社の宮司である柿坂《かきさか》神酒《みき》之《の》祐《すけ》が監修した八六年刊行のガイドブック『天河――スーパー・サイキック・スポット』の表紙裏には、「天河」という場所が簡潔に説明されている。

（53）「漫画家・美内すずえ　追憶の風景　大峰山麓（奈良県）」、『朝日新聞』二〇一一年二月八日夕刊、五面。

奈良県吉野の〝天河〟は、地球のヘソともいうべきパワー・スポットです。霊能者、超能力者、アーチストたちから拡がった天河。ＵＦＯが、超常現象が自然だと感じる天河。宇宙の、神の気が満ちている天河。時の流れが新しくうねる今、天河は開かれ、私たちに語り始めました（柿坂　一九八六：表紙裏）。

この本によれば、天河は高野、吉野、熊野という「ヤマト三大霊場」を結んだ三角形の中心にあり、その地域でももっとも高い山である弥山《みせん》の山頂に奥院を持ち、また弥山の登山口でもある。意識が無意識の先へ、より高いところへ登ろうとする際の基地として最適の気を、天河は持っているという。このようなパワースポットでは、単に参拝するだけでなく、日常では受けられない気を取り入れ、正しいメディテーションをしなければならない。たとえば、般若心経を唱えたり、シンセサイザー奏者である宮下富実夫が奉納した瞑想音楽を聞いたりして、自分の心に即したメディテーションの方法を学ぶ必要があるという（同、四二―四五）。

『現代用語の基礎知識一九八六』では、宗教学者の脇本平也が「パワースポット」を「宇宙の精気や霊力の凝集する聖地」と定義し、次のように記している。「最近、とくにミュージシャンを中心とする若いアーチストの間で、奈良県吉野郡天川村の天河大弁財天社が、宇宙との交信の霊感を授けられるパワースポットとしてもてはやされている」。興味深いことに、脇本は宗教学の聖地論（エリアーデと思われる）を引いている。この「宗教的空間論」においては、宇宙の中心とされる場所に力が収斂し、そこから放射され、意味が湧き出ると考えられている。この理論を脇本はパワースポット概念と結びつける（脇本　一九八六）。

この頃天河に通い、その名を広めた鎌田東二も宗教学者である。鎌田は、パワースポットとしての天河を見出し、積極的に評価し、その地位を固めた立役者と言っても過言ではない。また、鎌田は天河との関わりを通して、彼自身の宗教学的な聖地論を形成し、それによって天河を世界各地の聖地とつなげる視点を提示した。鎌田が天河を初めて訪問したのは、一九八四年四月三日であった（鎌田・津村 一九九四：八三―八四）。鎌田は天河神社が明治以前の神仏習合（神道と仏教のシンクレティズム）、修験道、さらには歴史的資料もない古神道に立ち返ろうとしていると考え、その中心には自然崇拝があると特徴づける（同、一二―一三、一八）。鎌田は神道学者として知られるが、神道すらも超えた「超宗教」の理想を、天河に重ねあわせようとしている。神道は古代においては神社を持たず、山そのものを神霊が寄り付き、立ち現れる通路として神聖視する自然崇拝でしかなかった（同、一一）。鎌田は、神々や仏や霊は信じるけれど、宗教的な教義や権力は信じられないという。むしろ彼は、宗教が宗教を超えようとするときの叡智の光を信じるという（同、二五）。鎌田によれば、世界宗教史は一神教的なファンダメンタリズムと、多神教的（またはアニミズム的）なシンクレティズムの両極に向かっている。鎌田自身は一切をつなげる「水の宗教」（天河は文字通りには天の川を指し、銀河を示唆する）である天河神社が、後者の極から「宗教」を超えると期待する（同、一五）。それは、世界の聖地や自然崇拝、さらにはディープ・エコロジーの活動ともつながる（同、一八）。「宗教」の形を取らない超宗教への水路《チャンネル》として（同、一〇）、ニューエイジを含む、様々な霊的実践者やアーティストを惹きつけ、つなげると強調する（同、一三）。

鎌田の宗教論は、神道に属する神社という日本固有のスピリチュアリティと関わりのある聖地の評価を含むが、他の国や地域の聖地をも同様に評価するため、必ずしも排他的なナショナリズムにならない。たとえば、鎌田は柿坂の「神社は宇宙船なり」という言葉を引き、またメイソン J. W. T. Mason の

『神ながらの道』を参照しながら、神社は「神霊の乗り物」であり、「自然の霊性・万物の霊性・宇宙の霊性と交通する回路《チャンネル》」であり、「バリの聖地やアメリカ・インディアンの聖地やケルトの聖地とつながっている」という（鎌田 一九九九：一八〇—一八一）。したがって、鎌田にとって、神社とは地球上の数々の「聖地」の一形態でしかない。

それでは聖地とは何であるか。鎌田は、アメリカ・インディアンの聖地を精査した環境心理学者《エコ・サイコロジスト》であるスワン J. Swan を参照し、聖地とは「人間を［他の場所より］ずっと容易に霊的な意識状態へ導く力を持って」おり、「浄化・治癒・変容・洞察が生起するような場所」と規定する（同、二七九）。また、ゲーテ J. W. Goethe やシュタイナー R. Steiner など、ドイツのロマン主義と神秘主義の思想家を頻繁に参照し、山頂の岩は地球が生成する始原の光景を幻視できる場所であり、地球と直接つながる場所であり、それが神道においては奈良県の三輪山のように神の降りる岩座《いわくら》として特別視されると考える。大神《おおみわ》神社のご神体は三輪山それ自体であり、修行者に特別な形で開かれているものの、普段は禁足地であり、原始の岩座の形態をとどめている。神が宿るような山は、地球とつながることができるだけでなく、その高さゆえに天の気を受け取りやすい場所でもある。そのような聖地に行くことを通して、人間は天と地の媒介となることができる。鎌田はそのことの例証として、モーセがホレブ山で神に「裸足になれ」と命じられたことを引用する（鎌田 一九九〇：八一—八二）。このように彼が天河神社をはじめとする日本の様々な神社を評価するのは、神道という宗教の施設だからではなく、宗教を超えた霊性《スピリチュアリティ》との交流を可能とするチャンネルだからである。

鎌田の天河論と聖地論には、神道的スピリチュアリティの再評価という面と、世界各地の聖地に地球と宇宙の神々を媒介する機能を見出そうとする同時期のニューエイジ的スピリチュアリティの反映という面の両方がある。それはこの時期のパワースポット論が神道には偏っていないということを示す。

2　国外のパワースポットへの関心

日本で「パワースポット」への関心が始まったのとほぼ同時期に、海外でも大地のエネルギーの「ヴォルテックス」(渦)への関心が高まる。一九八七年には、マヤ暦の研究者として知られるホセ・アグエイアスがハーモニック・コンヴァージェンス(調和の収斂)という世界同時瞑想を中心とするイベントを提唱した(Argüelles 1987: 148)。これは、米国のアリゾナ州のセドナ、カリフォルニア州のシャスタ山などでおこなわれたことが確認されている。実際におこなわれたかどうかは定かでないが、ペルーのマチュピチュ、イギリスのストーンヘンジ、ギリシアのオリュンポス山とデルフィ、エジプトのピラミッドや日本の富士山も開催地のリストに含まれている。[54] これらは主要な世界宗教と排他的な関わりのない、古代宗教や土着宗教と関わりの深いオルタナティヴな聖地である。「地球に根ざしたスピリチュアリティ earth-based spirituality」の研究者であるイヴァキフは、このコンヴァージェンスの場所のリスト化は、「空間は特別な重要性、有意味性、力を持つ場所によって際立たせられているとするエリアーデ的な不均質な空間の地理学」にもとづいていると指摘する(Ivakhiv 2007: 266)。

他方ヨーロッパでは、古くからの巡礼地サンティアゴ・デ・コンポステーラがキリスト教の聖地として有名だが、それがこの時期からニューエイジャーたちの人気を集め始めた。この再評価には、八七年

(54)　“Convergers Seek harmony,” *Reading Eagle*, Aug 15 1987, 〈https://news.google.com/newspapers?nid=1955&dat=19870815&id=YiAyAAAAIBAJ&sjid=ouUFAAAAIBAJ&pg=3744,141928&hl=ja〉.

に出版されたパウロ・コエーリョのサンティアゴ・デ・コンポステーラへの巡礼記の影響が大きい(Coelho 1987)。コエーリョによれば、八六年の巡礼の時はそれほど巡礼者がいなかったという(Coelho 2014)。この本は著者自身の神秘体験をも含む書だが、その体験は秘密結社の影響のもとでなされており、キリスト教の伝統によっていない。したがってコエーリョの巡礼は、聖人崇敬というキリスト教的な集合的行為というよりは、彼自身の人格的成長というスピリチュアルな個人的体験として理解される。今日では多くの人がサンティアゴ・デ・コンポステーラへの巡礼に参加している。公式の統計によると、八六年には巡礼者の数は二四九一人だったが、九六年には二万三二一八人、二〇〇六年には一〇万三七七人、一五年には二六万二四五八人である。宗教的動機だけを持っている巡礼者の割合は四〇・一%だが、五三・一%の巡礼者は「宗教的と他の[スピリチュアル、文化的、スポーツ、その他の]」動機を持っている。[55] コエーリョの本のスピリチュアルなツーリストに与える影響は大きいと見なされている(Rasch 2016: 204-208)。日本でも、彼の本は、キリスト教の本というよりは、神秘主義やニューエイジの本として読まれているようである。

以上のことから、欧米での「パワースポット」への関心や巡礼は一九八七年頃から高まったといえるが、日本での関心の高まりは、それよりも少し早い。しかし、どちらが早いかということは、歴史的先行形態がさらにたどれるので、あまり意味のないことである。欧米でも日本でも六〇年代のヒッピー運動以来、スピリチュアルな実践者が産業化した都市から離れたインドなどの聖地に出かけて瞑想などの修行をおこない、インスピレーションを得たり、霊性を高めたりするという現象は見られる。イヴァキフはインドやバリや中南米などの非西洋のロマン化が、ヘッセ、ワッツ、カスタネダの影響で六〇年代以降に進んだと見る。それでも、「パワー・プレイス[パワーのある場所]」というアイディアはヒッピーとニューエイジのカウンター・カルチャーのもとで二〇年にわたって醸成されていたが、それが最終的に人気を博したのは一九八七年八月のハーモニック・コンヴァージェンスの時だった」とする(Ivakhiv 2007: 265)。

日本は非西洋だが、イヴァキフの説明は日本のニューエイジの探求者にも当てはまる。しかし、天河が神社だという事実を無視することはできない。日本の産業化された都市民の間には、過去のロマン化という別のタイプの理想化がある。それゆえパワースポット現象もこのような文化的背景に照らし合わせて理解するべきである。日本のヒーラーや霊能者、「スピリチュアル・カウンセラー」の多くは、その経歴のなかに国内外のパワースポットを訪れ、神秘体験をし、スピリチュアルなエネルギーを得たという記述を含めることが多い。これは日本の民間宗教者や新宗教の教祖のライフヒストリーにも見られる伝統的なパターンである。つまり、密教や修験道の霊場として有名な場所で修行をして悟りを開いたり、霊能力を獲得したりしたというタイプの宗教的物語が、その舞台を「パワースポット」に移した形である。

八〇年代以降、パワースポットやヴォルテックスへの関心が高まったことは間違いないが、それは先行する宗教的巡礼や禁欲的修行の延長線上にある。それでもそこには二つの新しさがある。第一に、場所そのものの「エネルギー」がニューエイジ的な言説によって脱文脈化されている。つまり、現地の文化や宗教と切り離されるか、逆に過度に単純化された先住民のスピリチュアリティと結びつけられるかで、伝統的文脈から離れて、個人的に享受することが可能になる。第二に観光化によって、それまで神

(55) Santiago de Compostela, “Statistics Camino de Santiago” in Santiago de Compostela. Posted on 19 April 2016, 〈http://santiagodecompostela.co.uk/statistics-camino-de-santiago/〉.

秘家やヒッピーなどの少数者が実践してきたような特異な行動が、普通の個人にも開かれた。それはグルや先達に師事して、歴史や伝統に則って、特殊な修行や巡礼を長期間続けてやっと日常的生活空間に回帰するという形態とは異なる。個人が、マス・メディアやパーソナルなコネクションを介して情報を得て、便利な交通手段に頼って、一時的にその場所に浸って、比較的早く日常に回帰することが可能になっている。

八〇年代における日本でのパワースポットへの注目は、欧米でのヴォルテックスへの注目の輸入というわけではなかった。しかし、九〇年代の日本のニューエイジでは、国内よりも海外のパワースポットへの関心の方が高まるように思われる。日本ではとくに八〇年代後半からアメリカのニューエイジ思想が盛んに翻訳され、海外、とくにアメリカから来た「チャネラー」(宇宙的存在を含む高次の霊とのコミュニケーションに特化した霊媒)が注目された。彼らの多くが日本でワークショップやセミナーを開催し、その広告がニューエイジ雑誌に掲載されている。その中に、チャネラーと一緒に日本国外のパワースポットを訪れるツアーも含まれている。

たとえば、一九九二年にはケヴィン・ライアーソン Kevin Ryerson やダリル・アンカ Darryl Anka など人気があったチャネラーを含む一四名のチャネラーとエジプトへ行く「エジプト・チャネリング・コンファランス」と呼ばれるパッケージ・ツアーが一一月二八日から一二月八日の日程で組まれている。チャネラーの一人バーバラ・ハンド・クロウ Barbara Hand Clow は、「なぜ、エジプトなのか」と問いかけ、ピラミッドがパワースポットであること、特別なエネルギーを持っていること(ピラミッド・エネルギーと関連があると思われる)、そのエネルギーがハイアーセルフとつながり、意識を変革するのを助けること、この時期のエジプトでのコンファランスに参加することは新しい時代《ニューエイジ》に適応するチャンスとなることを理由としてあげている。[56] ニューエイジ雑誌『フィリ *FILLI*』一九九四年増刊号ではセドナでのワークショップを特集し、広告欄には「ヒーリングセミナーbyジョセフィーナ　七週間集中特別セミナー：天川とセドナを結ぶヒーラーの旅」と呼ばれるセミナーが掲載されている。これは東京と天川で週末のワークショップに参加したあと、セドナに一週間の旅行をし、イニシエーションを経て、認定書を授与されるという内容のセミナーである。[57]

シャスタもやや遅れて日本で知られるようになり、多くの日本人が訪れるようになった。『パワースポット　シャスタ山の歩き方』を書いた高原操《たかはらみさお》は九五年に渡米し、二〇〇〇年にシャスタ山を知り、日本人観光客をガイドするようになり、〇三年にイベント企画会社を立ち上げている。英語を話せる海外パワースポット近辺に在住する日本人は、日本からの訪問者の増加に伴い、ビジネスチャンスに恵まれることになる。高原は息子との関係に悩む女性Mさんの事例を紹介している。彼女はシャスタ山の中腹にあるパンサー・メドウズで、美しい草原を見てリラックスし、涙を流し始めた。そして、息子をコントロールするのではなく、自分がすべてを無条件に愛する人間になれるように変わらなければならないという気づきを得たという。高原は、シャスタ山のエネルギーに触れると、本来の自分を感じ取り、意識の「新時代」[ニューエイジ]に導かれると結論する(高原・中尾 二〇〇四：二二―二五)。

イギリスのグラストンベリーには、英国最古のキリスト教修道院があり、歴史を通して様々な伝説が形成されてきた。そのグラストンベリーを含む「レイライン」(スピリチュアルな意味がある場所をいくつか結ぶ線)が日本人の間でも知られている。日本に英国ペイガニズムを紹介している鏡リュウジは〇九年

(56)『フィラ *Filas*』一四号、一九九二年、広告欄(頁番号なし)。
(57)『フィリ *FILLI*』、増刊号、一九九四年、広告欄(頁番号なし)。

から旅行会社と共同で、グラストンベリーへの少人数のグループツアーを組んでいる(58)。

パワースポットに関する情報が流通すると、旅行会社がアレンジする集団でのツアーだけでなく、個人旅行も増え、観光客は自由に行動し、個人的な体験をネットで共有し、さらにそれがあとから訪問する別の観光客にとって有益な情報となる。セドナもグラストンベリーもシャスタも、UFOの目撃が報告され、街のメインストリートにはニューエイジ・ショップ(書籍、パワーストーン、オラクルカード、アロマオイルなどを扱う)が並び、多くの個人旅行者が訪れている。私は、〇九年から一〇年にかけて、イギリスのグラストンベリー、アメリカのセドナとシャスタ山を訪問し、そこで多数の日本人のスピリチュアルな観光客や現地住民と出会った。そのうち三人の観光客と九人の住民にインタビューをおこない、海外のパワースポットを訪れる日本人の特徴について質問した。

セドナではとくに日本人のコーディネーターとガイド、現地のアメリカ人セラピストらに話を聞くことができた(二〇一〇年三月)。彼らによれば、訪問者の八―九割は女性で、八割は独身である。男性の場合は女性に連れてこられる場合が多い。年齢は三〇―四〇代で、堅実な仕事をして貯金をしてきている。独身女性の場合、仕事には満足しているが結婚できないのではないかという不安を持っていることが多いという。アメリカ人セラピストは、それがアメリカ人にはない悩みなので不思議がっていた。また、自分自身もセラピストやヒーラーになりたいという人が見られるという。私自身もそのような日本人に何人か出会った。

私がグラストンベリーでインタビューした日本人女性は、もともと海外旅行が好きで、英語も運用できるようである。以下に彼女の語りをまとめる。

数年前から職場の同僚の影響でスピリチュアルなものに関心を持ち始めた。以前バリ島に旅行したことがあり、今度はスピリチュアルなものに触れようと思い立った。バリへ向かい、日本人ヒーラーに出会い、レイキのアチューンメントを受けた。それから国内でもレイキを実践するようになった。長期休暇でどこに行こうかと思案しているうちに、大天使ミカエルとのつながりを感じるような偶然が重なり、ミカエルと関係するスピリチュアルな場所をネットで探したら、グラストンベリーに行き当たった。幼少期からスピリチュアルなものへの感受性があったにもかかわらず、両親の厳しいしつけ、学校でのいじめを経験し、自分を愛することが難しいという悩みを持ち、スピリチュアルな関心を開花させることができなかった。ヒーラーやサイキック（霊能者）からはもっとオープンになれと言われる。今は自分のなかにあったスピリチュアルなものを解放しつつある時期であると気づく（三七歳女性、〇九年四月一四日）。

彼女は自己のスピリチュアリティを解放する契機としてグラストンベリーへの旅行をとらえているが、このような気づきに、私とのインタビューでライフストーリーを語ったことが意図せずして影響を与えた可能性もある。旅行後は、同時期にグラストンベリーを旅していた日本人（私を含む）とネット上で交流を続けている。

その他の情報も足して、海外のパワースポットを訪れる日本人の典型的な特徴を合成すると以下のようになる。(1)彼らはこれらの土地がどのような「パワースポット」であるかを旅行前から学習し、何人

(58)　T-Travel「人気！ 占星術研究家・鏡リュウジ氏がご案内する英国神秘のパワースポット巡礼の旅」、二〇一一年六月四―一二日、〈https://ttravel.jp/lp/1101_kr/〉。

かはそこで特別な感覚を体験し、それを「パワー」によるものと認識している、(2)転職や結婚や現地への移住・留学など何らかの人生の転機に訪れている、(3)現地に精通している日本人ニューエイジャーをコーディネーターやガイドとして頼っている、(4)現地のヒーラーやサイキックと面会し、彼らにガイドしてもらう、(5)彼らの提供するスピリチュアルなリーディングやヒーリングのセッションを受け、人生の転機にあることを告げられ、旅行後の人生について何らかの示唆を受け取る、(6)自分の体験をインターネットで共有する、(7)旅行先で出会った日本人とのつながりを特別なものとして認識し、ネット上で関係を持続する。

このように海外のパワースポットの個人的訪問はホストとゲスト両側にまたがる日本人同士のネットワークによって支えられている。したがって、古くから日系人が移住し、日本からの新たな旅行者が多いハワイも、海外のパワースポットに関心をもつスピリチュアルな旅行者にとっては重要な場所である。先住民の信仰と関係のあるパワースポットへの訪問、スピリチュアルな人が多い地域での短期滞在、レイキまたはそれに類似したヒーリングの実践者との面会、彼らによるアチューンメントなどである(Nakae 二〇〇七、高橋・千田 二〇〇九)。

3　国内のパワースポットの再発見

パワースポットは、長年来のニューエイジャーにとっては国内に限られるものではないし、神社に限られるものでもない。しかし、二〇〇〇年代以降は、伊勢神宮や出雲大社のような神道の聖地が「パワースポット」として再発見され、結果的にパワースポット現象はある種の神道復興に吸収されそうになっている。パワースポットへの関心は個人的スピリチュアリティと伝統回帰の間を揺れ動いており、世俗化(私事化)かポスト世俗の宗教復興／再魔術化かという二項対立図式に収まらない興味深い研究領域を形成している。とはいえ、日本の場合、前者から後者へ、ニューエイジ、オルタナティヴ・スピリチュアリティから神道的スピリチュアリティへという変化が総じて見られる。このような変化がどのようにして起こったのかを、以下では記述していきたい。

日本でパワースポットという言葉を最初に書名に使った書籍は、超能力者・清田益章が一九九一年に出版した『発見！ パワースポット』である(清田 一九九一)。清田は、この言葉が「ニューエイジ」由来であることを強く意識しており、ガイア仮説やレイラインのほか、龍脈や龍穴という風水の概念にも言及している。同時に、彼はパワースポットを言葉や観念によって理解するだけでなく、体で感じることが重要だと力説する。誰もが感覚によってとらえることができ、「心のレストラン」として利用することができるという(同、二八―三二)。現代社会では精神的な渇きを感じる人々が増えているが、パワースポットに来れば、古代人と同様に地球は生きているということを実感できるのであり、そうすることでニューエイジはブームを超えて「オレたちのムーブメント」になるという(同、三四―三九)。

清田は少年時代から超能力者としてテレビに出演し、世間から注目されてきた。そのため、人と異質な自分は何者なのか、アイデンティティが分からなくなり、気のバランスが狂ってきたと感じていた。そのとき、荒川の土手で圧倒的な力に襲われるような場所を見つけ、そこにずっといたいという気持ちになる。すると、彼の超能力は急激に増進していた。このことがきっかけで、彼は自分がドライブで行ける範囲で、多くの似たような場所、つまり「パワースポット」を発見するようになる(同、二〇―二三)。

清田にとって「パワースポット」とは地球が宇宙からエネルギーを取り入れる場所であるという。結果として、パワースポットは風景の美しい場所に多いという。また、由緒ある神社や寺院のある場所も、修行を積んだ先人が発見したパワースポットであることが多いという（同、二一四—二一五）。だが、この本で取り上げられている二七のパワースポットのうち宗教関係は四つしかない。それは、高野山と最乗寺《さいじょうじ》など仏教関係の場所、二荒山《ふたらさん》神社と高千穂峰《たかちほのみね》など神道関係の場所である。後の二〇〇〇年代と一〇年代のパワースポット関係のガイドブックのように神社に偏っていない。また都会でも千住新橋、二重橋前、駒沢公園などが選ばれており、パワースポットは自然豊かな場所に限定されていない。

彼は、そのような場所に座って、呼吸法によって「リラックス」し、そこでどのような効果を得たいのかをイメージして、成功した場面をビジュアライズするよう読者に指示する。さらに、ちょうど音楽を聞いた時に体が自然に動くのと同様に、感覚を研ぎ澄ませて、五感で感じたものにリズムを合わせて「ノル」ことをすすめる（同、七六—八〇）。

二〇〇〇年代後半にブームが起こる前、国内でパワースポットとして有名だったのは長野県の分杭峠《ぶんくいとうげ》の「ゼロ磁場」である。ここは中央構造線の真上にあり、一九九五年に気功師の張志祥によって「気場」であると認定された。そのことが二〇〇二年と一〇年にテレビで取り上げられ、パワースポットとして人気が出る（宮本 二〇一五：一一）。この場所では磁場がせめぎ合っていてゼロになると言われており、方位磁石が一定の方向を指さない場所があるという。またインターネット上では、太平洋と日本海の分水界でもあると言われる（実際にはそうでない）。地層・磁場・水の境界線として表象されていることが分かる。

しかし、この「発見」は意図的なものである。地域振興を得意とする建設省の役人が、その景観を見て衝撃とインスピレーションを受け、彼の知人の科学者にもきっと良い「気」が出ているに違いないと言われる。そこで、中国から気功師を呼びよせ、良い気が出ているか診断するよう依頼し、結果として「発見」に至った場所である(同、三四―三五)。付近の宿泊所は半公営の伊那市観光株式会社によって運営されている。日本では憲法によって政教分離の原則が定められているが、宿泊所の中には人工的に磁力が相殺しあってゼロとなる瞑想室がある。部屋の中心にはピラミッド型のフレームが設置されており、天窓もピラミッドの形状である。それは疑似科学の領域でピラミッド・パワー(エネルギー)と言われるものを作り出すことを意図して設計されている(同、七)。分杭峠のゼロ磁場は公有地にある。それが行政主導で、気功と疑似科学的な発想をベースに観光地化された。他に類例を見ない非宗教的なパワースポットだと言える(同、一〇五)。

ゼロ磁場付近で採取される水も人気である。その効能は、健康・美容・運気の改善であり、ペットボトルの水が売られている(同、二四三―二四四)。以下は、ブーム当時にそこを訪れた人のオンライン掲示板への書き込みである。

　ゼロ磁場に向かう途中で左手薬指の先が痺れるようなビリビリっと感じる箇所があった。山頂[実際には峠]では、気を使える人が、病気の人に気を入れてました。……二時間位、そこにいたけど、不思議な感覚が一回。到着して、少しした時、水が流れている滝部分右側の木の上部分だけが、横に歪んだように見えた事。……白い石にとても強い気が詰まってるんだって。それを握ってると、手がジワーーって温かくなるって。だから、みんな白い石を持ってくんだって。なので、私もまねっこ。確かに温かくなったのにびっくり。なんだか気持ちいい場所で、時間がたつのもあっという間で、遠かったけど、オススメポイント☆お水がすごい冷たくて、びっくりした!! 悪いところに水をかけるといいらしい>> お試しあれ☆(〇六年七月一〇日)[59]

ここでは身体的な癒しの効果が強調されている。パワースポット訪問のメインの目的は、初期においてはインスピレーションを得ること、宇宙や大地とのスピリチュアルなエネルギーの交流などであった。しかし、分杭峠には気功師が多く訪問することもあり、訪問者は身体的癒しにも強い関心を抱いているように思われる。私が訪れた一六年六月にも、杖をついた老人や、目の悪い初老の女性を見かけた。「ゼロ磁場」は、道路が狭く急な崖に縁取られ、幹は細いが通常では見られないほど長い極相林が生い茂り、頻繁に起こる崖崩れとともになぎ倒されたまま放置されているという、自然が豊かな場所にある。水の出る場所も、少し前に起きた崖崩れで近寄れなくなっていた。自動車の路上駐車や渋滞を解消し、環境を保全する目的で有料のシャトルバスが走っている(同、二〇六—二〇七)。以下は、交通整理(シャトルバスの誘導と一般車の侵入の阻止)をしているスタッフの語りをまとめたものである。

生まれた時からこの地元で生活している。もちろんこの場所はパワースポットなどとは言われていなかった。自分は六—七年前からここで働いているが、「気」などは馬鹿馬鹿しいと思っていた。ところがあるとき、持病のヘルニアからくる膝の痛みのために杖をついて働いていると、やってきた気功師に「見せてみなさい」と言われる。気功師は膝の上で手を触れずにただ上下にかざすだけだった。ところが二、三分もするとドカーンと何かが落ちるような感じになり、膝は楽になっていた。それ以来、気はあるのだと信じるようになり、気を感じられるようにもなった。気は気場だけにあるわけではない。この場所全体を流れていて、ふとしたところに集まる。ぽかぽかと温かいところができるので、来た人にその位置を教えてあげると、「本当だ、温泉みたいに温かい」と納得される。また、その場では何の効果も出なくても、帰ってから好転反応が出ることもある。こうした言葉や知識は、ここにやってくる気功師たちに教わった（二〇一六年六月一四日、六〇代男性）。

行政主導の地域振興としてのパワースポット・キャンペーンに巻き込まれた住民が、集まってくる気功師たちとのやり取りを経て、気の存在を信じるようになり、さらにはホストとしてパワースポットに関わる知識をゲストに教えるようになるという回心の一例である。だが、地元民は気にまつわる信念や実践を宗教だとは考えていない。そのため、政教分離にも抵触しないと思っているし、地元スタッフがもともと持っている仏教や神道などの伝統的信仰とも衝突しないであろう。

気功は分杭峠の「発見」に大きな役割を果たしたが、前出の清田益章も気功の用語に言及しながら、パワースポットについて説明している。宗教と関わりがない、自然豊かな土地がパワースポットだと見なされる際には、気功ないし、気に関わる用語や信念体系が持ちだされるということが分かる。

4　神社のパワースポット化

二〇〇〇年代後半に入ってからの日本のパワースポットは、神社中心になり、さらにご利益中心にな

（59）　http://mixi.jp/view_bbs.pl?id=8440096&comm_id=290549

る。まず、神職を経験し、英国スピリチュアリズムを学んだスピリチュアル・カウンセラー江原啓之(本書第三章)が『スピリチュアル・サンクチュアリ――江原啓之神紀行』というシリーズの本を刊行し、日本の様々な神社を紹介した。書名にはパワースポットという言葉は使われていないが、本文中には「須佐神社は、霊能力者の間では有名なパワースポット」などという記述が見られる(江原 二〇〇四:九)。江原啓之は二〇〇〇年代に日本で「スピリチュアル・ブーム」を巻き起こし、オーラ、前世、守護霊など、それまで「精神世界」やニューエイジだけで流通していた様々なアイディアを人々に受け入れやすいポップ・スピリチュアリティとして提示した。パワースポットもその一つだが、書名に入れて強く押し出さなかったのは、次の引用に見られるように、インスタントな現世利益を戒める姿勢と関係があると思われる。

ただパワースポットに行ったからといって、パワーが得られるわけではありません。聖地の素晴らしいエナジーに触れることによって、自分の心と向き合い、至らないところを反省しようという気持ちにならなくては。最近はスピリチュアルがブームのようになっているので、そのあたりを勘違いされないか、実はかなり心配しているんですよ(同、七七)。

江原啓之は、このような現世利益批判の他に、「本当のご利益は自分を見つめなおす時間」と述べて、スピリチュアル・サンクチュアリでの内観を奨励し(同、八二)、ここで紹介したスピリチュアル・サンクチュアリが観光地化することへの懸念をも表明している(同、九)。従来の現世利益中心の神社参拝とは異なるスピリチュアルな訪問のスタイルを確立しようとしているように思える。実際、本の末尾で、従来の信仰のあり方にこだわらず「本当の信仰とは何か」にこだわったと書いている。そして、この本は物質的な立派さを無視し、スピリチュアルな視点から聖地を解説した日本で初めての本だと自負している。「本当のご利益」「本当の信仰」という言葉には、「従来の信仰」や参拝が現世利益や文化財観光など物質面に偏っていてスピリチュアルでないという意味が込められているだろう。観光研究の用語に置き換えると、彼の態度は、旅のなかで真正性 authenticity を追求し、創られた伝統を固定化する大衆観光を退けるものと特徴づけられる。

ところが、江原は以上と逆に思われるようなことも書いている。巻末には「あなたの願いを導くスピリチュアル・サンクチュアリ案内」という章があり、たとえば「恋愛」という節では出雲大社を「いわずとしれた縁結びの神様」として紹介している。つまり神社が従来から掲げている現世利益の宣伝を追認しているのである(八七)。

だが、これは江原にとって矛盾ではない。その節の本文を見ると、恋愛はスピリチュアルな観点から見れば我欲だが、神の無償の愛を学ぶための一つのステップであるという(江原がここで示唆しているのは神道の個別の神祇ではなく、我々がそこから来て、霊的進化を通してそこへ帰るところのスピリチュアリズムの神であろう)。そして、良縁に巡り会おうとする過程で自己を成長させることができるとして、現世利益を願う思いをスピリチュアルな成長に導く。また、恋愛成就を願う過程で神のメッセージを読み取ろうとする態度が身につき、自分の弱さに気づくこともできるという。参拝と祈願という行動は、スピリチュアルな気づきを得るための瞑想的実践としてリフレームされる。こうして、神社は「内観の場」としてとらえられる(八六―九一)。人間的な欲望は、内観を通じて神の願いに変容させられる。ニューエイジ的なパワースポットの理念を現世利益的な神社信仰に矮小化したと江原を批判することも可能だが、逆に従来のご利益信仰をスピリチュアルな成長の観点から、徐々に物質性をそぎ落としていくauthenticな信仰としてリフレームしたととらえることも可能である。

だが江原の読者が神社で彼の言うとおりに真面目に祈願しても、それが自分を見つめなおして気づきに至ろうとしているか、単なるご利益信仰なのかは、外見では見分けられない。本人も確信できないだろう。求められているスピリチュアルな真正性はあくまで内面的なものなので、実践としては従来のご利益信仰に吸収されてしまう。

また、観光化に対する江原の懸念に反して、この本そのものが、観光ガイドブックとしての体裁を持っている。日本の観光ガイドブックは雑誌ほどの大きさで、写真を中心とし、カタログのように食事や宿泊を値段付きで収録するのが特徴だが、江原の著書はまさにその体裁を踏襲している。本文は、神社の簡単な歴史、江原自身のスピリチュアルな観点からの短いコメントだけである。そのため、この本はパワースポット神社が提供する宗教的ないしスピリチュアルな資源を消費するためのカタログのように見える。

この本のシリーズは六巻まで刊行されており、取り上げた神社は二〇〇社以上と推計される。雑誌に連載された記事にもとづいているので、長期にわたって読者に支持されたと言える。そのなかには、全国的には知られていない小さな神社もあったが、江原が取り上げたために、全国から参詣者が来るようになる。江原自身の懸念に反して、この「スピリチュアル・サンクチュアリ」シリーズは、大衆観光としてのパワースポット・ブームを推進した。実際、江原が真っ先に紹介しつつも観光地になることを懸念していた須佐神社では、多くの観光客が訪れるようになった。大杉の前で手をかざしたり、写真を撮ったりするのに本殿を参拝しない観光客が増えたと神職が困惑するほどであった(60)。

5　現世利益と真正性

本格的なブームのきっかけは、本章の冒頭で述べたように二〇〇九年に手相芸人・島田秀平が明治神宮の清正井を「パワースポット」として紹介し、井戸の前に長蛇の列ができるようになったことである。島田は全国のパワースポットを案内するガイドブックを書いている。しかし、江原がスピリチュアルな成長を重視していたのとは対照的に、島田は「開運」という物質的なご利益を全面的に押し出している。ギャンブル運や金運まで上昇すると主張し、スピリチュアルという言葉はほとんど使わない（島田 二〇一〇）。

清正井は武家屋敷に造営されたもので、信仰の対象ではなかった。だが、ブームのピーク時には長い行列ができるほどで、午前中に並んだ人だけで見学を締め切るほどであった（大和 二〇一五：八八）。そして、見学者が求める現世利益も、仕事運だけでなく、縁結び、病気平癒、ワールドカップでの日本の勝利など雑多で、井戸の由来とは無関係だった（同、八九）。

雑誌記事から清正井ブームを跡づけた大和友大朗《ゆうたろう》は、この井戸には独自の希少価値がなく、ご利益が特定できないために、一〇年には記事の数が激減したという。一一年三月の東日本大震災後はパワースポットに関する記事そのものが減り、代わりに「聖地」という言葉に取って代わられたという。大和の結論は、現代日本では、メディアでの霊能力者の説明や風水理論によって、どのような場所でも聖地に

(60)「パワースポット人気　県内神社　若者を魅了」、『読売新聞』（島根）、二〇一〇年八月二一日、二九面。

なり、そこに神が祀られているかどうかは関係ないというものであった(同、一〇二)。また開運と現世利益の強調は風水との結びつきによると見ている(同、九六)。パワースポット・ブームは神社境内で起きているとしても、本来の神社信仰とは無関係だとほのめかしたいようだ。

菅直子も雑誌記事を主な資料とし、このブームは本来の神社信仰からの逸脱だと見る。菅によれば、宗教学者の脇本平也は一九八六年に宗教的世界観との関係でパワースポットを定義していたが、現代の雑誌は、訪れる「私」が何をしなくても浄化とパワーのチャージをもたらす「私的聖地」としてパワースポットをとらえていると解釈する(菅 二〇一〇：二四九)。

岡本亮輔は、神殿で拝礼せず境内のパワースポットだけを訪れる行為を批判する論調を紹介する。だが、パワースポットは宗教と関係がないために、かえって神社に人々を集める利点があると指摘する。同時に、それによって家の宗教、地域の宗教としての伝統宗教の影響力が脅かされると指摘する(岡本 二〇一五：四九)。

東美晴も雑誌記事を主な資料とし、パワースポットは観光地でない地域の文化財や史跡を観光対象とするのに便利な言葉だと見なす。以前は無名だった場所がパワースポットとして人気を集めると、それと似た別の場所もパワースポットになり、シミュラークルが次々に生産されるという。東は、日本人は草木や岩や水に神を見出すので日本中が聖地だという雑誌記事を引用し、「聖地」という言葉に変わったことで、増殖が加速したと指摘する(東 二〇一四：四六)。

以上の批判は、パワースポット・ブームを皮相な流行だと見る点で共通している。とくに東以外の宗教学者たちは、本来の(真正 authentic な)神祇信仰からの逸脱であることを批判する。彼らの論文は消費行為を誘発したり、逆にそれを嘲笑したりする雑誌記事にもとづいており、実際の参拝者の調査にもとづいていない。そのため、参拝者が神道により真剣な関心を払っている可能性があったとしても、方法上の限界からそれに目を向けることができない。訪問者とのインフォーマルな会話で私が聞く限りでは、「パワースポット」を意識している参拝者ほど、「ご利益より神への感謝が大事」、「ただこの雰囲気が素晴らしい」などと答える。このような態度は、現世利益的な神社参拝よりも、神社側が真正と認める本来の崇敬の形に近い。

実は、江原啓之のみならず島田秀平までもが、著作のなかで「正しい」参拝の作法を紹介している。私の観察では、二〇〇〇年代あたりから主に若い女性参拝客が異常なまでにマナーやエチケットにこだわって熱心に参拝しているように見える。神社の境界線である鳥居で立ち止まって一礼し、本殿前では長時間かけて瞑想するように参拝し、前の参拝者の礼拝が終わるまで次の参拝者は前に出ようとしない。そのため長蛇の行列ができやすくなった。これは二〇〇〇年代以降に台頭した新しい現象である。神社がパワースポットになったことで、かえって本のとおりに参拝しようとする熱心な崇敬者が増えた可能性もある。江原と島田は、パワースポットを訪れる前に、自分の属する地域の氏神や産土神の神社に参拝するべきだと読者にすすめている。実際に読者がアドバイスに従うかどうかは分からないが、彼らのすすめるパワースポット訪問が神道の枠にとどまろうとしていることを無視して、逸脱だと断定するのは一方的になるだろう。

先行研究の著者たちは、まるで真正な神祇信仰がパワースポット・ブーム以前に存在していたかのようにブームの逸脱性や表面性を批判する。しかし、ブーム以前から日本の神社は現世利益を売りにして参拝客を集め、その賽銭や奉納を経営基盤としている(Reader & Tanabe 1998)。観光研究で問題となる真正性 authenticity と商品化 commodification の対立は、日本の神社空間では曖昧である(Cohen 1988)。

写真 7-1　戸隠神社のご神木(杉). パワースポットとして知名度が上がった頃, JR 東日本のテレビコマーシャルに用いられた. そのなかで, 有名な女優である吉永小百合が樹洞の中に入っている姿を見せ, さらに人気が加速した(「小百合さんが歩いた聖地…長野, 戸隠, CM 効果で人波」『朝日新聞 Digital』(2010 年 9 月 26 日), http://www.asahi.com/special/080804/TKY201009250207.html). 現在はご神木の保護のために注連縄《しめなわ》が張られ, 立ち入りは禁止されている. 撮影は筆者による(2016 年 6 月 13 日).

金銭を奉納してお守りや御札をもらい、御朱印をスタンプしてもらうことは、消費行動のようにも見えるが、形式に則った宗教的行動でもあり、そのことについて神社も参拝者も真正の振る舞いから逸脱しているとは感じていない。

　また、ナショナルな宗教組織である神社本庁はご祭神への参拝を重視するかもしれないが、御神木や御神水や岩座への信仰は、明治政府による神社の組織化以前から存在するものである。神祇信仰と自然崇拝をいかに調和させるかは、個別の神社に委ねられており、対応は様々である。たとえば伊勢神宮は当然のことながら神社本庁に近い立場をとる。私が一三年九月にそこを訪れたとき、パワーがあると噂されるご神木の木肌はあまりにも多くの参拝者が触れるために はげていた。神宮側は手を触れることを禁止する注意書きを掲げたが、その代わりに、若い女性たちは前で写真を撮りあっていた。それとは対照的に、御神木の多い戸隠神社の神職は、一六年六月に私が「なぜ伊勢神宮のように木に触れる行為を禁止しないのか」と尋ねると、「戸隠では御神木が多いし、木に触れる行為は古くからの信仰にもとづいているので禁止しない」と答えた。ただし「木の保護のために根を踏まないようにしてほしい」とも語った。実際に戸隠神社の中社のある御神木の前には、根を踏まずに御神木を触れることができるよう足場が組まれていた。

また、私が辻村深月とともに毎日新聞の記事のために取材した東京の愛宕神社の権禰宜《ごんねぎ》・松岡里枝は、神道には教義がなく、神社はもともとパワースポットであると述べた。したがって、誰が来ても良い場所であり、ご利益を求める人がほとんどだとしても、日常を離れた異空間で参拝すれば心の平安を取り戻せるはずだと語った(辻村 二〇一〇)。

ここまで一九八〇年代から二〇一〇年代に至るパワースポット現象をあとづけてきた。〇九年から一〇年にかけての短いブームをこのより長い歴史のなかに置き直すと、このブームは単に神道の逸脱形態と見下すのではなく、神道がニューエイジ的なパワースポットのアイディアを乗っ取ろうとしている(takeover しようとしている)のではないかと疑うべきである。ニューエイジャーから見た authentic なパワースポットとの関わり方は古くからの神社参拝に融合され、その目的・方法・結果には強調点の移動が生じた。(1)スピリチュアルな成長から物質的なご利益へ、(2)自由な瞑想やリラクセーションよりも定型化した儀礼行動へ、(3)グローバルな聖地のつながりよりもナショナルな神社組織の強化へ。これらは完全な転換ではなく、力点の相対的な変化である。ニューエイジ的か神道的かのバランスは訪問者によって変わるし、一人の訪問者の中でも置かれている状況や、それを説明する相手によって変わるだろう。

キャレットとキングは西洋において新自由主義的なスピリチュアリティによる宗教の乗っ取りtake-overが起こっていると論じた(Carrette & King 2004)。しかし、もともとニューエイジ・スピリチュアリティと教義的に似た要素を持つ東洋宗教は、スピリチュアリティを乗っ取ることによって、より容易に自己革新を図ることができる。ニューエイジ由来のパワースポット概念を引き受けることで多くの参拝者を獲得して繁栄している神社の姿はそれを例証してくれる。もちろん、ニューエイジが先に、自然のなかでの苦行や巡礼を諸宗教から乗っ取ってパワースポット概念を発明したということも言える。起源や真正性に関する実践者側の言説を超えて、研究者側は宗教とスピリチュアリティの諸形態のグローバルで複雑な相互作用の歴史を記述するべきである。

『神道を知る本——鎮守の森の神々への信仰の書』という多くの神道関係者、組織が共同執筆した書籍がある。ここでは神道の公式の自己像と思われるものが解説されている。それによれば、神道とは、鎮守の森に息づく神々を敬い、自己の罪や穢れを祓い清めることだという。これは、スピリチュアリティの用語に置き換えると、パワースポットで自然に内在するスピリチュアルなエネルギーに触れて自己浄化することとなる。神道とスピリチュアリティの二つの用語の体系は、その指示する対象において一致する。また、執筆者には宗教学者も何人かいて、彼らは西洋の宗教をめぐる様々な批判的言説、とくにキリスト教の自然に対する支配的態度への批判を考慮しながら、自然を敬う神道という自己像を明確化しようとしている。つまり、エコロジー的なスピリチュアリティの言説が宗教学者を介して導入されている。このことも神道とスピリチュアリティを近づける一因となっている。

このように神道が現代宗教理論の助けを得ながら環境主義的言説を主張することがなぜ可能になるのかは、仏教と比較すると明らかになる。仏教の経典の主張は明確で、文献学も精緻である。それに対して、神道は江戸期の国学を基調としつつも、その時代の有力な宗教理論に引きつけて神話や儀礼を再解釈する余地がある。それゆえ、神道の方が、西洋由来のオルタナティヴなスピリチュアリティ思想を受け入れやすい(あるいは「乗っ取り」がしやすい)。さらに一歩進んで、西洋の支配的宗教よりもすぐれているると主張することさえできるのである。

6　神道的スピリチュアリティとナショナリズム

日本ではパワースポットは仏教ではなく神道と強く関係づけられる。仏教は、欧米では宗教よりもスピリチュアリティに近いが、日本ではむしろ既成宗教の一つである。神道、とくに鎌田東二のような思想家たちが創造的に定式化した古神道が日本のニューエイジにおいて占める位置は、欧米におけるネオ・ペイガニズムや先住民のスピリチュアリティの位置に相当する。これらは世界宗教以前の古代のスピリチュアリティを表象するものと考えられている。実際、ヨーク(York 2003)は日本の神道をその自然崇拝ゆえにペイガニズムの一つと見なしている。

他方、神道は組織宗教であり、戦前においては権威主義的な教えと強力な天皇崇拝とともに、国民を戦争に導いてきた。それは権威主義的な宗教組織を嫌うニューエイジャーにとって受け入れがたいはずだ。

今日、神道の宗教としての側面にあたるのは、一九四五年のアジア太平洋戦争の終了後、GHQによる国家神道の解体後に生まれた包括的な宗教法人としての神社本庁である。神社本庁は、実は強烈な政治的主張を持っている。たとえば関連する政治組織である神道政治連盟のウェブサイトでは、現憲法は米国に押し付けられたものだと主張している。その公式見解では、現憲法における天皇主権の否定と国民主権は、国の歴史と伝統を無視した普遍主義であり、他国を信頼する平和主義は非現実的とし、このような押し付けられた憲法を維持することは「恥ずかしい」と書いている[61]。二〇一六年の新年には傘下の東京都神社庁が初詣客に憲法改正を訴える運動を展開した[62]。また戦死者のみならず戦犯をも英霊として顕彰する靖国神社に首相が参拝することを強く求めている[63]。このように、神社本庁は、天皇主権の復活と平和主義の放棄を明確に主張している、極めて政治性の強い宗教団体である。

パワースポット神社を訪れる人たちの多くは、こうした政治的主張に関心がない。また多くの神社が右のような政治的主張を表に掲げず、神道は森を大切にしてきた自然崇拝だと主張する。「スピリチュアルだが宗教的ではない」という人々にとって、神道は宗教ではなく仏教や儒教以前の日本人固有の自然崇拝であるという主張は魅力的に聞こえるだろう。

しかし、「神道は宗教ではない」という言説もまた、日本の近代史を踏まえると政治的意味を持たざるをえない。明治政府は、大日本帝国憲法を制定した際に信教の自由を保障した。だが、神社は宗教ではないとし、公的な国家祭祀を行わせた。つまり、神道はすべての宗教を超越する公的な教えと儀礼なので、国の元首たる天皇がその主体となって国民をそれに従わせても、国民の宗教的自由を脅かさないという理屈である(島薗 二〇一〇)。それは戦後の日本人の宗教観、神道観にも影響を与えている。津市による地鎮祭が憲法の定める政教分離に抵触しないかが争われた訴訟の最高裁判決(一九七七年)では、地鎮祭は「社会の一般的慣習に従った儀礼」であるという理由で合憲だという判断が示された[64]。

パワースポットのガイドブックに必ず掲載される伊勢神宮は、天皇の祖先とされる天照大神を祀るため、戦前は国家第一の神宮とされた。神道の伝統を脈々と受け継ぐと一般的には理解されているが、実は近代に入ってから付け加えられた要素が多い。伊勢神宮の近代史を概説したブリーン John Breen の画期的な著書は、明治期に入ってからの仏教的要素の払拭、世襲神職の排除、祭神の入れ替え、遊郭の一掃などを経て、徹底した国家による管理と、各種メディアや教科書を通しての国民教育によって、国家神道の頂点という地位が定着した過程を記述している（ブリーン 二〇一五）。

二〇年に一度、新しい神殿にご神体を移す「式年遷宮」は、戦争の影響で一九四九年から五三年に延期されるが、七三年、九三年と回を重ねるにつれて、軍国主義との関係が人々の記憶から薄れていく様子がメディアの報じ方からたどれる（同、一六四―一六九）。一方、神宮の脱宗教法人化、別格の国有神社に戻そうとする動きは、戦後すぐに始まっている（同、一三〇―一三二）。五八年に安倍首相の祖父に当たる岸信介首相は神宮に参拝し、伊勢神宮は一般の神社と同じように扱えないと発言した[65]。彼の影響でその弟の佐藤栄作首相は六五年、六七年と参拝し[66]、以後、新年の参拝が恒例化した。それに対する政教分離への抵触の疑念は払拭できない。

（61）神政連 WEB NEWS「日本らしい憲法を！」、〈http://www.sinseiren.org/torikumukadai/kenpou/nihonnokenpou/kenpou_nihonnokenpou.htm〉。

（62）東京都神社庁「憲法改正運動を推進する宣言」、二〇一六年六月三〇日アクセス、〈http://www.tokyo-jinjacho.or.jp/kenpou/index.html〉。

（63）神政連 WEB NEWS「靖國神社問題」〈http://www.sinseiren.org/torikumukadai/seijitosyuukyou/yasukunimondai/seijitosyukyo_yasukunimondai.htm〉。

（64）「最高裁判例、昭和四六行ツ（六九）」、民集第三一巻四号五三三頁。〈http://www.courts.go.jp/app/hanrei_jp/detail2?id=54189〉。

（65）「首相、伊勢神宮参拝　一一閣僚も　政教分離に違反」『赤旗』二〇一五年一月六日、〈http://www.jcp.or.jp/akahata/aik14/2015-01-06/2015010602_03_1.html〉。

（66）「首相の伊勢初参り　憲法論議再び　慣例化で違憲か」『読売新聞』一九七七年一月五日、三面。

二〇一三年の式年遷宮は幾つもの点で画期的だったとブリーンは指摘する。第一に、パワースポット・ブームの影響でそれまで見られなかった若者の姿が大幅に増えた。その年には史上最高の九〇〇万人が伊勢神宮の内宮を訪れた(同、一七三—一七四)。さらに、安倍晋三が史上二度目、戦後初めて首相として遷宮参列をし、各新聞がそれをまったく問題視せずに報道した。さらに安倍首相は一六年五月にG7首脳会議を伊勢でおこない、各国首脳を伊勢神宮へ訪問させた。保守的なメディアは、単なる文化財の視察ではなく、正式参拝の「御垣内参拝」(一般参拝者が入らない垣の中での参拝)であるが、日本の「精神性」に触れてもらうことが目的なので、政教分離に抵触しないと解説つきで報じた[67]。しかし、外国メディアは「ナショナリズム的な神社」へのこの訪問にまつわる懸念を表明している(McCurry 2016)。日本と戦争し、日本を負かして占領した連合国の首脳を、その戦争を指揮した皇祖神の前で拝礼させるという行為は、政治的にも宗教的にも大きな意味を持つ。しかし、日本の「精神性」(spirituality と訳すこともできる)に触れてもらうという言葉によって、各国首脳は正式な御垣内参拝の真の意味を知らずに、訪問に合意してしまったことになる[68]。

パワースポットという観念を信じ、神社を訪れる人々が、神道的スピリチュアリティだけでなく、その神社の歴史的・政治的意味をどの程度理解しているのか、また愛国心やナショナリズムをどの程度持っているのかは、実証的に研究する必要がある。また、研究者たちが指摘したように、一一年の東日本大震災と福島第一原子力発電所事故が、本当にパワースポット・ブームを終焉させ、「聖地」という表象への置き換えを促したのか。それが本当だとして、災害後の社会的状況を背景として、人々の自然観や政治的態度にどのような変化が生じたのか。これらを確かめる必要がある。

私は、反原発運動に関わる人々を調査し、彼らが自然を愛し、原発推進政策に批判的で、なおかつナルシシズム的でない批判的な愛国心を保持し、スピリチュアリティへの関心を有していることを明らかにした。この結果から、一般的に神道の自然崇拝には共感的だが、右翼的な政治的主張には同意できないという人々も一定数いると思われる(堀江 二〇一三)。

たとえば、江原啓之は伊勢神宮では「国を支える自分」を意識することを勧めつつ、沖縄のパワースポットでは謝罪の気持ちに駆られるという(江原 二〇〇四：七一)。この謝罪がほのめかしているのは、本土人が沖縄をアジア太平洋戦争において唯一の地上戦の場所とし、米軍の攻撃だけでなく、集団自決によって多数の犠牲を強いたこと、また今日においても広大な米軍基地の負担を住民に強いていることであろう。軍国主義や排他的ナショナリズムには賛同できないが、日本の自然を愛し、国を良い方向に導こうとする愛国的な人は、江原のみならず、神道関係者のなかにも一定数いるだろう。同様に、パワースポット信奉者は、右翼的ナショナリストと、国内のパワースポットだけでなく国外のパワースポットとも普遍的なつながりを感じるニューエイジャーとに分類できるかもしれない。このような現象の事例研究は、世界の諸地域のスピリチュアリティのグローバルな相互浸透と、ナショナリズム、ローカリズム、リージョナリズムとの関係の解明につながるだろう。

(67)「G7首脳、伝統体現する「御垣内参拝」で伊勢神宮訪問　「正式参拝」精神性触れる場に」『産経新聞』二〇一六年五月二四日、〈http://www.sankei.com/politics/news/160524/plt1605240026-n1.html〉、二〇一六年八月一八日アクセス、現在は削除。

(68) なお、この訪問が「御垣内参拝」だったとしているのは主な新聞のなかでは産経新聞だけである。

第八章　パワースポット体験の現象学――現世利益から心理利益へ

旅行会社ＤｅＮＡトラベルの「旅行とパワースポットに関するアンケート調査」(一〇四六名、二〇一七年一〇月三一日―一一月二日実施)によれば、二〇代女性の七五・〇%がパワースポットの効果を信じていた(もっとも信じないのは六〇代男性で二六・二%)。パワースポット目的で旅行をした経験は四〇代がもっとも多く、五四・〇%だった(六〇代は二九・〇%)。若年から中年までの、とくに女性がパワースポットに関心を抱いていることが分かる(69)。

前章では、「パワースポット」現象の発生と展開を跡づけ、欧米における同様の現象と比較した。この現象は、各地の宗教文化のエッセンスを取り入れようとするニューエイジ的スピリチュアリティとして出発したが、日本ではパワースポットが神社に集中してゆく。そのため国家神道の復興という動きと連動しているようにも思われる。だが、神祇信仰より自然崇拝の要素が強く、個人主義的な性格をとどめていた。そのため、神道の排他的ナショナリズムとは区別されるとした。

この章では、実際のパワースポット体験の内容を具体的に調べ、それが神祇信仰や現世利益に収まら

(69)　ＤｅＮＡトラベル「約四割の人が「パワースポット旅行」の経験アリ！」(二〇一七年一一月一五日)、〈https://www.atpress.ne.jp/news/143170〉。

ないことを指摘する。先行研究の多くはパワースポット・ブームを本来の神祇信仰から逸脱した流行だと結論づける。また観光研究においては、真正性と商品化の関係がしばしば議論となってきた。これらに対して、パワースポット体験は、現世利益を追求しているように見えて実は「心理利益」に力点があり、自然崇拝を通して真正性の探求がなされているということを示す。

1　パワースポットの効果の類型論――関連ブログの収集

本節では、雑誌や書籍ではなく、実際にパワースポットを訪問した人の報告、具体的にはネット上の個人ブログを調査対象とし、比較的まとまった体験談を取り出す。時期はブームのピークである二〇〇九年から一〇年とする。このように区切ったのは、一一年を過ぎるとブログの形をとった宣伝ばかりがヒットし、個人の体験談が拾いにくくなるためである。抽出は、一〇の代表的なブログサイトで「パワースポット」をタイトルに含み、字数が比較的多く、実際に訪問した記録となっているものを検索上位から一つずつ拾った（以下「対象ブログ」と記す）。一つずつとしたのは同じ書き手のものを拾わないためである。ブログサイトは、Ｙａｈｏｏ！ブログ、ＦＣ2ブログ、Ｓｅｅｓａａブログ、ココログ、アメーバブログ、ｌｉｖｅｄｏｏｒブログ、ｙａｐｌｏｇ！、ｇｏｏブログ、はてなダイアリー、ＢＩＧＬＯＢＥウェブリブログである。グーグルで「site:【ブログサイトのURLの一部】intitle: パワースポット」という検索式を使い、期間を〇九年から一〇年までに指定した。

パワースポットの効果は、理論上は誰もが感じるもの、特殊な人が感じるもの、その場では感じられない現世利益に大きくカテゴライズできる。誰もが感じる効果は、さらに物理的・身体的な感覚と気分の変化などの心理的効果に分けられるだろう。特殊な人が感じる効果は、霊能力などによる超感覚的知覚なので、超心理的効果と呼べる。したがって、⑴身体的効果、⑵心理的効果、⑶超心理的効果、⑷現世利益と分けることができる。この四つに当てはまるキーワードを記事から拾い、まとめたのが章末の表８－１である。[70]

表から分かるように、現世利益に言及しているブログは一〇個中四個しかない。しかも、噂への言及だけで、現世利益は訪問の目的でない。また実際の現世利益を報告しているのはｂ10（ブログ10。表の一〇番目のブログを指す。以下、ブログ参照の際は表中の番号を用いて、ｂ1、ｂ2などと記す）だけだった。身体的効果と心理的効果は一〇個すべてに見られた。超心理的効果は八個が実際に体験したものとして報告している。

次節では、この四つの効果を内容からさらに分類する。さらに事例を補足するために、期間指定とサ

(70)　検索日は二〇一七年一二月七日から一五日にまたがり、一五日に最終閲覧した（ＵＲＬは閲覧時のもの）。以下、出典を記す。１：JACK「パワースポットシリーズ！　稲荷鬼王神社！」(2010/7/25)、https://blogs.yahoo.co.jp/otabe017/34362744.html。２：ヤッズ★「百間滝」(2009/12/20)、http://aioi.blog6.fc2.com/blog-entry-1341.html。３：コーヒー親父「カルフォルニアのパワースポット」(2009/7/19)、http://primusyokoteten.seesaa.net/article/169256665.html。４：辻褄正志「日光三依のパワースポット・磁気の森　湧水庵」(2009/7/19)、http://fifabakutyouou.cocolog-nifty.com/nikkousannsou/2009/07/post-4ac2.html。５：奥原朱麗「パワースポット　日光　その１　～滝尾神社～」(2010/5/22)、https://ameblo.jp/shuri-11556/entry-10541708970.html。６：JPSC「戸隠探訪」(2010/10/23)、http://blog.livedoor.jp/jpsc/archives/cat_50043720.html。７：エマ「スピリチュアル？..」(2010/5/22)、http://yaplog.jp/k-silver_bells/archive/369。８：釣り三昧日記「究極のパワースポット！　高森の上色見熊野座神社に行きました」(2010/9/29)、http://blog.goo.ne.jp/kumamoto-amakusa/e/e37c9847f5daecb36b1e935dec259b1d。９：sinkanJko「パワースポット～等々力渓谷～」(2010/2/23)、http://d.hatena.ne.jp/sinkanJko/20100223。10：美来「第二回パワースポットツアー「天河神社」の報告」(2010/3/18)、http://uchu.at.webry.info/201003/article_2.html。

イト指定をせずに特徴的なキーワードでブログを検索する（以下「補足ブログ」と記す）。グーグルでの検索式は「blog intitle: パワースポット【キーワード】」である（以下「キーワード」と記す）[71]。つまり、「対象ブログ」はそれを分析し、キーワードを抽出するための対象となるブログを指し、「補足ブログ」は抽出されたキーワードの用例を補足するためのブログを指す。「対象ブログ」までは偏りがないように複数のサイトで、著者が重複しないようにするなどの工夫をしたが、これはパワースポットの効果を広く公平に拾って分類するためである。補足ブログは用例を拾うためだけのものなので、キーワードを用いた典型的な表現であることが取り上げる基準となる。

なお参照するブログが、実体験の報告か誇張を含んでいるかは、確かめようがない。しかし、仮に誇張だとしても、書き手がパワースポットの効果の典型的表現だと考えているのなら、キーワード抽出の目的には合致するだろう。

本章では、パワースポットを訪問した人が感じると称する「パワー」の効果を、その主観的な現実に即して理解することを試みる。彼らが訪問を事後的に振り返り、木や石や光や水や風などに日常的な意味と異なる意味を見出し、そこにパワーを感じたと記述するとき、彼らは何に意識を向けているのか、何を主観的に感じたと自覚しているのか。それを理解するという意味で、本章の試みは「パワースポット体験の現象学」と言える。もとより、その場所で、その瞬間に起こった現象そのものを同定することなどは、はじめから目指していない。それはブログに書く段階ですでに異なるものとなっている。焦点は記述の際の言語である。彼らがどのような言葉を用いるのか。それはすでに彼らのパワースポットに関する先行理解を形成する。そしてその言葉は、パワースポットにおいて起こると期待される体験を読者の側で再構成する手がかりとなる。そこで具体的な作業としては、書き手と読み手との間で共有されている語彙に注目し、それを類型化し、相互に関連づけてゆく。この作業は各々の多様な体験の文脈を外し、パワースポット体験を理解するためのモデルの構築に至るだろう。

誰もが感じる物理的・身体的な効果

A　水に関連するもの——癒しのエネルギー

〈川のせせらぎ〉や〈滝〉や〈湧き水〉はパワースポットに付随することが多い（〈　〉内は表にまとめたブログ中の言葉）。これらに由来する湿気は〈マイナスイオン〉などと表現される。マイナスイオンとは、空中の水や酸素の分子などでマイナスの電気を帯びたものである。湿気の多いところに存在すると推定され、健康によいと信じられている。水場特有の〈ひんやりした空気〉としても感じられる（b2、9）。下記は〈マイナスイオン〉をキーワードとする補足ブログである。場所は那智の滝で、滝に合掌している人物の写真が掲載されている。

ここまでくると、さらに空気はひんやり。熊野古道よりもよりマイナスイオンと癒しパワーが強いように感じます。［略］ここが滝に一番近い場所。ここまでくると、マイナスイオンがたっぷり。癒されます。というか、ここまでくるとパワースポットと呼ばれるわけがわかるって感じ。(72)

(71)　以下の引用では、改行を省き、句読点を補い、特殊記号を削除している。

(72)　キートス・メルシー「癒しを求めて～熊野古道と那智の滝～パワースポットでマイナスイオン」（二〇〇八年一〇月二五日）、〈https://4travel.jp/travelogue/10283144〉。

湧き水は飲用できる場合は、おいしさが強調される(b4)。ペットボトルで持ち帰り、飲んだり、身体につけたりするのに用いられる。このように、パワースポットに由来する水には癒しの効果が期待される。

B　光(日光)に関するもの、光を背にした木——生命力

太陽の光が当たる山の斜面、木漏れ日で光るご神木などは、光のエネルギーを持つと考えられている。

百間滝の場合、南斜面から眺めることになるので「陽の気」があると思います(b2)。きっと、この山全体から発せられるパワーを吸収するってことなのかなぁと、木々の間から見え隠れする太陽の光を感じながら思った(b6)。

以下は太陽をキーワードとする補足ブログで、場所は鞍馬寺である。参道は南東を向いた斜面で、投稿者は逆光のご神木の写真を掲載している。

愛と光と力によって私たちは生かされている。[略]参道はお清めの道。太陽の光、木々の緑、水の音や鳥の声。私は、木のエネルギーが好きなので、とても気持ちよかった。(73)

植物を育てる日光からの連想で、光あふれるパワースポットは人を元気にする効果があるとされる。〈夜明け〉の〈朝日〉にも大きな力が感じられている(b3、8)。

Ｃ　空気・温度・風に関するもの――気と神の所在

水場では湿気が多いため〈ひんやり〉と感じられる（ｂ1、８、９）。逆に日光が当たる場所はあたたかく感じられる。パワースポットではこの二つが入り交じっており、体感温度が場所によって異なる。それが、場所固有のエネルギーがあるという感覚をもたらす。〈優しくて柔らかい空気〉などとも表現されている（ｂ10）。風も体感温度を左右する。風の通りがよいところに出ると、〈清々しい〉〈空気が澄んでいる〉と感じられる。

ここに立つと穴を抜ける風にスーッと身体を包まれるような感覚を覚えます。坂を登って来た身体が嘘のように冷えて行きます。来て良かった（ｂ８）。

この「気」マークの前に立つと霊気がヒューヒューきます。こんなに気を感じたことはありません。とは言っても、これが本当に気なのか、単なる吹き降ろしの風が滝壺から上に上がってきているだけなのか［略］判別は付きませんが、、、（汗）（ｂ２）

このように「空気」の温度、湿気、当たる強さが「霊気」、スピリチュアルな意味での「気」を感じるという自覚につながる。だが、「気」を感知していると確信を持って主張する人は意外に少ない。風を神からのメッセージととらえる人もいる。以下は「風が吹いてくる」をキーワードとする補足ブ

（73）　turuhime_0「鞍馬山①」（二〇一〇年三月二八日）、〈http://peace345.blog.so-net.ne.jp/2010-03-28〉。現在は削除、二〇一七年一二月一七日閲覧。

ログで、場所は箱根の九頭龍神社である。

その時、「キュイーッ！　キュイーッ！」っという何かの音がしました！　おおっ！　龍神様だ！　龍神様の鳴き声に違いない！　そう思って龍神様を探しましたところ、その声は風に揺られて木々の枝がこすり合う音だと言うことが分かりました。なるほど、木々と風を使って龍神様がこの場所にいることを知らせてくれたんですね。(74)

D　自然の音――〈静かさ〉を際立たせる風や水の音

右の文章は風の音を竜神の鳴き声だと断定している。だが、そうだと信じ切っているわけでもない。木々の間を強い風が吹くことで音が鳴っていることも、書き手は了解している。このようにパワースポットの報告はメタファーで溢れている。先に引用したｂ２も、滝壺から上がってくる風を「霊気がヒューヒューきます」とメタファー的に表現している。音は風だけでなく、水琴窟の〈きれいな音色〉（ｂ１）、〈川のせせらぎ〉（ｂ９）など、水とも関連する。

日曜日だというのに、とても静か。誰もいない［略］。川のせせらぎの音で、都内の喧騒が全く聞こえません（ｂ９）。

水の音を感じるためには〈静かさ〉も必要である。逆に水の音が聞こえるということは、その場所が静かだということを示している。同様に風の音が感じられるのも、その場所が都会の喧騒から離れた場所だからである。自然の音と〈心安らぐ〉静かな場所であることは、不可分の関係にある。逆に〈観光客が多く賑やか〉であることも取り上げられている。

え？　ここは観光地？　まぁ良いですけど。縁結びで有名だからか若い女の子グループも凄く多かったです。（メディアの力、恐ろしい……）元々明るい神社なので厳かな雰囲気よりも賑かで（苦笑）、でも素敵な所ですよ（b7）。

書き手は神社が観光地として賑やかになることに「苦笑」するが、人が集まるのも〈縁結び〉パワーの証拠だととらえ返す。とはいえ、基本的にはパワースポットに〈静かさ〉を期待しているようだ。

E　圧倒的な風景——人間を超えた自然のパワー

日常では目にしない風景から、人間を超えた自然の圧倒的なパワーが感じられる。これは国内よりも、海外のパワースポットの感想でよく目にする。写真付きの投稿が多い。

癒しの空間、、、パワースポットとでもいうのでしょうか、それは、それは、癒されるのです。[写真]青い空と森林。[写真]川。[写真]ハーフドーム。[写真]大きな岩。[写真]滝。[写真]そして、それらの絶妙なバランスが本当に綺麗なのです（b3）。

(74)　達人 tabi「日本一のパワースポット？　富士山と芦ノ湖と箱根神社と九頭龍神社！」（二〇一七年四月二二日）、〈http://happy-rich.jp/wp/nihonichipowerspot/〉。

中社の近くにある三本杉。古い木(太い木)は、それだけで威圧感あります(b6)。

下記は「光景」をキーワードとする補足ブログで、場所は米国のセドナである。

オーククリークでの夕日は、まるで天使が舞い降りる宗教画の一枚を見ているような光景にただただ見惚れていました。(75)

また、神社の人工物が整然と配置された景観も、〈吸い込まれる〉、〈阻もうとしている感じ〉などと独特の印象を与え、その向こうに神的なパワーを感じさせている(b8)。

F　写真に写った「不思議な光」(フレア、ゴースト、オーブ)——パワーの印象と記録

逆光で写真を撮ると、光がレンズ面や鏡筒内で反射し、放射状に広がることがある。これをフレアと言う。とくに、絞り付近で反射し、絞りの形をした小さい輪が、光源と点対称に写る場合はゴーストと呼ぶ。これらを「不思議な光」としてパワースポット特有のものととらえる記述をよく目にする。

[写真]やはりぼけますね……　すごいパワーを感じました~(b1)

飛び散る水滴によるハレーションかもしれませんが、何か白い丸いものが映っています。ただ、水滴や滝を流れる水に太陽光が反射して起こるハレーション(別名レンズフレア)の場合、光がプリズムを通した時のような赤~紫色に分光化された光輪が映るものですが、この白色というのは分光化

されていない状態です。〔略、写真〕これがオーブというヤツでしょうか？〔略、読者のコメントに答えて〕ど〜も、このオーブは「神紋オーブ」といわれるもののようですね（b2）。

「オーブ」とは白く、丸く、比較的小さいが、中に模様のようなものが見えるものである。フラッシュ撮影をすると写り、一般的には空中の水滴やホコリが反射したとされる。書き手も「飛び散る水滴によるハレーション」と記しているので、光学的な説明を知っているようだ。それなのに、通常のフレアと違う不思議な現象だと意図的に強調している。

私が二〇一六年六月一四日に分杭峠を訪問した際には、湧き水を売る店に訪問者の写した「不思議な写真」を展示する掲示板があった（次頁写真8－1）。店主に私が撮影した同様の写真（次頁写真8－2、カラーは裏表紙）を見せると、よく写っていると賞賛され、送ってくれれば展示したいと言われた。近くで見た限り、フレアやゴーストの類いの写真ばかりであった。私の写真の場合、ピントや絞りを調節することで「不思議な光」の形状や大きさが変わるのをモニターで確認している。しかし、ドラマチックな光を写すためには、工夫が必要なので（太陽の位置、木漏れ日の量、写す角度、絞りの開け閉め、露出補正など）、撮影に無心で集中できた。分杭峠の撮影者たちや店主も、光学的説明を知りながら、自分が感じたパワーの記録として写真を共有し、それによってコミュニケーションをとっているように思われる。

（75）てんてん＠「パワースポットセドナ」（二〇〇五年九月三一—四日）、〈https://4travel.jp/travelogue/10040733〉。

写真 8-1

写真 8-2

メタファーの効用

以上のように、報告者の多くは、特別な霊能力なしに、水、光、風、音、風景、写真などから「パワー」を感じ取っている。それらが物理的刺激に由来する身体的感覚であることは了解している。しかし、パワースポットの報告文という物語の形式において、たとえば風を「霊気がヒューヒューきます」などと断定的に表現する。前後にはただの風でしかないと認める記述も付け加える。つまりメタファーや言葉遊びであることを自覚し、読者にもそれを示唆する。その利点は、⑴宗教のように自己の信念を読者に押し付けずにすむ、⑵詩的に提示することで読者を楽しませられる、⑶物理的刺激に由来するので誰もが感じられると読者に期待させられる、ということにある。パワースポットがマスコミに登場する以前から、このようなメタファー的表現による口コミが、多くの人をパワースポットに動員してきたと考えられる。

この他、自然放射線の「ホルミシス効果」（ｂ２）、「五〇〇〇ガウス以上の岩盤の磁気」（ｂ４）など、計測されるものを引き合いに出し、パワーの存在を示唆するものもいた。しかし、厳密には身体的感覚のカテゴリーには当てはまらないだろう。

誰もが感じやすい心理的効果

ここから先は、パワースポットが与える印象にもとづいて多くの人が体験できる心理状態の変化を取り上げる。

G　鎮静作用

〈癒される〉（ｂ1、3）という表現に代表される典型的な効果である。

ここもほんときれいな音色です！　癒されますよ〜（ｂ1）。

癒しの空間、、、パワースポットとでもいうのでしょうか、それは、それは、癒されるのです（ｂ3）。

ここでの〈癒される〉は病気が治るという意味ではない。ｂ1は音、ｂ3は風景と関係があり、他の〈気持ちが良い・心地よい〉（ｂ5、6、7）、〈落ち着く・安らぐ〉（ｂ9、10）、〈優しい気持ち〉（ｂ7）などの表現とほぼ同義で鎮静作用としてまとめられる。下記の投稿は「落ち着く」というキーワードでヒットした補足ブログで、場所は目黒不動尊である。

初めて訪れた時は身体中にピリピリ感が走り、、、都内にこんな偉大なパワースポットがあるのかと感嘆しました。静寂に包まれ、、、慈悲深い優しさと凛とした空気が溢れ、、、ただそこにいるだけで心が落ち着き、、、自分と向き合える空間の目黒不動尊。心洗われるパワースポットです(76)。

この事例では静寂、凛とした空気の身体的効果、ピリピリ感という超心理的効果が、「優しさ」「心が落ち着く」「心洗われる」という鎮静作用と結びついている。鎮静作用は、パワースポットの心理的効果のなかでも中心的なものだと言える。

H　覚醒作用

「パワースポット」は文字通りパワーが得られる場所である。実際、多くのブログは高揚感あふれる文体で書かれている。したがって、鎮静作用よりも覚醒作用の方が、心理的効果としては中心的になるはずである。だが、今回の分析の枠組では、不可視のパワーを前提とするために超心理的効果にカテゴライズされる表現が多かった。対象ブログの範囲では、心理的な覚醒作用を示す表現としては〈感無量〉（b3）、〈自然に微笑む〉（b7）などがあった。下記は「力がもらえた」という言葉をキーワードとする補足ブログである。場所は不明だが、神社境内の巨木がパワースポットとされているという。書き手は仕事に向かうための「パワー」を熱烈に欲して訪問し、感動のあまり涙を流している。

自分が思う〝最強のパワースポット〟に力をもらいに行ってきました。［略］強い決意と熱い想いを胸に行ってきました。ここに来ると必ずパワーをもらえます。［略］「御神木に祈る」「木に頭をつける写真」熱い想いがとめどなく溢れて。［木に両手で抱きつく写真］「御神木に泣きすがる」ｗ［略］一年半ぶりパワーをもらいました！　明日からまた必死に頑張ります!!!(77)

I　「不思議」な感じ

今回の対象ブログでは〈不思議〉（b2、4、6、7）という表現が多く見られた。その対象は雑多で、オ

(76)　luz de la luna「目黒不動尊、、、～パワースポット～」（二〇一八年九月二三日）、〈http://blog.luzdelaluna.jp/?eid=982〉。
(77)　シクラメン「〝パワースポット〟」（二〇一五年一月一八日）、〈https://ameblo.jp/shikura/entry-11978913100.html〉。

ーブ〈b2〉、ダウジングが回り、湧き水を使ったコーヒーが苦くない〈b4〉、気が得られそうな感じ〈b6〉、歩いているだけなのに微笑んでしまう〈b7〉などである。パワースポットは多種多様の〈不思議〉が起こる場所と認知されている。

一方、b8は〈人を近づけさせない神聖さ〉を強調し、単なる不思議な気持ちでなく、畏怖の念をも示す。「畏怖」をキーワードとする補足ブログには次のような記述を見出すことができた。言及されているのは伊勢神宮と、修験道の三霊山である。

あの静寂にして荘厳な雰囲気は、何か聖なるものが存在するかのような畏怖の念に捉われたものです。[略]計り知れない力を有する自然に対し、畏怖し、敬う、というのが古来日本人の宗教観、言うところの神道であり、それは修験道にも深いつながりを持っていたとされます。[略]畏怖し、敬い、あるいは厳しい修行をすることもなく、ただこのような地を訪れただけで、そもそもそういった自然の力なるものを得られる、などというのはごく常識的に考えてもあり得ないと思います。(78)

書き手は神道や修験道に思想的に傾倒し、自然の神への畏怖、修行を強調する。パワースポットという言葉を使っているものの、崇敬者や信仰者としての立場が強い。これに対して、鎮静効果の項で見たように、普通のパワースポット探訪者はもっとリラックスしながら、現地の自然によって癒やされている。彼らの一般的な気分は、どちらかと言えば神への畏怖よりも親しみであるように思われる。

J 「呼ばれた」という感じ――偶然によって可能となる訪問

パワースポットへの親しみやすさと関連するのが、場所に〈呼ばれた〉という観念である。

おー！　ここにも富士塚があります！　昨日も富士塚に遭遇したのですが……［略］なんか呼ばれているんですね〜（ｂ１）。

「呼ばれた」をキーワードとする補足ブログを探す過程で、奈良県の大神神社のある三輪山が、呼ばれないと登頂できないパワースポットとして評判を集めていることが分かった。

急用や天候悪化、病気やケガで予定がキャンセルになるそうで。それで呼ばれた人しか入山できない山と言われているそうです。［略］さて三輪山登拝は［写真］、台風の影響で入山禁止でした。あぁ御呼びではなかったのですね。(79)

大神神社は三輪山を神体とし、本殿はなく、拝殿の奥は山そのものとなっている。神体山は禁足地だが、参道から離れないことを条件に登拝が許されている。だが受付時間が短く、天候が悪いと入山が禁止される（私も午前中に参拝しようと訪れたが、入り口にたどり着くのに時間がかかり、午後の仕事を優先して登

(78)　ねずみ男「神社は安易なパワースポットではない…、としたら?・」（二〇一一年一〇月六日）、〈https://blogs.yahoo.co.jp/ueda9162/65150615.html〉。
(79)　あんさん「日本最大のパワースポット三輪山へ」（二〇一七年一一月三日）、〈https://ameblo.jp/aroundfifty50/entry-12325354358.html〉。

拝を断念した)。

またパワースポット・ブームは情報の流通によって支えられている。情報を得て、そこにたどり着いた人は、それを「偶然」と縁によって可能になったと考え、その背後に不思議な力を感じる。下記は「偶然」をキーワードとする補足ブログで、場所は御岩《おいわ》神社である。

最近夫は仕事で心身ともに疲れており、そんな時にパワースポットの話[御岩神社の評判]を偶然聞き、しかも自分に合っているスポットだということで…これはお邪魔すべき時なんだと思い本日向かったのでした。やはりご縁があったのか…調べて知っていたわけではなく、春と秋に二日ずつしか開かれない【回向祭】というお祭りの日でした。(80)

この書き手は誕生日から導き出される夫の属性とパワースポットの属性が同じで相性が良いことを知り、現地を訪問し、偶然にも特別な祭りに遭遇する。これらすべてが不思議な偶然によると解釈される。こうして、パワースポット訪問は、場所との特別なつながりとその背後にある意志——呼んだり拒んだりする——を認識させてくれる物語の一部としてとらえられる。

特殊な人が感じる超心理的効果

以上は、場所の印象から誰もが感じられる心理的効果である。しかし、場所の印象を、超感覚的知覚によって受け取ったかのように語る人もいる。ただ、科学的に説明できないパワーを完全に信じているのか、それとも場所の印象のメタファーとして語っているのかは断定できない。

K　電磁波とエネルギーのメタファー──「波動」を感じる、ビリビリする

パワースポットとは定義によれば「パワーが感じ取られる場所」である。したがって、〈パワー〉〈力〉に言及しているブログは多い(b1、2、3、6、10)。関連語としては、気・霊気(b2、5)、磁気・磁力(b2、4)、エネルギー(b5、10)、波動(b2)、ビリビリ(b5)などがある。これらの語の連関から、探訪者たちは〈パワー〉を電磁波のメタファーでとらえていると考えられる。〈霊気〉は霊魂や神霊を想像させるが、それが作用を及ぼす仕組みも、電磁波が伝わるのと同じようなものだととらえられている可能性がある。

今日の科学では、光は何らかの媒質による波動だという波動説が確立されている。また、エネルギー概念は、力学的仕事をなす能力だけでなく、熱・光・電磁気・質量なども説明する。すべての現象を「エネルギー」で説明することも可能である。しかし、「木の持つエネルギーで元気が出た」という表現は、物理的な因果関係が成り立たないので科学的には正しくない。

同様に、パワースポットから「エネルギー」が発散され、感じることができるという信念は、疑似科学に近い。しかし、光・水・温度・風・音による身体感覚や心理的印象を、細かい説明を端折ってエネルギーというメタファーで説明することは、それがメタファーであるという相互了解があれば無意味とは言えない。もちろん、エネルギーが神や精霊から実際に発散されているという説明であれば、実証困難な存在を原因とする超心理的効果の主張になる。メタファーなのか文字通りの現実なのかを曖昧にし

(80)　ko_o_ly「パワースポット　御岩神社へ」(二〇一七年四月一七日)、〈http://kooly.blog.jp/archives/1465463.html〉。

ながら、パワースポットに関心のある人たちの間では、場所のパワーが電磁波やエネルギーであることを前提とするコミュニケーションが成立している。これがパワースポット言説の特徴である。

下記は「ビリビリ」をキーワードとして検索した補足ブログで、場所はハワイのオアフ島である。

霊感はまったくなく、どちらかというと鈍感な方。パワーを感じられるか半信半疑でしたが……すごいです。ビリビリ感じます。［略、写真］ワヒアワ・バースストーンズ。ちょうど木が密集したあたりに石がごろごろしています。そこに向かう途中からすでに手にビリビリとすごい力を感じました。(81)

投稿者は科学的に説明できないが霊感で分かるようなパワーの存在を主張している。その意味で、身体的効果、心理的効果とは異なる超心理的効果を主張していると特徴づけられる（なお、私は超心理的効果の有無を判断する立場にはない。ただ、訪問者の間でそれが信じられていることを示すのみである）。

下記は「波動」をキーワードとするものである。場所は伊勢神宮の内宮のなかにある「荒祭宮」である。

この矢印［荒祭宮と書かれた方向を示す看板］が出てきてから、私は息苦しくなってきます。もうエネルギーが強くて強くてクラッとするんです。どうも私は、エネルギーが強いところに行くと、目の奥からクラッとし始めて、全身がクラクラするようになるんですよ。［写真］ぜひ、行って見てください。ここは超パワフル!!! ［写真］自分の波動が一気に上がる感じです。(82)

L　否定的反応——浄化、デトックス、好転反応としての苦しみ

右の引用には、息苦しい、クラクラするという否定的効果が見られる。これについて投稿者は次のように説明している。

> 高い波動のエネルギー(ヒーリング)を浴びると、先にネガティブなものが出て来ることがとっても多いんです。デトックスという浄化ですね。プラスのエネルギーを浴びると、自分の中に溜まっていた(自然と蓄積された)ネガティブなエネルギーが、押し出されて、少しの間、ネガティブを味わうんです。それから徐々に、プラスになって元気が出るんですよね。[(83)]

このように、高い波動のエネルギーによって自己の内部の毒素が表面化し、デトックス(解毒)するとか、否定的に見える反応は実は浄化作用だという説明は、レイキなどのヒーリングを実践している人に見られる。投稿者も自らを「スピリチュアルセラピスト」と称している。気功を実践する人の間では「好転反応」という言葉もよく使われる。これは「身体的効果」に含めてもよさそうだが、気分を悪く

(81)　Moreska「オアフ島パワースポット巡り」(二〇一〇年一二月二〇日)、〈https://4travel.jp/travelogue/10433021〉。現在は削除、二〇一七年一二月一七日閲覧。

(82)　碇のりこ「波動が一気に上がる。道を拓く開運パワースポット」(二〇一七年一〇月二日)、〈https://ameblo.jp/noriko-happy-life/entry-12315733082.html〉。

(83)　碇のりこ「高い波動のエネルギーやパワースポットに行くと起こること」(二〇一七年一〇月一四日)、〈https://ameblo.jp/noriko-happy-life/entry-12319450919.html〉。

させるほど強すぎる「エネルギー」を感じたという主張なので超心理的効果に入れられる。このような否定的反応は悪い霊的な影響によるという意見もある。

有名所は色々な人が多く訪れますので、そのぶんネガティブエナジー(邪気)の影響も受けやすいのです。パワースポットに行ったら逆に疲れてしまった、というときは誰かの想念に「憑かれ」ているかもしれません。[略]ネガティブエナジーの影響下にあるときには、本来の自分とは違うような感覚になって反応的になるかもしれません。[略]エネルギーが上がって好転反応が出ている時は、[略]試されるような出来事が発生します。(84)

このような意見は、有名なスポットでパワーを受け取ろうとする態度を批判し、パワースポットで自分の身に起こる反応を敏感に観察し、正しく解釈することを特権化する言説となっている。

M　超感覚的知覚――霊視か、瞑想状態でのイメージ体験か

パワースポットがスピリチュアルなエネルギーや存在で溢れているならば、普通では感覚できないものを知覚するという体験(超感覚的知覚)があってもおかしくない。しかし、実際にはそのような報告は少数で、対象ブログでは二つだけが該当する。

大きな木がまるで鳥居のようでもあります。不動明王をはじめ、この日のメンバーと同じ六体の仏様がおりました(b5)。

参加者の中で天河に行ったことがあるのは唯一この三人だけ［母親と思春期の息子と娘］。兄妹は霊感体質のため、神社によっては立ち寄れない所もあるそうなんですが、天河神社は大絶賛。［略］で、天河の神様から「静かに来てくださいね。」ってメッセージが入ったらしいです。［略］そして順番に参拝している最中に霊能者M親子のお兄ちゃんがこっそりと私に「祭壇のお供えの前に神様が立って、じっと僕たちを見てるよ。」「！！！！！」小六の妹ちゃんにも確認したら、彼女にもやっぱり見えるらしい。髪の長い女の神様が立って見つめていらっしゃるとか。。。おまけに彼女に話しかけてくれたそうです。「元気だった？」って（b10）。

どちらの投稿にも共通するのは、職業的な霊的治療実践に関わっている人が集団で出かけていること（b5は開運スピリチュアルコーチ、b10は大宇宙エネルギー療法師）、その場で感じたことを共有していることである。霊的な存在を信じ、関わり続けている人が、複数で同じ場所を体験すれば、その分、霊的な存在が見えるという報告が出る確率は高くなるということなのだろう。

明確な「霊視」でなくても、ある種の瞑想状態で歩行を続けるうちに、イメージが湧いてくる体験もあり、これと霊視との境目は曖昧である。下記の投稿は「空気」をキーワードとした検索の際に見かけたものだが、不可視のものを見ているような報告である。場所は三輪山である。

六合目を超えたあたりで、ふっと空気が軽くなる。光がキラキラと舞い踊り、内側から樹木を輝

（84）　高橋久美「パワースポットの危険性と注意点について」（二〇一七年七月一三日）、〈http://globo-site.com/power-spot/〉。

かせているようで、どこまでも登っていきたくなります。その空気に浸っていたい。［略］そして頂上には、ゴロゴロと置かれた黒い石たち。そこに光の柱が立ち込めて、下界に満ちてゆく。転がった石たちがまるで波動変換器のようです。無造作に転がっている石の配置に、意志があるとしか思えない。うつくしい金色の光が、そこを通過することで、生命力に満ちた緑の光に代わってゆく。(85)

この文章は、葉の照り返しや石の反射光を詩的に表現しているのか、それとも瞑想的な登山のなかで気持ちが高まることで湧き起こったイメージを記述したものなのか、それともエネルギーの超感覚的な幻視を証言したものなのか不明である。

この投稿者と同様に、多くのパワースポット探訪者は、パワースポットで自分に起こっている身体的感覚と心理的状態の変化とを、瞑想状態（参拝、登拝、木や石に触れる行為によって引き起こされるものを含む）において総合して、超心理的な認識として構成し、パワースポット探訪者に共有されている言葉を用いて詩的なイメージとして表現している。そのパターンがネット上で共有され、体験の再生産と流行に繋がったと考えられる。ここでは、体験を記述する言語が体験を構成するという循環が見出される。

効果を確かめられない現世利益

パワースポット・ブームを牽引した『島田秀平と行く！　全国開運パワースポットガイド』の目次には恋愛運、結婚運、健康運、金運、ギャンブル運、仕事運の上昇という現世利益が並んでいる（島田 二〇一〇）。

しかし、「現世利益」でブログ検索をすると、宣伝、または噂をまとめたブログ風の記事が多い。対象ブログでも、伝聞を紹介しているものばかりである。少なくとも対象ブログの書き手は現世利益を目的として訪問していなかった。また、訪問で現世利益を実感したものもほとんどいない。ｂ７は、縁結び目的で若い女性が集まるのを冷ややかに見ていた。

冒頭で紹介したＤｅＮＡトラベルの調査では、パワースポット訪問の目的は、「エネルギーをもらう」が八〇・九％、「癒し」が五七・五％と多く、現世利益に当たる金運は三八・四％、健康運は三五・三％、仕事運は二八・〇％、恋愛運は一六・六％と少ない。実感した効果についても同様である。「効果はわからないが好き」と実感した人は三七・八％で、恋愛運の効果を実感した人は五・〇％しかいない。パワースポットの現世利益の評判は、宣伝のための情報が実態のないまま話題として流布した結果だと言えそうである。

試みに多くの女性が縁結びの祈願で訪れている東京大神宮を例とし、ツイッターで「東京大神宮　彼氏ができた」で検索すると、以下のような投稿が見つかる。(86)

わたし東京大神宮にお参りして三ヶ月で彼氏できた(*^^*)。それが旦那になりました(♡˃ω˂♡)(二〇一六年三月二三日)。

東京大神宮、五回行ったことがあってそのうち三回直後に彼氏ができた。でも結局三回ともお別れしてしまっている(二〇一七年八月二九日)。

(85) terasumonmoku「奈良・パワースポット巡り。三輪山、橿原神宮〜」(二〇一六年六月一四日)、〈http://artandlove.exblog.jp/25703123/〉。

(86) 投稿者のＩＤや投稿のＵＲＬはプライバシー保護のために省く。検索日は二〇一七年一二月一日である。

だが、「彼氏ができた」ことが祈願によるのか、因果関係を確かめられない。祈願しなかったら、彼氏ができなかったのかを確かめることも不可能である。実際、誰もが恋愛成就するとは限らない。

元日に東京大神宮で良縁祈願した同期がもう彼氏できたとのことでご利益半端ないです。一緒に行ったのにな……おかしいな……(二〇一七年一月三〇日)。

結局、彼氏が欲しいという願望が強い人は、パワースポット訪問と関係なく彼氏ができる可能性も高く、そのような人に彼氏ができると「ご利益があった」と認知されるようだ。そのことを醒めた目で見るユーザーもいる。

東京大神宮にお参りしたら彼氏ができたというツイートをたまに拝見するのだが、彼氏を作るためにわざわざ参拝する、そしてそれをツイッターで公開するという「アクションを起こすことのできる人」だからだろう(二〇一七年四月八日)。

訪問者には、現世利益を引き寄せるような積極性がすでにあるという指摘である。逆に、パワースポット訪問によって願望実現に向かう前向きな姿勢がさらに強化されることも考えられる。

2　現世利益と心理利益の関係性

東京二三区の住民を対象とする呪術意識の調査によれば、神仏に「祈ればかなう」と呪術効果を期待する人が三二・三%だったのに対し、願いはかなうはずがないが「心が安らぐなら意味はある」と心理効果を認める人が五七・四%だった。ただし、若い女性ほど、また神仏や霊の存在を信じる人ほど呪術効果を期待するという（荒川 二〇一〇）。したがって、頻繁にパワースポットを訪れるような人の場合、文字通り祈願による現世利益を信じている可能性も高い。しかし、この調査では、「祈ればかなう」と「心が安らぐ」を重複回答することが許されない。理論的には、「祈ればかなう」と答えるものの「心が安らぐ」ことにも重点を置く人が存在するはずである。これまで本章で示してきたように、パワースポット探訪者は、その場で感じられる新鮮な空気や木漏れ日や水場の湿り気を満喫し、それを通して自分の心理状態が安らいだり、前向きになったりすることだけでも効果、すなわち「利益」を得ている。また、こうした心理的な利益を得ているのだから、願望が成就しなくてもパワースポットを訪れなくなるとは考えられない。願いがかなわなくても「心が安らぐなら意味がある」と答える人の中には、心の安らぎを求めてパワースポットを訪問する人もいるだろう。

今日では、自分だけの御朱印帳を持参し、神社を自分なりのテーマを持って巡礼する人が増えている。[87]

(87)「女性に大ブーム中！　お寺や神社巡りが楽しくなる「御朱印集め」の魅力とは？」、『ＡＮＧＩＥ』（二〇一七年六月一七日）、〈https://www.excite.co.jp/news/article/Angie_240536/〉。
また、私は神社側が巡礼のための御朱印帳を頒布しているのに、参拝者はそれとは別の自分専用の御朱印帳を取り出しその場合、現世利益だけが直接的な目的だとは言えず、パワースポットあるいは「聖地」を訪れ、記録を残すこと自体が喜びになっているのだろう。私は、御朱印帳を数多く扱う店舗(寺社に付属していない)の店員に御朱印帳を集めることにどのような「ご利益」があると考えられているかと質問したことがある。すると「神仏とのご縁が深まるだけで、ご利益を求めているわけではない」という回答が得られた(東京、一七年二月七日)。

私が取材を受けた毎日新聞の記事「現代女子論(第一七講)パワースポット」(一四年七月二五日)では、恋愛成就に効くと言われる出雲大社を中心とするパワースポットへのバスツアー「パワースポットバス」に記者が同行し、様子を伝えている。

美和さんは一年ぶりの出雲旅行という。「毎日、仕事に追われて疲れて……。パワースポットに来るのは、「気持ちを切り替えよう、変わろう」としている自分をサポートしてくれる力を、勝手に感じているのかも」。[略]裕美さんは、須佐神社を出たところで、すっきりした顔で言った。「迷いが吹っ飛んだ。自分を信じようと決めました」。これからも相手を愛し続けるという。

ここで希求されているのは、「気持ち」を変えようとする自分を支える力であり、訪問を通して得られたのは、迷いが消え、恋愛の相手を愛し続けるという決意である。つまり、表面的には「現世利益」を求めているように見えて、実際には願望を実現するのにふさわしい「心」を求めている。その場で心が前向きに整い、失恋へのとらわれがなくなるとか、自分の気持ちに素直になるなどという、心理的変化、いわば「心理利益」を受け取っているのである。極言すれば、客観的な幸不幸よりも、心理的な幸不幸の感覚の方が重視されている可能性もある。

たとえば、上記の引用の「裕美さん」は、長年思い続けている相手の返事を待ち続けているという。しかし、「迷いの気持ち」という不幸な状態が、パワースポットを訪れることで「相手を愛し続ける」という前向きな気持ちに転じた。意中の相手と結ばれないという客観的状況は変化していない。その前の美和さんも、「毎日、仕事に追われて疲れて」という客観的状況は変わらないだろう。しかし、「気持ち」を切り替え、変えてくれる力を、パワースポットで感じている。彼女たちにおいて、恋愛運、仕事運の開運とは、客観的状況の改善ではなく、恋愛や仕事に向かう自分の「気持ち」の改善を意味していると言える。それは外面的には現世利益を求めた参拝行動という形を取るが、内面的には人生の問題のとらえ方や取り組み方を改善するという意味で「心理利益」を受け取っているのである。

まとめると、心理利益とは、問題が客観的に改善しなくても、主観的な心の状態が良くなり、前向きになること、問題を肯定的に受容し、積極的に取り組めるようになること、やがて願望を実現するのにふさわしい強い思いを持てるようになることを指す。それは未来の願望成就（現世利益）の心理的な先取りである。スピリチュアルな実践をしたことで心理利益が得られるだけでも実践者は満足できるようになり、突き詰めれば実践そのものが報酬となる。おそらくは、自分がそのような心理利益を得ることで、周囲の他者、ひいては宇宙にも良い影響（利益）を及ぼすと考えられているのだろう。

て朱印を集めていることを、二〇一六年六月一三日に戸隠神社で、また一七年二月七日に東京大神宮で確認している。

3　コーエンのツーリストの現象学との比較

この節では、観光研究で古典的となったエリック・コーエンの観光客・旅行者 tourist の現象学を参照しながら、本研究の知見を考察したい。観光研究は、伝統的な宗教的巡礼と近代以降の観光とを比較し、その異同を確かめ、旅行という儀礼の構造を分析することを一つの課題としてきた。コーエンによれば、旅行者には五つのモードがあるという。(1)まず大衆観光を楽しむ娯楽 recreation モードで、一時的に日常生活から離れるが、最終的には自らの文化的中心への帰属を強化する有意味な逸脱である。(2)それに対して、気晴らし diversionary モードは無意味な逸脱を特徴とする。(3)体験 experiential モードは、部外者として現地の生活の真正性 authenticity を尊重し、観察する態度である。(4)実験 experimental モードは、様々な文化を比較しながら取捨選択し、オルタナティヴな真正性を探求する。(5)最後の実存 existential モードは宗教的巡礼と近いが、主流とは異なるスピリチュアルな中心に完全にコミットする(Cohen 1979)。このコーエンの類型をパワースポット探訪者に当てはめるなら、まず実験モードの探訪者が、神道にこだわらず複数の文化的伝統のパワーを折衷するオルタナティヴな真正性を構築し、パワースポット概念を創造したと言える。それがポピュラリティを獲得するにつれて、神社信仰という文化的に真正な中心への帰属を確認する有意味な逸脱を目指す娯楽モードの旅行者を増やしていった、ということになるだろう。

一方、コーエンは、娯楽的旅行者は他者の文化を楽しみながら探求し、それが作り物の文化的所産であっても遊びの態度で享受するとし、真正性の基準が広いとする。それに対して、体験的旅行者は異文化尊重のため厳密な真正性の基準を持っているという。また、実験的旅行者は様々な選択された中心を試してみるにもかかわらず、真正性の基準に関しては厳密だという(Cohen 1988)。観光研究では大衆観光と真正性を求める個人観光が対比させられるが、コーエンはその違いを、旅行者が考える「真正性」の広さ、狭さの違いでしかないと考える。つまり、真正性は解釈に委ねられており、真正性と商品化の違いは相対的なものでしかない。

このことは、パワースポット現象は真正な神祇信仰からの逸脱だとする先行研究の議論を相対化する。つまり、何が真正であるか、本来的であるかの解釈が複数あり、同じパワースポットにも複数のモードの旅行者・観光客が重層的に訪問しているということである。

4　大神神社をめぐる重層的な真正性
――神祇信仰・現世利益・自然崇拝――

ここで山そのものを御神体とし、パワースポットとしても名高く、かつ様々な神話を持つ大神神社を例として、どのように複数の真正性の解釈が共存するかを示そう。まず、神社側は、公式サイトなどで山そのものが神だという自然崇拝のユニークさを強調しつつも、国創りの神である大物主大神をはじめとする神々が鎮座しているという神祇信仰を前面に出す(88)。

だが、私は二〇一〇年四月二五日に訪問した際、農業・工業・商業など人間生活の守護神であるとい

(88)　三輪明神大神神社、公式ホームページ、二〇一四年、〈http://oomiwa.or.jp/〉。

う説明を現地で目にし、創造神というより現世利益の神として受け入れられていることを確認した。境内には至る所に、卵と酒が奉納されていた。現地の人に聞くと、大物主神は蛇の神なので卵を喜ぶと言われ、ネット上でも境内に出現して卵を食べる蛇の写真が見られる(89)。しかし、蛇の神であるという記述は神社の公式サイトには見られない。

参拝者の様子は奈良県の他の観光寺社と比べて極めて真剣で、手を合わせたまま数分も動かずに祈っている人が複数いた。三輪山は盆地の東側、太陽が昇る方面にあり、参道は光がさんさんと照らす森という様相を呈していた。参拝者の数が多いにもかかわらず、彼らの態度から観光地という印象は受けず、「清らかで真剣な訪問者を集めるパワースポット」という印象を受けた。しかしながら、参拝者の様子をその日に面会した現地在住の宗教学者に話すと、「商売の神様だから、真剣に祈願しに来る人が多い」と言われた。祭神に現世利益を祈願することは、崇敬者にとっては不真面目な行為ではなく、生業に根ざした真剣な信仰に裏打ちされた行動と考えられていることに気づかされた。

さらに私は数日後の二〇一〇年五月六日に「大神神社」を検索語としてブログを検索した。ヤフージャパンのブログ検索（複数のブログを検索するサーチエンジンだったが、現在は終了）とＳＮＳの mixi 日記で検索上位から一〇件を拾った。合計二〇件のブログのうち、一〇件は報告のみで内容の記述が乏しかった。残り一〇件のうちパワースポットへの言及は六件、心理的変化への言及は五件、ご利益への言及は四件、ヘビへの言及は三件だった。パワースポットに言及しているもののなかでご利益にも言及しているのは一件のみだった。パワースポットだという評判を聞き、出かけ、山登りで疲れたが、心理的あるいはスピリチュアルな意味では神体山からパワーを得て元気になれたという記述が典型的で、ご利益とヘビへの言及は半数に及ばない。つまり、遠方から大神神社がパワースポットであると期待して訪問をネットに報告するような人は、現世利益に関する情報を目にしてもほとんど注意を留めていないのである。このように、神社側の神祇信仰、現地で観察される真剣な現世利益追求、ネット上で情報を共有する自然崇拝型のパワースポット愛好が、大神神社という同一の場所で併存しているのである。

コーエンの類型論に当てはめれば、神社側は神祇信仰を真正のものとするので宗教的巡礼を範とする。現地の崇敬者は蛇神への現世利益的な信仰を真正のものとする。神社での現世利益祈願は娯楽型と見なされがちだが、当事者は真剣な様子である。パワースポット探訪者は自然あふれる境内からパワーを得ることを真正とするが、大神神社だけにこだわっているわけではないので実験モードと言える。だが、このオルタナティヴな真正性の探求を前二者は新奇な娯楽型の流行とし、真正のものとは容認しないだろう。

島田秀平の本に見られるように、多くのパワースポットガイドは、祭神を紹介し、その逸話から現世利益を説明する。そして、来訪者は現世利益を目的としているように見える。しかし、効果をその場で確かめることはできず、身体的効果、心理的効果から、固有の心理利益を受け取っていると考えられる。実際、パワースポットを意識する来訪者は現世利益にほとんど注意を寄せていなかった。したがって、コーエンの言う娯楽モードが目立つものの、核にあるのは実験モードの旅行者だとすることができるだろう。パワースポット体験は、先行研究の指摘する通り、神祇信仰からの逸脱ではある。だが、パワースポット探訪者は、鎌田東二の主張に見られたように、複数の神社にまたがる自然崇拝の実践にこそ、神道の本来の姿、あるいは神道を超えた真正性を見出していると言える。

（89）　https://twitter.com/maruetsu55/status/772068514576207872

5　パワーの脱文脈化と一般化

結局、パワースポット訪問と「パワー」の享受は、先行する宗教的巡礼とどう異なるのか。参拝という行為自体からは、両者を外見的に区別できない。しかし二つの新しさがある。第一に、場所そのものの「パワー」が脱文脈化されている。つまり、現地の文化を知らなくても、地域の集団に属さなくても、また宗教的儀礼に参加しなくても、場所のパワーだけを切り取って、個人的に享受することが可能だと考えられている。参拝そのものより、たとえばご神木のパワーを受け取ることが第一目的となりうる。海外のパワースポットの場合、ネイティヴ・アメリカンの聖地のように一度破壊された先住民の文化が過度に単純化され、創られた「伝統」として提示され、その聖地のパワーをつまみ食いする形態の観光が成立する。これはコーエンの言う実験モードだが、日本の神社パワースポットの場合、最終的には生業の待つ文化的中心への帰属の強化に向かうので、外見的には娯楽モードの観光になる。

第二の新しさは、修験者や霊術家や巫者《ふしゃ》などの少数者が実践してきた、呪力や霊験などの「パワー」を獲得する行為が、観光化によって普通の一般人に開かれたということである。パワースポット観光は、先達に師事して、歴史や伝統に則って特殊な実践を経てやっと日常的生活空間に回帰するという修行や巡礼とは異なる。一般人が、マス・メディアやソーシャル・メディアやパーソナルなコネクションを介して情報を得て、便利な交通手段に頼って、一時的にその場所に浸って、比較的早く日常に回帰することが可能になっている。

この二つ――パワーの脱文脈化と一般化――は相互作用し、またその相互作用はインターネットの普及によって加速する。普通の個人による「パワー」体験が、言語化され、パターン化され、互いにコミュニケートされ、観光地のコンテンツとして社会的に構築される。目に見えない気や霊的なパワーは、従来は超能力者や霊能力者や気功師だけが感じるものであった。実際、パワースポットの評判は、このような特殊な能力者が「パワーを感知した」と宣言することから始まる。しかし、それはすぐに普通の人によって追体験可能なものとして、流通していく。彼らは光や水や空気に関する誰でも得られる身体的感覚を基礎として、活力や癒しや不思議さを印象づけられ、それをパワーやエネルギーや波動といった言葉で表現し、パワーからは現世利益よりも心理利益を得ている。そうして、あとから同じ場所を訪ねれば、ある程度の確率で誰もがパワーを感じられるという信念が共有されたのである。

このような現象は、明治以降に成立した神話中心の神祇信仰に回収されない個人主義的な自然崇拝として特徴づけられる。これは先行研究の指摘する通り、神祇信仰からの逸脱と言えるが、先に紹介した鎌田などは、より古い神道の自然崇拝とし、むしろパワースポット探訪の方を真正のものとするだろう。パワースポットの隆盛は、近世から続く巡礼と観光や山岳修行などとまったく無関係の、現代的で新奇な流行と片付けられるのかどうか。性急な結論は慎むべきだろう。また、パワースポットが神社に集中することがナショナリズムに向かうのか、それともナショナリズム的な神道とは異なる何かがあるのか。神社そのものを特定民族に専有されない聖なる場所として開く力（パワー）が働いているか。自然志向のパワースポット探訪者はいかなる政治的傾向を持つのか。たとえば原子力発電（核のパワー）を推進する政権（国のパワー）にどのような態度を取るのか。それらのパワーを賛美するのか、それとも自然や国土を破壊する暴力（荒ぶるパワー）として批判するのか。このような問題は、今後の研究に委ねなければならない。

現世利益	著　者	タイトル	日　付	リンク
かえる石	JACK	パワースポットシリーズ！　稲荷鬼王神社！	2010/7/25	https://blogs.yahoo.co.jp/otabe017/34362744.html
	ヤッズ★	百間滝	2009/12/20	http://aioi.blog6.fc2.com/blog-entry-1341.html
	コーヒー親父	カルフォルニアのパワースポット	2009/7/19	http://primusyokoteten.seesaa.net/article/169256665.html
体質改善（病気治癒），出会った女性の奇跡的治癒，信じるものは救われる	辻褄正志	日光三依のパワースポット・磁気の森湧水庵	2009/7/19	http://fifabakutyouou.cocolog-nifty.com/nikkousannsou/2009/07/post-4ac2.html
祭神，ご利益，良縁，子授け，子育て，運試しの鳥居	奥原朱麗	パワースポット　日光　その１　～滝尾神社～	2010/5/22	https://ameblo.jp/shuri-11556/entry-10541708970.html
	JPSC	戸隠探訪	2010/10/23	http://blog.livedoor.jp/jpsc/archives/cat_50043720.html

表 8-1

ブログ番号	場　所	身体的効果	心理的効果	超心理的効果
1	稲荷鬼王神社(東京都)	(写真が)ぼけて…パワーが強いところの証拠，(水琴窟の)きれいな音色，人もいない	呼ばれて，ひっそり，癒やされます	超不思議，霊感がないのに何かを感じる，こわい感じ
2	鳳来山東照宮百間滝(愛知県)	自然放射線のホルミシス効果，風が滝壺から上がっている(気と関連)，写真にオーブ，神紋オーブ，ヒンヤリ感		気功　気のパワー，霊気，波動に鈍感，南斜面から眺めることになるので「陽の気」がある，北側の滝壺の下は陰の気，気場浴
3	ヨセミテ国立公園(カリフォルニア州)	澄み切った空気，(景観の)絶妙なバランス，夜明け，肌寒い	癒される，感無量	本当に力が入ってくる
4	湧水庵(栃木県)	湧水，水の旨さ，コーヒーがまろやか，5,000 ガウス以上の岩盤の磁気，ダウジングが回る，眺め	有り難い，不思議な所	磁力水
5	滝尾神社(栃木県)	清々しい，写真の岩の形が高僧のような姿	呼ばれて，気持ちが良い	独特の気，浄化，癖のあるエネルギー，6 体の仏様が見えた，手がビリビリする，重たい気
6	戸隠神社(長野県)	空気が澄んでいる，山道は綺麗，樹間から太陽の光を感じながら山全体から発せられるパワーを吸収，三本杉の威圧感	気持ちが良い，楽しいところではないが不思議なところ	パワーを得られる気がする，力を吸収できるような気がするのは気のせいではない

現世利益	著　者	タイトル	日　付	リンク
恋愛・仕事・健康・結婚・家庭運，椿の形のおみくじ，滝の写真を待ち受けにすると恋愛運がアップ	エマ	スピリチュアル？	2010/5/22	http://yaplog.jp/k-silver_bells/archive/369
	釣り三昧日記	究極のパワースポット！　高森の上色見熊野座神社に行きました	2010/9/29	http://blog.goo.ne.jp/kumamoto-amakusa/e/e37c9847f5daecb36b1e935dec259b1d
	sinkanJko	パワースポット～等々力渓谷～	2010/2/23	http://d.hatena.ne.jp/sinkanJko/20100223
参加者の一人が修理に出そうと思って持っていたウォークマンが旅の帰りに修理に出すと直っていた	美来	第二回パワースポットツアー「天河神社」の報告	2010/3/18	http://uchu.at.webry.info/201003/article_2.html

ブログ番号	場　所	身体的効果	心理的効果	超心理的効果
7	椿大神社（三重県）	明るい神社，観光客が多く賑やか，神社関係者の方が皆挨拶してくれた	心地よい，優しい気持ち，自然に微笑む，不思議	頭痛と肩こりが境内を歩いている間だけ消えた，ヒーリング
8	上色見熊野座神社（熊本県）	長い参道で吸い込まれるよう，急な坂が阻もうとしている感じ，100 基近く石灯籠が壮観，近づくのを拒むように整然，朝日がまぶしい，身体が冷える，スケールの大きさ	人を近づけさせない神聖さ，風にスーッと身体を包まれるような感覚，来てよかった	
9	等々力渓谷（東京都）	静か，お線香の香，川のせせらぎ，マイナスイオン，ひんやりした空気，滝	心安らぐ雰囲気	
10	天河神社（奈良県）	優しくて柔らかい空気が漂っている	妙に落ち着く，喜多郎の曲のおかげで涙があふれる	天河の神様から「静かに来てくださいね」と訪問前にメッセージ，霊能力のある子どもが「祭壇のお供えの前に神様が立って，じっと僕達を見てるよ」という，別の子どもにも髪の長い女神が見つめているのが見え，「元気だった？」と尋ねられる

第九章　サブカルチャーの魔術師たち——宗教学的知識の消費と共有

1　「魔術」への関心の高まり

特定の宗教組織に強く関与しない個人によるスピリチュアリティの探究は、二〇〇七年をピークとするスピリチュアル・ブームのあとも続いている。ここで言うスピリチュアリティとは、「目に見えないけれど感じられるものへの信念とそれを心身の全体で感じ取ろうとする実践」を指す。スピリチュアル・ブームとは、江原啓之のテレビ出演などに伴い、スピリチュアルなものへの関心が高まり、それについての情報が多く流通するようになった現象を指す（本書第三章）。江原がテレビ出演を控えるようになったあとも、〇九年以後には「パワースポット・ブーム」が訪れた。やがてパワースポット・ブームは、伊勢神宮や出雲大社の遷宮の年であった一三年にかけて「神社ブーム」の体をなしていった（第七章）。

これらの「ブーム」ほどマス・メディアで取り上げられないが見逃してはならないのは、サブカルチャーにおける「魔術」への関心の高まりである。本章はこのことを探索的に記述することを目的とする。ここで言う「魔術」は英語で言えば「magic」であるが、それに対する訳語として宗教学で定着している「呪術」とは区別される。グーグルを使った検索(二〇一四年一月二五日)では「呪術」が三四〇万件ヒットするのに対し、「魔術」は二六四〇万件で圧倒的に多い。なお「スピリチュアル」は一九六〇万件であり、「呪術」より多いが「魔術」に及ばない。このことからも魔術への関心の高さがうかがわれる。

「呪術」については、宗教学や文化人類学の定義にのっとった用法も見られるが、漢字から連想したのか「呪いの術」という意味での用法も見られる。それに対して「魔術」は、ルネサンス以後に体系化した西洋近代魔術と関連づけられ、ライトノベルやマンガやアニメの物語の構成要素として用いられる例が多い。それについては次の節で詳述する。

筆者も取材を受けた新聞記事だが、『中日新聞』の「異界探訪 サブカルチャーと若者——「魔術」と絶妙な距離」(宮川 二〇一二)によれば、愛知県美術館で「魔術/美術」展が開かれ、関係者の予想の二倍近くの約二万七〇〇〇人がおとずれ、一三〇〇冊の図録は会期途中で売り切れたという。この展覧会は、「魔術」を下敷きとする幻想的な絵画を中心としたものだったが、通常と比べて若い世代の来場者が多く(四割が二〇—三〇代)、「黒を基調にフリルなどを施したゴスロリファッションで着飾った女性たち」もいたという。だが展示作品は、西洋近代魔術をイメージして陳列されてはいるものの、それと直接的関係はないようである(記事にはエッシャー、宮島達男、ルドンの名前がある)。そこにゴス・カルチャーに属する人々も集まったことで目を引いた形である。

ゴス・カルチャーは一九八〇年代英国のゴシック・パンクから出たと言われるが、日本ではその影響がビジュアル系ロックに流れ込み、様々なサブカルチャーと混淆しながら独自の発展を遂げた。源流と言われるゴシック・パンクにしても、さらに古いゴシック文学やドラキュラ映画をイメージの源泉としている。その関連で英国ではヴァンパイア・カルトも発生した。また、音楽上のスタイルとしてのゴスは、パンクに加えて従来からサタニズムと関係のあったヘヴィ・メタルの要素も取り入れている。今日ではオルタナティヴ・ロックの一ジャンルとして認知されているものの、作品のなかにはオカルト的、ペイガン的な要素を匂わせるものもある（Yaso 夜想 二〇〇三、Nelson 2013、Groom 2012）。このようなゴス・カルチャーに関心を示す人が、「魔術」という言葉にひかれる人と重なる状況もあるようだ。

そもそも「魔術」という言葉がどのように使われ、その意味がどのように変遷してきたのかをたどるのは容易ではない。現代日本のポピュラー文化・サブカルチャーに限定するなら、筆者が観察している限りでは、「魔術」が使われるのは、第一に文学、ライトノベル、マンガ、アニメ、美術、音楽などの創作文化、第二に近代西洋魔術に関する文献の翻訳とそれにのっとった儀式魔術の実践で、受け手は二つのジャンルを個人的選好にしたがって横断的に摂取し、ネットや自らのファッションを通して表現しているという状況である。

これらの諸ジャンルをすべて網羅することはこの小論では難しい。そのなかでも重要と考えられるジャンルを確定し、「魔術」という言葉の用法、意味、産出の様態を概観し、これまでの研究の文脈に着地させたい。

2　インターネットにおける「魔術」——内容と関心層の属性

まず、インターネットにおける「魔術」の用法を、一般的な検索エンジンであるグーグルと、公開性と個人性がほどよく混ざっているツイッターを検索することで確認してみよう。

表 9-1　グーグル検索とツイッター検索における「魔術」

検索の種類	呪術	西洋	現代	とある	創作	固有名	卓越性	宣伝	手品
グーグル検索	3	5	17	31	26	3	9	4	1
ツイッター・ユーザー検索	0	0	10	11	12	48	6	13	1
分　類	宗教・呪術的現象としての魔術			創作物全般に登場する魔術		自己形容の手段としての魔術			

グーグル検索における「魔術」一〇〇件――創作物への言及

まず、検索サイトグーグルにおいて「魔術」という言葉で検索し(二〇一四年一月二五日)、上位一〇〇件を閲覧した。それらを分類すると、次のようになった(表9-1を参照)。上段は分類する際に用いたコード名である。宗教学や文化人類学などで用いられる通文化的概念としての呪術と同義のものを「呪術」とし、ルネサンス以後発展した特殊歴史概念としての西洋近代魔術を指すものを「西洋」とし、西洋近代魔術を淵源としながらも現代日本の文脈で実践されているものを「現代」とした。これらは、宗教学が対象とする「宗教・呪術的現象としての魔術」と言えるだろう。次に「創作物全般に登場する魔術」がある。とくに多いのはライトノベルにはじまり、アニメ、マンガなどでヒットした『とある魔術の禁書目録《インデックス》』(鎌池 二〇〇四)関係の情報で、「とある」とした。それ以外の創作物に登場する魔術への言及は「創作」とする。これらと関連するものもあればまったく関連しないものもあるが、自分自身を「~の魔術師」と呼ぶものや、その技術を「~の魔術」と呼ぶものなど「自己形容の手段としての魔術」に関わる群がある。この表現が固有名の一部である場合は「固有名」とし、自分自身の卓越した技術を形容する場合は「卓越性」、そして自己の技術の卓越性を表現することによる商品・情報財などの宣伝を主目的とするものは「宣伝」とした。意外に少なかったのは手品の説明上での表現である(「手品」とする)。

以上を多い順にコード名で並べると「とある」が三一、「創作」二六、「現代」一七、「卓越性」九、「西洋」五、「宣伝」四、「呪術」三、「固有名」三、「手品」一である。これらを三つの分類にまとめるなら、「創作物全般に登場する魔術」が五七件で過半数を占め、「宗教・呪術的現象としての魔術」が二五件、「自己形容の手段としての魔術」が一七件である。

ツイッター・ユーザー検索における「魔術」一〇〇名――アニメと魔術師

次にソーシャル・メディアであるツイッターで「魔術」という言葉を検索した。フェイスブックではなくツイッターを用いるのは、情報を公開しているユーザーが多く、中国語圏の情報を排除してくれるためである。左のフレームで「すべて」か「ユーザー名」かを選べるが、「すべて」を選択すると検索時点での最新ツイートが並び、一過性の情報しか拾われない。そこで「ユーザー名」に限定して、一〇〇名のユーザーを調べた(二〇一四年一月一九日)。

先ほどの分類に従うと、「固有名」が四八、「宣伝」一三、「創作」一二、「とある」一一、「現代」一〇、「卓越性」六、「手品」一であった。これらを三つに分類するなら、「自己形容の手段としての魔術」が六八件、「創作物全般に登場する魔術」が二三件、「宗教・呪術的現象としての魔術」が一〇件である。なお「西洋」と「呪術」は〇件であった(表9-1を参照)。検索対象は現代日本人の自己紹介なのだから、過去の西洋魔術や、異文化ないし日本の過去の呪術が含まれないのは当然であろう。逆に自分自身のアカウント名に「魔術師」を使うものが多く、「固有名」が半分近いという結果になった。しかし、そのほとんどが説明のなかで何らかの創作物に言及している。とはいえ、既存の特定の作品との関連は強くない。そこで今回の分類では「創作」には入らず、自分のアカウント名などに「魔術」「魔術師」を用いているので「固有名」に入る結果となった。しかし、自称「魔術師」という現象は、ソーシャル・メディア上の人格そのものを「魔術師」という創作物に仕立てているということを意味し、一種の「創作」である。彼らは創作物の受け手であると同時に、自らを創作物として提示している作り手であるとも言える。

また、以上の分類とは別に創作物のジャンルをカウントしてみた。これは一つのアカウントの説明にいくつものジャンルが含まれることもあるので、重複項目である。一名しかあげていないジャンルを省くと、アニメ一二、音楽一〇、マンガ八、ゲーム八、ボカロ七、性五、声優三、ビジネス三、コスプレ二である。これらのうちで、アニメがもっとも多い。また、声優、コスプレはアニメと直接関係があるジャンルであり、マンガ、ゲームはアニメの原作となることが多い。「ボカロ」(ボーカロイド)はキャラクターのアニメーションも並行して制作されるため、アニメとの親和性が高い。これらを合計すると四〇となり、それ以外の一八を圧倒する。このことから、「魔術」というキーワードは創作文化のなかでもとくにアニメを中心とするサブカルチャーと深い関係を持っていることが分かる。また、ツイッターのように自分の趣味嗜好についての発信が多いメディアでは、歴史的な魔術に関する情報よりも、自分自身を「魔術師」として創作する姿勢が目立っていることが分かった。

ミクシィにおける「魔術」関心層の属性調査——若年男性の関心

最後にソーシャル・ネットワーキング・サービスのミクシィのプロフィール検索で「魔術」を自分のプロフィールに含むユーザーについて調べた。普通の検索の仕方では自分と関係の近い人が出てくるため、全体の動向の把握には向かない。また、プロフィールの内容を把握しようとして友人以外のページを多数訪問すると、訪問履歴を残して回るスパム的行動と見なされ、ページの訪問そのものが制限されてしまう。そこで、ここでは性別と年齢（二〇—四九歳）で条件を付けて、どれくらいの人数がヒットするかを調べ、自分のプロフィールに「魔術」を記載する人の属性を調べることにした。また、比較のために「スピリチュアル」という語をプロフィールに含むユーザーについても調べた（一四年一月六日アクセス）。結果は若年世代で魔術に言及するユーザーが桁違いに多いというものであった。しかしユーザーが若年世代に偏っている可能性もある。そこで、ミクシィの「ユーザー属性調査」（一二年一二月三一日）にもとづき、年齢階級ごとの全体に占める割合、および男女比によって補正をおこなった。たとえば、プロフィールに「魔術」を含む二〇—二四歳の男性の実数は二〇九八人である。一方ミクシィ・ユーザー中の二〇—二四歳は二六・四％で男性の割合は四六・五％である。ミクシィ資料での年齢階級は八区分あり、性別は二種類である。よって、2098÷0.264÷8÷0.465÷2で一〇六八人となる（小数点以下は四捨五入）。これによって年齢構成と男女比がフラットだと仮定した場合の人数が出る。なお、年齢幅を五歳でそろえるために、二〇歳未満と五〇歳以上は除外した。さらにこのようにして出した補正値を次頁でグラフ化した（表９－２、図９－１）。

なお、検索されることを防ぐように設定しているユーザーは除外されるので「プロフィール検索を許容している会員」というバイアスが生じ、宣伝目的のユーザーをより多く拾う可能性につながる。だが、現在のネット・ベースの文化現象では純粋な売り手と買い手を想定することは難しい。ファンが容易にサービス提供者に転じるが、その報酬だけでは生活できないので、容易にファンの立場に戻る。専業の魔術師やスピリチュアル開業者はごく少数であるので、バイアスはさほど重く見る必要はないだろう。

表 9-2 魔術とスピリチュアル，ミクシィプロフィール検索(括弧内は補正値)，2014 年 1 月 6 日アクセス

年　齢	20-24	25-29	30-34	35-39	40-44	45-49
魔術男性	2098 (1068)	1804 (1092)	700(667)	297(399)	119(314)	55(224)
魔術女性	496(219)	371(195)	106(88)	30(35)	10(23)	8(28)
スピリチュアル男性	71(36)	240(145)	277(264)	299(402)	307(809)	181(737)
スピリチュアル女性	119(53)	448(236)	549(455)	474(554)	332(760)	204(722)
ミクシィ・ユーザー*	0.264	0.222	0.141	0.1	0.051	0.033

* 2012 年 12 月 31 日 mixi 社調べ，「2012 年度第 3 四半期決算説明会資料」〈http://mixi.co.jp/ir/docs/earnings/〉．男女比は 0.465 : 0.535．

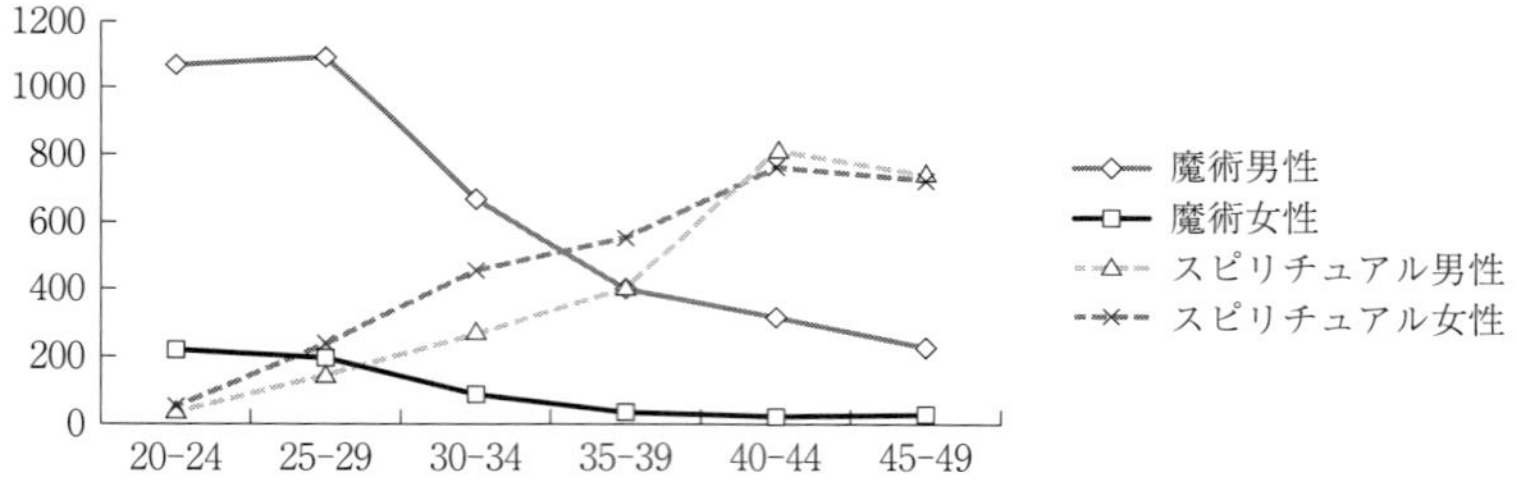

図 9-1

結果としては「魔術」関心層は二〇代から三〇代前半の男性に多いということが明らかになった。二〇代女性も他の年齢区分と比較すれば高いが、男性の五分の一程度しかいない。

次に、「スピリチュアル」関心層は男女とも四〇代前半をピークとする中年世代であることが分かった。三〇代前半においては女性が男性の二倍であるが、ピークである四〇代前半以降はほぼ同数、補正値を見ると男性の方が若干上回っているという結果である。

ところで、筆者は二〇一〇年にも同じ形で「スピリチュアル」というキーワードでプロフィールを検索している(表9-3、

表 9-3 スピリチュアル，ミクシィプロフィール検索（括弧内は補正値），2010 年 3 月 28 日アクセス

年　齢	20-24	25-29	30-34	35-39	40-44	45-49
スピリチュアル男性 2010	161(72)	296(164)	300(230)	201(239)	102(244)	64(296)
スピリチュアル女性 2010	271(114)	546(283)	446(319)	237(263)	112(251)	61(263)
ミクシィ・ユーザー**	0.288	0.233	0.169	0.109	0.054	0.028

** 2010 年 3 月 31 日 mixi 社調べ，「2009 年度第 4 四半期及び通期決算説明会資料」〈http://mixi.co.jp/ir/docs/earnings/〉．男女比は 0.483：0.517.

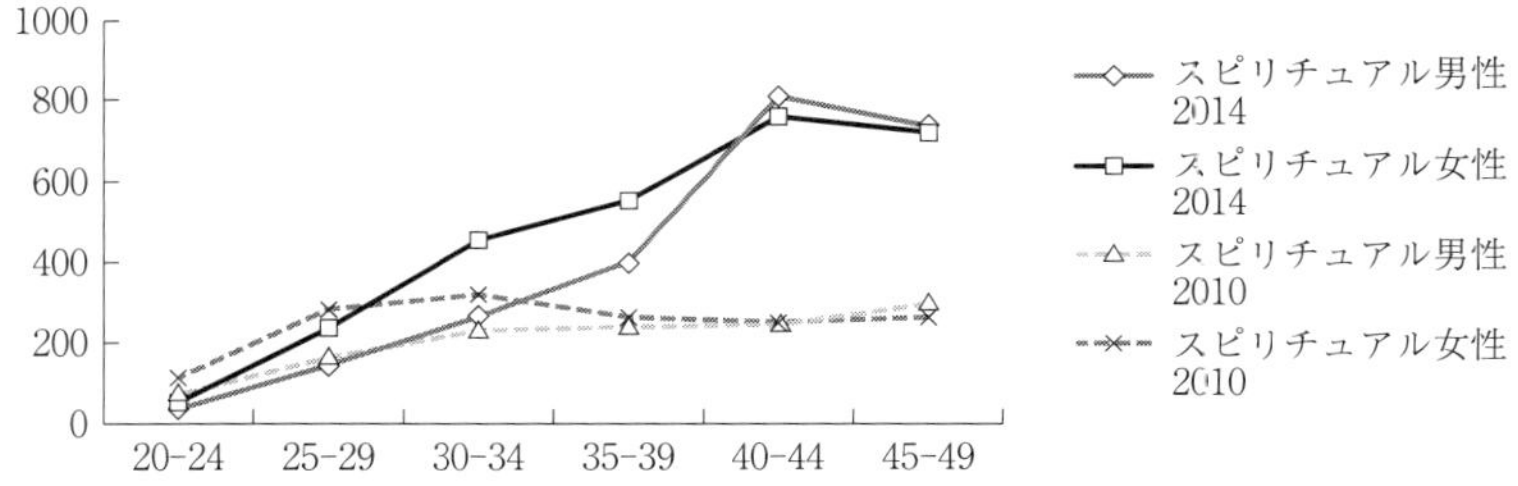

図 9-2

図9－2）。このときには、三〇代前半までは女性は男性の約一・五倍、三〇代後半からは同数に近かった。男性は加齢とともに少しずつ上昇する傾向だが、女性の場合、三〇代前半にピークがあった。それが四年の間に、東日本大震災をはさんで、男女ともに四〇代前半をピークとする年齢分布に変化した。のみならず実数でも補正値でも、四〇代前半ではスピリチュアルをプロフィールにのせているユーザーは三倍に増えている。逆に二〇代では若干減っている。全年齢区分の総数では一・二五倍に増えている（二七九七人から三五〇一人へ）。過去に書いたプロフィールがそのまま残っているための積み上げがあるとしても、スピリチュアルへの関心が弱まったとは言えないだろう。一過性のスピリチュアル・ブームとは関係なく、震災を契機に、とくに四〇歳前

後において「スピリチュアル」なものへの関心は急激に高まったと言えそうである。

したがって、少なくともミクシィ・ユーザーに関する限り、スピリチュアルに関心を持っていた人が魔術にスライドしたとは言えない。スピリチュアルへの関心は持続ないし、中年世代でむしろ強まっている。それに対して、若年世代では弱く、とくに男性の間でスピリチュアルより魔術への関心が高いということが分かる。このような傾向がミクシィ特有であると考える理由はないので、ネットユーザー一般の動向を反映しているのではないかと推測される。

インターネット調査の結果

以上、インターネット上での「魔術」に関する情報をグーグル、ツイッター、ミクシィを通して見てきた。結果をまとめると次のようになる。(1)『とある魔術の禁書目録』に関連する情報が多い。(2)「魔術」を用いるユーザーは、アニメおよびそれと関連するサブカルチャーへの関心が高い。(3)魔術関心層は若年男性である。(4)彼らはソーシャル・メディアで自分自身を「魔術師」として演出ないし創作することがある。(5)スピリチュアルへの関心が魔術への関心に変化したのではない。スピリチュアル関心層は三〇代以降の女性と三〇代後半以後の男性で、震災をはさんで急速に増えている。

なお、筆者はツイッターやミクシィを通して「スピリチュアル」に関心のあるユーザーと継続的に交流しながら彼らを観察しているが、実践魔術への関心がまったくないわけではない。たとえばスピリチュアルの延長上で占いに関心を持ち、そのなかで占星術やタロットに関心を持つと西洋近代魔術につながるからである。しかし、明るさを基調とするスピリチュアルに比べると、魔術には暗さがあり、アングラな印象は否めない。

3　アニメに見るサブカルチャーのなかの魔術

結果(2)でも述べたように、「魔術」関心層はアニメおよびそれに関連するサブカルチャーに親しんでいる。そこで、テレビアニメのなかで「魔術」および広い意味で「宗教」に関わる語彙が登場する作品にどのような傾向があるかを、二〇一二年から一三年の二年に絞って確認した。

作品選択に際しては、テレビアニメの放送情報を網羅しているサイト「最新アニメ情報」の「過去ログ置き場」(90)を参照した。ここで一二年と一三年に放送が開始されたアニメのなかで、魔術・宗教的語彙が公式サイトおよびウィキペディアの作品説明にあるものを取り上げる。全部で五三作品となったが、二年間でこれほどの数の作品が制作されていることは驚きである。一シーズンにつき約六作品が制作されていることになる。それらを分析項目ごとにまとめたのが章末の表9－4である。

テレビアニメを取り上げることには調査の戦略上の利点がある。原作がアニメ以外のメディアであるものがほとんどであり、ラノベ、マンガ、ゲームのなかでも人気のある作品がテレビでアニメ化されるため、一定程度のポピュラリティが保証されるという点である。実際、今回の対象作品五三のオリジナル媒体を見ると、小説(いわゆるライトノベルに分類されるものが多い)は二五、マンガは一七、ゲームは六で、オリジナルアニメ作品は五しかない。したがって、アニメを分析するといっても、純粋にアニメだけを取り上げることにはならない。アニメが一つの結節点となっている魔術・宗教的語彙を用いた様々

(90)〈http://www.saiani.net/image/animeinfo-oldtop.html〉、現在は〈https://www.saiani.net/image/old/animeinfo-oldtop.html〉に移動。

なメディア作品が織りなすサブカルチャーの内容的特徴を明らかにすることが可能になるのである。

なお、今回の調査では、「魔術」という言葉の使用に限らず、広い意味で超自然的現象や超人間的能力や宗教的出自を持つ用語が見られるものを幅広く収集し、「魔術・宗教的語彙を持つアニメ」とする。全体のなかでの「魔術」の位置・影響力を見るためである。また、宗教学的研究およびアニメ研究のなかで類似の調査がないため、調査結果に資料的価値を持たせる意味もある。

魔術・宗教的語彙の内容——西洋宗教的語彙の優位性

まず、説明のなかに魔法、魔術、魔女、魔法少女、魔王、悪魔など、「魔」という漢字が何らかの形で使われているものが過半数であることが確認される（一二八作品）。「魔」が出てくる場合はほとんどが西洋魔術に関連する（一二六作品）。他に「神」という漢字（神話、神、神々、～神）を含むものが多い（二四作品）。この二つほどではないが、漢字一文字でいうと「霊」一五、「力」一五、「怪」一三、「鬼」一三、「妖」一二などが頻出する。これらの漢字は西洋的文脈でも日本的文脈でも使われる。全体での西洋的と日本的の比率は四対三である（三一作品対二三作品）。西洋でも日本でもないそれ以外の世界の地域は滅多に出てこない。異世界が出てくる場合でも、それが準拠したり似せたりしているのは西洋か日本である。

「神」という言葉が一神教的な意味で用いられている作品はほとんどない。つまりほとんどすべての作品が多神教的世界観を前提としている。日本由来の宗教的語彙の場合、神道、民間信仰に関わるものばかりで、仏教はほとんど登場しない。西洋出自の場合でもキリスト教に直接関わる語彙は見られない。つまり、広い意味で宗教に関わる語彙があったとしても、教義体系が明確で「宗教」として認知されるキリスト教や仏教など、いわゆる「世界宗教」の構成要素が出てこない。おそらく、視聴者は宗教や神話や魔術に由来する語彙を、「宗教」とは無関係のものとして見ている可能性が高い。また制作者が教条的宗教から距離を取っていることは明確である。

キャラクターの名前や属性、特殊用語を見ると、神話や宗教に由来するものが多い。列挙すると、次のようになる。まず、西洋のものだとギリシア神話や北欧神話、あるいは旧約聖書の神話的部分に登場する名前が目立つ。アスタルテ、ゼウス、ユニコーン、アテナ、ペルセウス、ケリュケイオン、ミカエル、サリエル、ルシフェル、ケルブレム〔ケルビムの変形？〕、レヴィアタン〔リヴァイアサン〕、バハムート〔ビヒモス〕、ゴーレム、ソロモン、グリフォン、聖杯、エクスカリバー、ヨルムンガンド、フェンリル、エルフ、ヴァルプルギス〔ワルプルギス〕、ダンタリオンなどである。固有名以外だと、サバト、吸血鬼、ヴァンパイア、セフィロート、エレメンタル、サタン、ディアボロス、ダエモニア〔デーモンに由来〕、ドラゴンなどがある。日本の神話・宗教に関するものには、カグツチ、ムラクモ、カグラ、クシナダ、タケミカヅチ、ツクヨミ、スサノオ（スサノヲ）、アラハバキ、天狗、稲荷、式神、アラタマなどがある。アボリジニの神話由来のユルルングルなどは例外的である。

試みに『世界宗教大事典』（平凡社）を引くと、エレメンタル、ケリュケイオン、サリエル、ダンタリオン、ヨルムンガンドなどは項目どころか索引にも登場しない。しかし、インターネットのウィキペディアなどには項目として登場し、詳細な説明が付されている。このような語彙の出所に関しては後ほど言及する。

戦闘手段としての「魔」的なもの

対象作品は戦闘シーンを含むものがほとんどである。上述の神話に登場するような神格、怪物は、超人的な魔力を持つものとして描かれる。その場合、アニメの性質上、視覚的に表現できるものとして魔力を描くため、強い光や音を伴う電気的衝撃のようなものが、特殊な武器を通して発され、ものを破壊し、人にダメージを与える。場合によっては催眠術のように幻覚をもたらすものもあるが、どちらかと言えば少数である。つまり魔力と言っても、物理的な力に近い戦闘手段である。ＳＦやロボット・アニメの戦闘シーンと、力の表現においてそれほど変わるところがない。実際、近代兵器やロボットが併用されたり、魔力を引き立てる劣位の武力として登場したりすることもある。

神話的キャラクターや怪物・妖怪が魔力の発動者である場合、魔力は生得的に備わっており、呪文の学習や武器使用の習熟は必要がない。他方、魔法学校のようなものを舞台として、生徒たちが魔力の使役に長け、敵を倒すごとに成長し、視聴者が育成するような感覚を楽しむものもある。その場合、チームや組織のなかでの葛藤を経て和解や団結を目指すことが作品のテーマになることもある。

西洋の魔女などにつきものと言われる「使い魔」や陰陽道における「式神」など、魔術を使う人の代わりに魔力を発揮する存在が頻繁に登場するのも特徴である。アニメ・ファンにとっては珍しい存在ではないが、これも前出の『世界宗教大事典』の索引には載っていない。実際の宗教史で大きな位置を占めていないことの証拠である。現代の教団信者や民間宗教者のなかで言及されることもほとんどないだろう。「使い魔」「式神」に限らず作品中に何らかの形で使役関係——主従関係も含む——が登場するものは、不明の作品を除くと三六あり、そうでないものは一〇だった。つまり八割近くの作品がキャラクター間の使役関係を描いているのである。

魔の使役という発想が、実際の宗教史を超えてここまで頻出する背景には、ポケットモンスターや遊戯王などのトレーディング・カード・ゲームの影響があるのではないだろうか。これらのゲームでは幻獣や神話的キャラクターが大量に登場し、使役されるからである。ポケットモンスターはゲームから始まり、遊戯王はマンガから始まったが、どちらも一九九六年に出ている。小学生男子が対象であることから、仮にこの年に八歳だとすると、前述のインターネット調査をおこなった二〇一四年には二六歳という計算になる。「魔術」に関心を持つ若年男性の多くは、こうしたカード・ゲームに親しんできたと思われる。とくに遊戯王ではキャラクターその他の名称に、魔術・宗教的語彙が頻出する。たとえばサイト「遊戯王☆カード検索」の「ランキング」（二〇一四年一〇月二日アクセス）というページには、ドラゴン、カオス、魔法、死者蘇生、神、神智、リビングデッド、ミドラーシュ、ネフィリム、聖槍などがある。[91]また、遊戯王の作中に出てくる架空のカード・ゲーム「マジック＆ウィザード」は日本で一九九五年に発売された米国発の「マジック：ザ・ギャザリング」を下敷きにしていると思われる。これも「マジック」という言葉から分かるように、魔術・宗教的語彙がふんだんに出てくるが、累計で一万種類以上のカードが発売されていると言われ、ゲームに精通すれば、魔術・宗教的語彙にもおのずから親しむようになる。魔術に関心のある若年男性は、以上のようなトレーディング・カード・ゲームを使って学校の友人などと対戦する経験を成長の途上で有していると思われる。

アニメ作品に話を戻すと、作品内で使役関係のないパターン、つまり先天的に魔力を持つキャラクターが自律的に活躍する場合であっても、関連商品としてトレーディング・カードが発売される場合がある。その場合、視聴者はキャラクターを切り札のように使役する視点を獲得し、さらに物語の進行をゲームのように楽しむ視点を獲得するだろう。

（91）現在は閉鎖。当時のリンクは〈http://ocg.xpg.jp/rank/rank.fcgi〉。

多神教的世界と善悪二元論の相対化

使役し、使役される世界のなかで、キャラクターたちは戦闘の不毛さに悩む。単純な善悪二元論が破られ、善と思っていたものが悪だと分かったり、悪だと思っていたものが完全に悪ではないと分かったりする。和解がテーマとなることも多い。あるいは、対立しつつも最初からなれ合っている場合もある。このような戦闘への懐疑や善悪二元論の相対化は、これまでも戦闘シーンを含むアニメには見られた。たとえば「ガンダム」や「エヴァンゲリオン」などが作り上げてきたパターンである。古くさかのぼれば、「デビルマン」なども悪魔でありながら悪役ではないという設定の走りだと言える。今回対象とした作品における新しさは、その数の多さである。不明なものを除くと、脱二元論は三〇、逆に善悪二元論は四、どちらとも言えないもの——多くは敵と味方になるはずの存在同士がなれ合うギャグタッチのもの——は七であった。つまり七割が善悪二元論を相対化するストーリーなのである。

魔的存在を戦闘に駆り立てる自陣営の善性に疑念を抱くという物語は、暴走しがちな日本型組織への批判を含み、組織内の個人の葛藤と自立をテーマとしているのだと解釈することも可能である。しかし、より魔術と関連づけた解釈も可能である。魔術・宗教的語彙のアニメの特徴は「魔を倒す存在も魔」という矛盾である。また、「魔力」は外部の単一の神的源泉ではなく、キャラクター自身の能力に由来する。この意味で、対象作品は、一神教より多神教の世界観に近い。善悪二元論的な終末論は、一神教的枠組では善悪を固定的に見る。しかし、多神教的枠組では、視点を転じれば登場人物の善性や敵対者の悪性は自明でなくなり、相対化される。

脱二元論的傾向は日本の宗教が多神教的であることと関係があるだろうか。実は日本でも勧善懲悪の物語は古くから人気がある。大人向け時代劇や子ども向けアニメではむしろ主流である。脱二元論的になるのは、視聴者と制作者が単純な二元論に満足できないほど成熟したからだと解釈した方が自然である。

さらに日本社会の文脈では見逃せない要因がある。すでに見たように、対象作品は実定的「宗教」と距離をとっている。その背景には、オウム真理教事件と「宗教」の善悪二元論的な終末論への疑念があるかもしれない。オウム事件以後、子どもたちの魔的なものへの興味に応えるべく、カード・ゲームやマンガやアニメを制作してきた作り手たちは、たとえ魔術・宗教的素材を採用しても、あくまで語彙の借用にとどめ、教条的な世界観が背後にあったとしてもそれは取り除くようにした。そのため脱二元論的で多神教的なアニメ世界が発達した。今日の若年男性の「魔術」関心層は、そのようなポスト・オウムのメディア環境のなかで育った世代なのである。

また、日本アニメが多神教的な伝統に根ざしている独特かつ世界に誇れるコンテンツだという文化ナショナリズムに与することもできない。すでに見たように、素材の借用元は日本よりも西洋の方が多い。一神教的とされる旧約聖書にも天使や怪物への言及はある。さらにギリシア神話、ヨーロッパ土着の神話、中世の民間伝承、近代のファンタジーなど、西洋でも豊かな多神教的世界は描かれていた。それらは子ども向け善悪二元論に単純化され、ディズニー作品などを介して、手塚治虫のような日本の作家にも影響した。しかし、手塚作品には陰影のあるストーリーも初期から多い。多くの子ども向けアニメは二元論的だが、そうでない作品も蓄積され、やがて制作者と受容者双方の成熟、オウム事件などの影響を経て、今日のような脱二元論の状況になったというのが筆者の見方である。

使役の関係と純粋な関係——ジェンダー構成に見る

アニメ作品の分析において避けられないのがジェンダーの関係性の描き方である。非常に多くの魔術・宗教的語彙を持つアニメ作品が、他のアニメ作品一般と同様、性的に強調された肉体と童顔の美少女キャラクターを配し、男性中心の視点で描かれている。典型的なのは、一人の少年が複数の美少女に囲まれる「ハーレム型」である(一七作品)。ジェンダーが逆転し、一人の少女が複数の美男子に囲まれる「逆ハーレム型」も少数だがあり(三)、描き方から女性的(女性とは限らない)視聴者がターゲットと考えられる。とはいえ、男女ほぼ同数のキャラクターが対等な関係を保つ「群像型」もやや多い(一三)。ハーレム型は男性的(男性とは限らない)視聴者の願望を表現しているというのが素直な解釈だろう。これの亜種として、男性が後景に退いて複数の戦闘美少女が団結して悪と戦う「アマゾネス型」も類型として置くことができる(五)。少女たちを操る存在、または陰で見守る存在が描かれることも多い。男性的視聴者はこうした「黒幕/守護者」と自らを同一視することができる。ハーレム型でもアマゾネス型でも、美少女たちは、視聴者という自らは幕の向こうにいて戦わない男のために戦うことになる。ハーレム型では「男—競争する美少女」、アマゾネス型では「黒幕の男—団結して敵と戦う美少女」という構造の違いはあるものの、美少女たちは男性的視聴者の性的欲求、あるいは権力行使欲求を満足させる存在として描かれている。

魔術・宗教的語彙を持つアニメ作品は、前述のように使役関係が複雑に絡み合った世界を構成する。「使い魔」「式神」が出てくる作品だけでなく何かの形で使役関係が登場するものは八割近い。英米の哲学や社会学理論では、個人の行為が社会構造や言語構造によって媒介され、主体が何かの代理として行為させられている状態を指すために「エージェント」（行為主体＝代行人）という言葉が用いられることが多い。魔力が効果を持つアニメ世界は、エージェンシー――誰かが誰かの代理で戦うことで主体性を発揮している状態――を特徴とする複雑な使役関係で構成されている。そこに前述のジェンダーの関係性、とくに異性間の使役関係が重なる。

使役関係の間を縫うようにして描かれるのが純粋な関係である。それは操作的な異性愛と対照的な、ときに同性愛を匂わせるような友愛として描かれる。典型的なのは『魔法少女まどか☆マギカ』で、魔法少女たちは黒幕的存在と葛藤しつつ、互いを恋人のように思い合いながら戦う。男女が対等な群像型は、恋愛がテーマでない作品、友情に価値を置いている作品などがある。それでも群像型の一三作品中、使役関係が見られないものは三作品しかない。内容を見ると対等なジェンダー関係に純粋な関係が託されているもの、たとえば男女の助け合いを通して使役関係を乗り越えるとか、組織から脱却するというものもなくはない（『新世界より』など）。男女が均等なまま友情関係を構成し、友情が様々な困難を乗り越える鍵となっているものもある（『ＦＡＩＲＹ　ＴＡＩＬ』など）。だが、多くは対等なジェンダー関係と操作的な使役関係がたまたま重ならなかっただけと見た方が良いだろう。

４　「魔術」に関する知識の操作

以上のことから、対象作品の「魔術」の表象には次のような傾向性があるとまとめられる（むろん例外はある）。⑴「魔術」のモデルは西洋魔術である、⑵「魔術」は物理的効果を持つ魔力を使う戦闘手段である、⑶「魔術」は魔的存在を使役する技術でもある、⑷「魔術」に関わるものは魔を使役する戦闘に巻き込まれる、(5)「魔術」を使う戦闘の終着点は戦いをもたらすような「魔術」の否定であり、善悪二元論的な対立の無効化、使役関係を超えた純粋な関係の構築、魔術を保有していても共生が可能な日常への回帰である。

このようにストーリーの進行に不可欠なものとしての魔術への関心は、本章の冒頭で定義したようなスピリチュアリティへの関心とは相当に違う。ネットでのファンの反応で、魔術や魔的なものを文字通り信じている形跡を確認したことはない。「魔術」への関心といっても、実際に儀式をおこなう実践魔術が登場するわけではない。西洋の儀式魔術はアニメの魔術のように物理的戦闘と結びつくことはない。アニメの視聴者が歴史上の儀式魔術に興味を持ったとしても、空想上の「魔術」の元ネタとして消費しているにすぎない。

しかしリアルと非リアルの区別にこだわらなければ、これら魔術的ファンタジーを生成すること自体が、魔力あるキャラクターの生成と使役であり、一種の魔術とも言える。これは作り手だけが味わえる魔術ではない。視聴者にとって見るという行為は、戦いを見守る存在としてファンタジー世界に参入することである。見なければその世界のストーリーは進行しないのだから、「見ること」は魔力保有者を戦わせるゲームを駆動させること、すなわち魔術を駆使することである。実際、作品がゲームにもなっている場合、それをプレイすれば魔的存在を使役して戦うという「魔術」を誰もが実践できる。

ツイッターにおいて自称「—の魔術師」がアカウント名として使われていたのも、この文脈で理解できる。今日の魔術・宗教的語彙を持ったメディア作品の受容者は、単に作品を受動的に消費するだけでなく、より能動的に魔的キャラクターを操作し、使役する存在——魔術師——として自らを同定しているということを意味するのである。

『とある魔術の禁書目録《インデックス》』とクリエイター向け事典の存在

すでに見たように、ネットでの「魔術」という語は、『とある魔術の禁書目録《インデックス》』（鎌池 二〇〇四）と連動している（以下『とある』）。もちろん若年男性の「魔術」人気を『とある』のみに帰すわけにはいかないだろう。むしろ、この世代が幼い頃から魔術を駆使するようなカード・ゲームおよびその関連作品に親しんできた延長線上に、『とある』があると見た方がよい。

しかし、この作品独自の貢献もある。それは、一般にあまり流通していなかった西洋のエソテリックな魔術用語を多用することで、以後「魔術」関連作品が西洋魔術に集中する端を開いたことである。この作品のストーリーは、完全記憶を持つ少女・インデックスが「教会」によって禁書とされた世界中の魔道書一〇万三〇〇〇冊を記憶しており、彼女をめぐって教会から派遣された魔術師と、科学的に開発・教育された超能力者（のなかでは落ちこぼれ）である主人公・上条当麻とが戦うというものである。正確にはインデックスにとって敵か味方かというキャラクターの特徴づけがストーリー展開のなかで変化し、善悪二元論が相対化される。先ほどのアニメ分析のコードを使うと典型的なストーリーだと分かる。小説をオリジナル媒体とし、西洋魔術を扱っていること、実社会では無能と思われているが恐るべき力を秘めている少年が、組織によって非人間的に使役されている少女をただ助けたいという純粋な気持ちを持つがゆえに戦闘に巻き込まれるという設定、そして気づけば様々な力を持った女性に囲まれているハーレム型のジェンダー関係など、魔術・宗教的語彙を持つ作品の典型的な特徴が見られる。

まず、この作品で「魔術」がどうとらえられているかを確認する。インデックスを追う魔術師たちは、彼女を守ろうとする主人公に魔術を発動する。ここでも魔術は物理的効果をもたらす戦闘手段である。

一方、魔術は、超能力のような才能のない人間が才能のある人間と同じことをするための術式と儀式――上条少年の理解では「プログラム」――とされ(同、一二一―一二二)、超人的な力の行使の背景にはマニュアル化された仕掛けがあると示唆される。魔術が詳しく説明されるのは、魔術師でない普通の女性教師が、指示に従うだけで魔術を発揮し、重傷を負ったインデックスを癒す場面である。

インデックスは意識を失ったまま「自動書記《ヨハネのペン》」というモードに入り、言うとおりに魔術の儀式をおこなうよう女性教師に指示する。まず、ちゃぶ台の上に、室内の様子を模倣するようにメモリーカード、シャーペン芯のケース、空き箱、文庫本、フィギュアを置かせる。すると、ちゃぶ台が彼らのいる部屋とシンクロし、象徴として機能する。女性教師が呪文を唱えるとフィギュアも呪文を唱える。インデックスは女性教師に天使を思い浮かべさせる。しかし、疑念が浮かんだので失敗してしまう。そこで「水属性《ウンディーネ》」[妖精]で神殿を守護させる。もう一度女性教師に呪文を唱えさせると、ちゃぶ台上のフィギュアが溶け、それからもとの形に戻る。するとインデックスの傷も回復している。これによって「生命力《マナ》」の補充ができたとし、儀式と自動書記《ヨハネのペン》は終了となる。

「あとは……降臨《お》ろした守護者を帰して、神殿を崩せばおしまい」インデックスは辛《つら》そうな顔で笑いかけ、「魔術なんて、こんなもの。リンゴとアップルは同じ意味だよね、それと同じ。[略]タロットカードもそう。絵柄と枚数さえ合っていれば、少女マンガの付録を切り抜いたって占いはできるんだよ?」(同、一四〇)

「もうこれ以上、あの人は魔術を使っちゃダメ[略]魔道書っていうのは危ないんだよ。そこに書かれてる異なる常識『異常識《いじょうしき》』に、違《たが》える法則『違法則《いほうそく》』――そういう『違う世界』って、善悪の前に『この世界』にとっては有毒なの」／『違う世界』の知識を知った人間の脳は、それだけで破壊されてしまうとインデックスは言う。コンピュータのＯＳに対応してないプログラムを無理矢理に走らせるようなモノなんだろうか？と上条は頭の中で翻訳した。／「［略］私は宗教防壁で脳と心を守ってるし、人間を超えようとする魔術師は自ら常識を超え、発狂《たどりつく》する事を望んでる。けど、宗教観の薄い普通の日本人なら――もう一度唱えれば、終わる」（同、一四六―一四七）

以上の引用から、魔術とは、象徴を通じて「違う世界」に働きかけて現実を操作する術式・儀式――プログラム――だと考えられていることが分かる。それは誰にでも使えるが、常識と違うので、それを使いすぎると常識から逸脱してしまう。魔術師はそのような逸脱を意図的におこなう。宗教は、違う世界に関する知識の体系であり、脳や心の「防壁」として、常識を保ちつつ魔術を使うことを可能にする。それゆえ宗教心の薄い日本人が魔術を使うことは危険である。これが作品世界の中での「魔術」観である。

また、インデックスの出身地であるイギリスは魔術が盛んなので、「イギリス清教」（作中の言葉でイギリス国教会と清教徒を合成した架空の教団）は魔術に対抗する文化・技術を発達させたという。そのための特別な機関が「必要悪の教会《ネセサリウス》」である。この組織のなかでインデックスはどのような魔術でも中和できるようすべての魔術を記憶させられた（同、一五〇―一五一）。だが、それらから世界を破滅させるほどの魔力も得られる。この魔力を手に入れたい魔術師たちは彼女を狙っている。潜在的に強い魔力を持つ人物が組織のせいで戦いに巻き込まれるというパターンである。それに対して、あらゆる超能力や魔力を無力化する右手の持ち主という設定の主人公は敵意を燃やす。少女に無理に魔道書を記憶させておきながら「汚れ」として扱う教会と、その記憶を手に入れて世界を操作しようと狙う魔術師(同、一五四)、インデックスを追い回す魔術結社に対して、主人公・上条は「ゾッとした」(同、一七二)という。このような操作的人間関係に怒る「上条は単にインデックスの役に立ちたかった。インデックスがこれ以上傷つくのを見たくなかった。それだけだった」と純粋な関係を志向する人物である。そして、最終的には、魔力を持っていても戦わずにすむような日本社会の日常のなかに、魔術の国イギリスから来た少女を迎え入れ、組織から守ろうとするものの、追っ手とのやり取りのなかで、追っ手が単純な悪ではないことが分かり、善悪二元論が相対化される。このように、前節で見た魔術・宗教的語彙を持つ作品の傾向性が『とある』には凝縮されている。

これまでの引用で、上条は、魔術に関するインデックスの説明を、コンピュータ用語に置き換えて理解しようとしていた。魔術を「プログラム」、脳をOSになぞらえ、普通の人間が魔術を使うことを「OSに対応してないプログラムを無理矢理に走らせる」ことと表現している。別の場面で、魔道書を燃やせばいいじゃないかという上条に対して、インデックスは、弟子に伝えれば意味がない、新たなアレンジを加え、新しい魔術を生み出すのが魔術師だ、と答える。そのとき上条は、魔道書とは「ネットに流れるデータみたいなもの」「元のデータを消した所で、コピーにつぐコピーで永遠にデータは存在し続ける」「データというよりは、常に変異していくコンピュータウィルスみたい」だと考える(同、一五一―一五二)。

魔術をデータ、プログラム、コンピュータウィルスという用語で理解しようとする上条は、作者自身の姿勢と重なる。作者は「あとがき」で、『とある』を書くきっかけはネットだったと書いている。

思えば本書のきっかけとなったのもネットでした。／ＲＰＧなどに出てくる『魔法使い』はＭＰ〔マジック・ポイント／パワー、魔力〕消費で火の玉から死体の蘇生《そせい》まで何でもこなす『魔法だから何でもあり』な便利屋さんですが、じゃあ実際にいた(とされる)歴史上の魔法使いってどんな人？〔略〕実際にどんな理屈で何をやってたの？　という疑問を解消すべく、検索エンジンに『魔術師』『実在』などの文字をパチパチ打って調べまくったのが事の始まりです。／それで〔略〕、あれ？　オカルトって割には仕組みは科学っぽいぞ？　という辺りに興味を持った訳で。／ライトノベルで『魔法』を当たり前のように扱ってる電撃文庫で、その『魔法』について深く突っ込んだ作品っていうのも新しいかも、という流れにあいなりました。(同、二九六―二九七)

この文章からはいろいろなことが読み取れる。まずＲＰＧを持ち出していることから、ゲームが「魔法使い」のイメージの元となっていることである。一九九〇年代後半から人気を博した魔的存在を使役するゲームが、魔術への関心に影響しているのではないかという筆者の仮説を裏付ける。だが、『とある』以前のＲＰＧやライトノベルに頻出する「魔法」「魔法使い」は、歴史的に実在した魔法、魔術師とは異なるということを作者は知る。ネットは、そのことを知ったきっかけであり、実際のルーツをたどる手段でもあった。つまりすでにこの時期(あとがき執筆時は二〇〇三年)のネットには「魔術」に関する歴史的記述が十分にあった。その基礎には専門書の充実があるだろう。だが、歴史的な西洋魔術にもとづくことは、作者や編集者にとって「新しい」切り口だと考えられている。これまで見たように、今日のネットにおける「魔術」に関する情報は、かなりが『とある』に関連している。その後の魔術・宗教的語彙を用いるアニメの多くは西洋魔術を意識している。このことから、『とある』が現代の若年男性を中心とする魔術への関心の先駆だったと推測される。

作中ではイギリスが魔術の国だと表象される一方で、日本は無宗教で科学＝超能力の国だと表象される。その教育システムのなかで上条は超能力レベルゼロの落ちこぼれだが、その右手は超能力だけでなく魔力をも無にする「幻想殺し《イマジンブレイカー》」である（同、二二）。上条は、すべてを情報としてフラットに受け入れ、争いをもたらす宗教・魔術の「力」を無にする平和で無宗教の日本を象徴しているかのようである。それはネットから歴史的な「魔術」情報を先入観なしに受け入れ、ネタとして作品に吸収させ、無宗教の読者に平和に消費させる作者、そしてこの作品に影響され、関連情報をネットで発信する読者や他の作り手の姿とも重なる。

クリエイター向け事典の噴出

こうした姿勢が『とある』以後に拡大したことを証拠づけるのが、事典・辞典・資料本の増加である（以下、「事典類」と呼ぶ）。とくに「クリエイター」向けをうたったものの登場が近年の特徴である。章末の表9－5「魔術・宗教的語彙に関する事典類のリスト」は、国立国会図書館で｛（魔術 or 魔法 or 魔 or ファンタジー or 幻想）and（事典 or 辞典）｝をタイトルに含む本を調べ、さらに複数の本が出ているシリーズとして、「Truth in fantasy事典シリーズ」（新紀元社）、「F－Files」（新紀元社）、「NEXT CREATOR」（ソフトバンククリエイティブ）、「萌え萌え……事典」（イーグルパブリシング）、「よくわかる……事典」（廣済堂出版）から、最初の検索に含まれないが魔術・宗教的語彙に関係があるものを加え、関連性の薄いものと重複を削除して年代順に並べた文献リストである（二〇一四年一一月三日検索）。事典・辞典と銘打っても五十音順ではないものが多く、全体として資料本に近い。逆に上記シリーズの資料本も、諸文化を通覧し、事典・辞典的に使えるものがある。これらの出版年代の分布は次のようになる（表9－6）。

表9-6　魔術・宗教的語彙に関する事典類の年代別出版点数

1994まで	1995-1999	2000-2004	2005-2009	2010-2014
9	14	6	44	33

合計一〇六冊だが、ほとんどは二〇〇五年以後である。詳しく見ると、〇六年が五冊だったのに、〇七年が一二、〇八年が一三、〇九年が一二と、この三年で年一〇冊以上に倍増し、一〇年で四冊に落ち込み、その後やや盛り返して今日までコンスタントに出版されている。ちょうどスピリチュアル・ブームのピークだった〇七年から三年間が出版のピークと跡づけられる。時代の雰囲気が、スピリチュアル、魔術、幻想的なものへと一気に傾いたと言える。とはいえ、文献リストの内容はスピリチュアル・ブームと関連しない。〇七年から〇八年にかけては「Ｆ－Ｆｉｌｅｓ」「萌え萌え……事典」「よくわかる……事典」シリーズが、多数出版されている。「萌え萌え……事典」シリーズには、極めてエロティックなマンガ・アニメ風イラストがついている。「Ｆ－Ｆｉｌｅｓ」は簡略化されたイラストに文字情報、「よくわかる……事典」は文字中心でゲームに出てきそうなリアルなファンタジー系イラストを載せている。いずれも、マンガ・アニメ・ゲームの制作に役立ちそうな内容である。また、「ゲームシナリオ」「クリエイター」「ネーミング辞典」「ライトノベル作家のための」「マンガ／イラストで使える」など、制作に役立つことを直接うたったものは一〇年代以降に多い。

これらのなかで比較的よくできている東方創造騎士団『ライトノベル作家のための魔法事典』（二〇一二）を取り上げよう。章のタイトルは「魔術」「占い」「魔術用語」「アイテム」「組織」「人物」「魔導書」であり、書名には「魔法」が使われているものの、実際には

「魔術」を中心とするものであることが分かる。

例として宗教学でよく知られており、先ほどの『とある』にも出てきた「マナ」を取り上げる。まず、アメリカのSF作家ラリー・ニーヴンの小説『魔法の国が消えていく』において、魔法を使うために消費されるエネルギーとして「マナ」という言葉が使われたこと、マナが枯渇した場所では魔力が使えず、魔物は死亡・変異してしまうという設定、殺害した相手からマナを奪い取る妖術師などが紹介される。この作品に影響されて、様々な作品が「マナ」という言葉を使っていることが紹介される。そして、元はメラネシアで発見され、キリスト教宣教師によってヨーロッパに伝えられた概念だとし、人類学者モースの説がニーヴンに影響を与えたとする。加えて、旧約聖書に出てくる神が与える不思議な食料「マナ」についても別の言葉として紹介する。最後に「ライトノベルではこう使え！」という欄では、魔法に説得力を与えるものとしてマナは使えるとし、世界設定のためにたとえばマナの濃淡が地域によって違うなどというアイディアはどうか、マナの根源として人間の感情、死者の魂、天使・悪魔、精霊を当てはめてみてはどうかなど、具体的に提案する。マナは実は極小サイズの機械（ナノマシン）だったというのも意外性があって面白いなど、極めて踏み込んだ提案まで書かれる。食料としてのマナについても具体的な使い方に言及する。これで見開き二ページの「マナ」の解説である（七二―七三）。

全体で一一四項目あり、一見すると宗教学関係の事典類と項目の内容はさほど変わらないように見える。しかし、「レメゲトン」や「ガルドラボーク」などの魔導書の名前は、『世界宗教大事典』の索引にも載っていない。ところがネット上のウィキペディアには詳しく解説されている。ウィキペディアのそれぞれの項目の編集履歴を見ると、「レメゲトン」は〇七年一〇月一二日に、「ガルドラボーク」は一〇年一月三日に最初の記事が書かれている。レメゲトンの記事を最初に投稿したＰｅｅｈｙｏｒｏ　Ａｃ ａｌａは自己紹介ページでアニメとオカルトに関心があると書いている。[92] これらウィキペディア上のマイナーな知識は、〇七年以降の魔術・ファンタジー関係の事典類の出版ラッシュと同時に、拡大、拡充され、ネットで共有されるに至ったことが分かる。なお、ウィキペディアの「マナ」の項目にも「マナの登場するファンタジー作品」というサブ項目がある。これが追加されたのも〇七年（七月一六日）であることが編集履歴から分かる。

これらの魔術・ファンタジー関係の事典類の項目の内容は、もはや実在する宗教に関する語彙の解説の範囲を越えている。フィクションでどれだけ使われているか、また使いやすいかが収録の基準となっているのである。これらの語彙の定着は次のようなものであろう。まず⑴神話学者、言語学者、宗教学者、歴史学者、人類学者の学問的成果から、ある語彙が特定作品に借用される。⑵それが他の作品にも影響を与え、語彙が共有される。⑶影響力のある語彙が時間を経て残り、標準化が進む。こうした語彙の借用と共有と標準化は『とある』の出た二〇〇〇年代から進み、〇七年以後に加速し、魔術・宗教的語彙を用いたおびただしい作品群、そしてネットでの「魔術」への言及に結実する。

消費から共有へ――受け手から創作者へ

作り手のための事典類がこれほどまでに受容されるということ自体、作り手と受け手、クリエイターとオーディエンスの境界が曖昧になっていることを意味する。さらに今日では、著名な出版社から作品を発表せずとも、ネット上で作品を発表することができ、反応を得ることもできる。同人誌は単体では

（92）　http://ja.wikipedia.org/wiki/利用者:Peehyoro_Acala

商業ベースに乗らないが、それらを売買する「コミケ」などは巨大な市場を形成している。これは受け手が作り手側に回りやすい環境が整っていることを意味する。

また、ファンによるレビューや、ブログ、ソーシャル・メディア上での感想の共有、コメント書き込み機能のついた動画サイトなども、作り手と受け手の境界の流動化を進めている。というのも、そこでの投稿は、受け手の反応であるだけでなく、それ自体も、閲覧する別のユーザーにとってはコンテンツとなるからである。とくにSNS上では、自分の趣味や嗜好を他のユーザーと共有することで、クラスターが形成され、相互に作品の理解を深め合ったり、類似作品についての情報を教え合ったりすることが可能である。この場合、ユーザーは互いに誰かのコンテンツであり、自分自身も一種の作品となる。話題となったアニメ作品については、深夜であっても放映と同時にツイッターで感想がつぶやかれ、リアルタイムな「トレンド」としてキーワードが表示される。単なる視聴者の声にとどまらず、それ自体が作品を補完するコンテンツとなっているのである。

その意味で、「魔術師」という言葉を含むアカウント名が、ツイッターのユーザー検索「魔術」で多く見出されたことは象徴的である。実際に彼らが魔術について積極的に発言しているかどうかはともかく、魔術・宗教的語彙を含むメディア作品の受け手がそれについて発言することは、魔術・宗教的語彙を選別し、関連づけ、仮想上のデータベースを更新する営みである。彼らは、魔術に関する語彙を受け継ぎ、使いこなすという意味で「魔術師」なのである。

さらに、以前は目立っていなかった現実の魔術師、魔女も、今日ではソーシャル・メディア上で自己表現をしている。筆者はすでにインタビュー調査にもとづいて「現代日本の魔女たち」という論文を発表している（堀江 二〇一四）。それによれば、日本の魔女の草分けと言えるヘイズ中村は百科事典類から魔術に関わる知識を摂取し、本人も魔女・魔術関連の本を翻訳し(Green 1987など)、『魔法世界の元ネタ図鑑』(ヘイズ中村・魔法研究会 二〇一三)などのネタ探しを用途とする資料本を刊行している。より若い世代の谷崎榴美はネットを介して秘教的な知識を収集し、セルフ・イニシエーションでソロ魔女になった。さらに彼女も加わっていた東京リチュアルは、新たな儀礼を創作し、イベントを積極的に開催して、ネット上で公開していた(93)。

また、majyocco sabbathというクラブ・イベント(二〇一一—一三、その後不定期開催)は、DJによるダークで幻想的な音楽、トークショー、幻想的な絵画作品・アクセサリー、薬草・オイルの展示・出品、関連書籍の販売、占いブースなどで構成されていた(94)。筆者は四回ほど参与観察しているが、来場者・出展者は長年魔術・魔女に関わっている中年層の男女と、以前からのスピリチュアル系の実践者、ゴス系ファッションに身を包んだ若年女性からなり、全体としては男女半々である。来場者の服装も、魔女や魔術師をイメージした黒い服装が多い。一三年八月二二日の回には魔術・魔女に関するアニメについての座談会も含まれていた。こうしたイベントは、メディア作品にとどまらない「魔術」への関心の高まりを示すと同時に、従来はバラバラであった音楽や美術やゴス・カルチャーを含む様々なジャンルと人々を結びつける役割を果たしている。このイベントに関する情報や感想はソーシャル・メディア上でも共有され、それと相乗効果で、関心を共有する人同士が新たに交流を開始している(筆者の観察による)。

本章は、冒頭のネット調査にもとづき、数量的に多くの情報が集中しているアニメを研究の焦点とし

(93) http://www.tokyo-ritual.jp
(94) http://blog.livedoor.jp/majyocco_sabbath

たが、西洋の儀式魔術や魔女術を実践している人々はまさに、魔術に関する知識を事典編集的に選別し、つなぎ合わせ、自らを「魔術師」「魔女」として創作するという意味で、「サブカルチャーの魔術師たち」であると言えるだろう。

5　研究の意義——サブカルチャー研究と「宗教」研究のあいだで

最後に先行研究を概観し、現代日本の魔術関連創作物の噴出を、文化現象として、宗教現象としてどのように位置づけるかを考え、同時に本章でおこなった研究の意義についても述べておきたい。

サブカルチャー研究への肉付けと魔術・宗教的語彙への注目

本研究はスピリチュアリティ研究よりサブカルチャー研究に軸足を置いている。D・ヘブディジによれば「サブカルチャー」とは、主流文化の要素の使用法を変え、その記号を変え、新しい文脈に位置づけ、異なる解釈を示す若者のスタイルである(Hebdige 1979)。この意味で、歴史的な魔術・宗教的語彙を参照しつつ本来の用法や文脈と無関係に借用し、現実と異なる世界を構築する現代的な作品群、その作り手と受け手を指すのに「サブカルチャー」という語はふさわしい。ただし、今日のサブカルチャーの担い手はヘブディジが注目した英国のモッズやパンク以上に自覚的に、自分たち自身を一種の創作物として提示している。それを端的に表しているのは、作中人物に扮装するコスプレであろう。もう一つの変化としてあげられるのは、サブカルチャーそのものが、今日では固定的な文化集団と同一視することができないということである。日本での「サブカル」という語は、マイナーなメディア作品をめぐる文化現象とほぼ同義のように使われている。魔術・宗教的語彙を持つ創作物も、すでに見たようにかなり多くの作品が作られ、語彙に関わる書籍が出版されているのだから、今日的な意味で「サブカル」の一つと見なすことはできる。だが、それは必ずしも可視的な集団を伴っていないのである。

絶え間ないシミュレーションの末、コピーがオリジナルを持たず、コピーのままで増殖していくのを「シミュラークル」として、あらゆる文化現象を読み解こうとしたJ・ボードリヤールの議論の方が、今日の魔術・宗教的語彙を持つ創作物をめぐるサブカル的状況を記述するのに有効かもしれない(Baudrillard 1981)。オリジナルな歴史的事象より、そのコピーであるフィクション作品に頻出する魔術・宗教的語彙を選別し、蓄積し、データベースを構築し続ける現象は、まさに「シミュラークル」である。それは、現実を加工した新しいスタイルが陳腐化し、次の古い現実になっていくという図式ですらない。現実を超えた次元でコピーが繰り返されて出現する別の現実を、ボードリヤールは「ハイパーリアリティ」として記述するが、まさにそれに当たる。ただ、ボードリヤールの議論はある種の構築主義、現代の唯名論であり、すべての文化的事象をシミュラークル、ハイパーリアリティとして記述するものである。今日のマンガ・アニメ文化が従来の文化以上に現実から遊離していることを示すためには、指示対象が一般的すぎる。他方、ボードリヤールは宗教をもハイパーリアリティの構築物とし、イメージがそれを崩壊させる段階を概略的に示す。筆者の補足も交えてまとめるならば、次のようになる。(1)イメージがリアリティを表象するという素朴な実在論から、(2)イメージがリアリティを歪曲するという偶像破壊、否定神学を経て、(3)リアリティの不在を覆い隠しているという近代の無神論から、(4)イメージはいかなるリアリティとも無関係だというポストモダンのシミュレーション論に到着する。このような歴史的段階説をボードリヤールは持っているようである(同、17＝八)。これはボードリヤールの議論そのものをも歴史的に相対化する諸刃の剣であるが、サブカルチャーの歴史的位置づけには有用であろう。

歴史的位置づけを意識しながらマンガ・アニメのサブカルチャーを論じているものとして、東浩紀の「データベース消費」論があげられる(東 二〇〇一)。東はボードリヤールのようにすべてがコピーだというポストモダニズムの一般論にマンガ・アニメを解消させず、キャラクターの類似性や部分的改変に着目し、受け手は作品自体を消費しているのではなく、その背後にあるデータベースを消費しているのだとした。本研究の魔術・宗教的語彙を持つアニメ作品の分析は、それを可視化するような作業である。すでに見たように、対象作品群は、ストーリーにもキャラクターのジェンダー関係にもパターンの類似性があった。作品のオリジナリティへのこだわりがあるとは言えないだろう。背景的データベースがあるかのように前例を参照しながら作り、楽しむという消費の形態は、東の言う「データベース消費」の典型と言える。さらに、本研究では背景的データベースを可視化したような事典類の消費も指摘した。

東はその後、大塚英志のマンガ・アニメ的リアリズム論——マンガ・アニメは現実を写生するのではなく虚構を写生している——を参照し、今日の作品は、ゲームのように物語とキャラクターを複数化し、死によってリセットしており、ゲームを写生しているというゲーム的リアリズム論を展開した(東 二〇〇七)。本研究の場合、魔力(=物理的戦闘力)を持つ魔的存在の使役としての「魔術」という魔術観は、歴史的にはリアリティがないものの、一九九五年以降のカード・ゲームに親しんだ特定世代の若者にとってはごく自然に受け入れられることを示唆した。つまり、彼らが親しんできた、神話的キャラクターと魔力の繰り広げられるゲームを写生するものとして、魔術・宗教的語彙を持つ作品群はとらえられるのである。

本研究は、サブカルチャー研究の文脈で論じられてきたことを肉付けしたと言える。だが、先行するサブカルチャー研究は、不思議とも思えるほど魔術・宗教的語彙の借用という現象に光を当てていない。それを取り上げたのが本研究の貢献だと言える。また本研究は、受け手が情報を消費するだけでなく、共有することで、自ら発信者となり、自分自身をいわば「魔術師」として創作していることも明らかにした。

一方、データベース消費やゲーム的リアリズムの理論は、宗教や神話に関する先行する理論と並べるならば、様々な現象の背後に共通の構造や元型を仮定する本質論的な構造主義と、形式上は類似している(cf.松村　一九九九)。それは宗教研究や神話研究においては、研究者のモデルの実体化、個別現象の特殊性の還元として批判される時代遅れの理論と言われかねない。東の議論に限らず、現在のサブカルチャー論にはこうした隣接分野での議論の水準に対する目配りが乏しい(95)。

しかし、宗教学者は今でも宗教や神話関係の事典類や概説書を編纂している。それはある程度の一般化を伴う以上、本質論的にならざるをえない。魔術・宗教的語彙を持つ作品はそれを意図的に模倣しつつ改変する。作家たちは、あたかも作品群が背景的データベースを共有しているかのように、語彙を標準化してゆく。それを記述するのに東らの理論は特化しているだけなのである。宗教理論では批判されがちな本質主義や還元主義は、今日のサブカルチャーではすでにリアリティを持たされてしまっている。分析者が措定した背景的データベースに複雑な現象を還元しているのではないかという批判は当たらな

(95)　日本文学の研究者であり、自らもライトノベルの作家である大橋崇行は、東らの議論が、規範化された「近代文学」との対比で組み立てられていると指摘し、日本の物語文化は、戦前からすでにデータベース消費的な傾向を持っていたとする(大橋　二〇一四)。しかし、このような遡行を始めると、中世の写本文化、そして古代以前からの口承文化にまでさかのぼらなければならなくなるだろう。そして、受け手自身が背景的データベースを自覚しているという、今日のサブカルチャーの特質が見失われるだろう。

い。すでに生成されている作品群が十分に情報をそぎ落とされ、パターンに還元されているからである。そしてそのことが、サブカルチャーの当事者にとっては、物語の生成と共有にかける時間や労力のエコノミー(節約＝無駄のない進行＝神の経綸)に役立っている。このような事態を理解するのには、むしろ時代遅れの元型論や本質論的な構造主義の方が適している。さらにそのような言説が作品の生成にも影響を与え、還元を強化するだろう。だが、元をたどるならば、このような事態に宗教学をはじめとする人文知は多少なりとも責任を負っているのである。

「宗教」とサブカルチャーはどちらがリアルなのか

最後に宗教研究の文脈での本研究の意義を考えておこう。すでに、正統的な宗教文化から外れた周辺的な宗教現象の相互作用や緩やかな結合を指す述語としては、「カルティック・ミリユー」がある(Kaplan and Lööw 2002)。さらに、C・パートリッジはそれを拡張し、エソテリシズム(秘教)、神智学、神秘主義、ニューエイジ、ペイガニズムなどと結びつけられる逸脱的な信念と実践、その他のサブカルチャー的な信念と実践を含む、広い意味でオカルトと関連する文化現象を「オカルチャー」という用語で表した(Partridge 2004-2005)。日本の研究でもこのような用語と類似するものとしては、やや広い概念だが、西洋的文脈を超えて日本も含めたグローバルな展開を包括的に理解しようとする島薗進の「新霊性文化」がある(島薗 二〇〇七b)。本書が前章まで取り上げてきた「ポップ・スピリチュアリティ」はとくにメディアや市場との関連が強く、マニアックな秘教やサブカルチャーより、ポップ・カルチャーに近い。一方、虚構性やハイパー・リアリティに注目した研究の系譜もある。たとえば、新宗教が伝統宗教との連続性を弱め、様々な素材を異なる文脈から折衷する傾向を井上順孝は「ハイパー宗教」と呼び（井上 一九九九）、平藤喜久子は、ゲームにおける神話的素材の借用をも視野に入れ、「ハイパー神話」と呼んでいる（平藤 二〇〇八）。西洋でも、A・ポッサマイ（Possamai 2012）らが精力的に研究している「ハイパーリアル宗教」（ポピュラー文化に素材を持つ宗教）、スター・ウォーズなどのファンたちが作った「虚構にもとづく宗教」を「歴史にもとづく宗教」と対比させる研究もある（Davidsen 2013）。

しかしながら、これらの議論は、神話の借用に焦点を当てた平藤を除けば、社会的実体を持つ文化現象を主な対象とし、それを既存の「宗教」概念との関係でとらえようとする。「宗教マンガ・アニメ」を主対象としたJ・B・トーマスも、既存の宗教概念を拡張することでマンガ・アニメの宗教性を読み取ろうとし、作品を超えたオーディエンスの受容に注意を寄せつつも、それを宗教との類比関係で理解しようとする（Thomas 2012）。山中弘など何人かの宗教研究者が宮崎駿の作品について言及しているが（山中 二〇〇三）、個別の作品や作家を取り上げ、それを宗教観、宗教思想、宗教的機能と結びつけて論じるものが多い。だが、宮崎のように宗教学的素養を持ち、宗教や神話に関する知識を作品に詰めこもうとする作家のなかに宗教性を読み込むことができるのは当然であり、それを指摘することが研究として生産的とは思われない。むしろ、作家が「宗教」にならないように注意しつつ、宗教学的知識を再生産し、別のものに変えてゆく創造的なプロセスを、「宗教」概念と切り分けて主題化するべきではないだろうか。

「宗教」と距離を取り、過去のファンタジーやフィクションをある種の「伝統＝伝承」として発見＝再構成し続け、語彙のデータベースを更新してゆくような、それ自体は社会的実体性を持たないサブカルチャーは、これまでの宗教研究であまり論じられていなかった。非実体的なサブカルチャーは宗教社会学の研究者からは軽視されるかもしれないが、現代日本の「サブカル」の当事者――「魔術師」たち

――にとっては、親近感の湧かない過去の宗教伝統やオウム事件以後に存在感を弱めた新宗教より、ずっと大きなリアリティを持つ。個人主義的とはいえ、なお特殊な信念と実践をリアルなものとして奉じているスピリチュアル・ブームの担い手とも、「サブカルチャーの魔術師」たちは距離を取っている。魔的なものへの関わりは、あくまで「リアル」な世界に持ち出してはいけないのであり（このタブーを冒すと「中二病」として嘲笑される）、虚構、趣味だと装わなければならない。ところが、この「虚構」と自称されるデータベース的な非実体的サブカルチャーの方が、彼らにとっては、現実の宗教史に登場する「宗教」よりもはるかに大きな存在感を持っているのである。

このサブカルチャーが本当に虚構なのか。逆に宗教は本当にリアルなのか。これらは、理論的に突き詰めると決してシンプルには答えられない問いである。近代におけるメルヒェンやファンタジーは、宗教学をはじめとする人文知なしには成立し得なかった。グリム兄弟は言語学者、トールキンは文献学者、ルイスは神学者・宗教学者であり、近年の日本でも『学校の怪談』シリーズは民俗学者である常光徹の手による。今日の魔術・宗教的語彙を操るサブカルチャーは、宗教学者をはじめとする人文系の研究者の神話や伝承の研究に端を発している。巨視的に見れば、このサブカルチャーは、人類の発生以来、伝承や伝播を通して受け継がれてきた様々な物語の延長線上にある。文字化される以前の物語の継承は決して正確なものではなく、変形や再構成や類話の蓄積など、東が「データベース消費」と呼んだものと同じ流動性を備えている。むしろ、「文字の文化」の影響を受けた教典宗教、いわゆる近代的な意味での固定的な教義・組織・メンバーシップを持った「宗教」の方が、民間伝承からサブカルチャーへと連なる「声の文化」の系譜の上では異質に見える（cf. Ong 1982）。「宗教」も成立当初は口頭伝承に依拠していたが、ある時期から、物語の内容を歴史的実在として固定化し、他の物語に対する排他的真理を主張するものに変化する。現代日本のサブカルチャーの当事者から見れば、そうした「宗教」、とくに今日のいわゆる「原理主義」に見られるような「伝統の発明」こそ虚構だと思われるだろう。

これらをフラットに物語やイメージの生成の形式として相対化し、そこから宗教とスピリチュアリティとメディア作品中心のサブカルチャーを扱い、相互の関係を明確化するような研究の端緒として、本研究が貢献することになれば幸いである。

分析一覧表

使役関係	脱善悪二元論的傾向	ジェンダー関係：ハーレム型，逆ハーレム型，群像型，アマゾネス型
○	○退治ではなく友好関係	妖怪に襲われる美少年が難を切り抜け，人との絆を築くのを鑑賞する視点(もとは少女マンガ)
○使い魔	一種の警察機関に属しているので×？	アマゾネス型．少女の成長物語
○使い魔．ただし恋愛関係がミックス	不明	ハーレム型．魔法美少女にペット的存在として使役され服従する少年．ラブコメ的
使役関係よりも憑依関係という意味で○	○妹が怪異の化けた偽物であると分かっても家族として共生	怪異的美少女に囲まれるハーレム型
○美少年で強い力を持つ妖狐が主人公の少女の召使いになる	△複数の妖怪が共生するマンション妖館が舞台	力強い美少年を犬として従わせる
○魔女に使い魔がいる	○善悪の視点の反転．戦いと悲しみのない世界への希望	アマゾネス型．少女同士の友情・愛情．純粋な願いを持つ魔法少女が穢れを蓄積して悪しき魔女になるという設定
○主従関係	不明	逆ハーレム型．元は女性用の恋愛ゲーム
一部○，使い魔も	×冒険であり予定調和	少女向け児童文学．小学生向け教育テレビ番組内アニメ
×	不明	女装少年．戦闘美少女の亜種．ラブコメ
×	×激しい対立が最初から薄い	ハーレム型．神である美少女のアイドルとしての活躍
○	○聖杯戦争の終結を志向	群像型
×	○正体不明の幽霊(神隠しの悪霊？)との共生	幽霊の美少女と他の美少女に愛される少年．ハーレム型
×	○旧人類の調停官による人類を衰退させた妖精との交流	女性が主人公．妖精との戯れ
憑依．使役の状態も．○	○未浄化霊の純粋な愛情，死による再結合？	女性が主人公．生死を超えた愛情
×	×	ハーレム型
○神獣や使い魔の召喚	○主人公は平和主義者．しかし争いに巻き込まれ，神殺しの力を持つ．神々の方が暴力的と描かれる	ハーレム型ラブコメ

表 9-4　アニメ

作品名	放送開始日（再放送含む）	オリジナルの媒体	公式サイトおよびウィキペディアの作品説明中の魔術・神話・宗教的語彙	西洋宗教か日本宗教か
夏目友人帳 肆	2012 年 1 月 2 日	マンガ	妖怪［神との境界が不鮮明］，妖力，祓い人，化け猫	日本
魔法少女リリカルなのは StrikerS	2012 年 1 月 5 日	ゲーム	魔法少女，魔法学校，魔導師，ケリュケイオン（元はヘルメス神の杖），竜の召還	西洋
ゼロの使い魔 F	2012 年 1 月 7 日	小説	魔法学院，魔法使い，使い魔，吸血鬼，精霊，魔獣，ドラゴン	西洋
偽物語	2012 年 1 月 7 日	小説	動物の怪異，化け物，人間の情念に感応して憑依	日本
妖狐×僕 SS	2012 年 1 月 12 日	マンガ	妖怪，先祖返り，妖館，妖狐，鬼，九尾の狐などの血を継いだ子孫が先祖返りしたもの	日本
魔法少女まどか☆マギカ	2012 年 2 月 8 日	アニメ	魔法少女，魔女，キュゥべえという地球外生命体，契約を迫り，少女を魔法少女に変える	西洋
緋色の欠片	2012 年 3 月 5 日	ゲーム	玉依姫，鬼，巫女，狐，魔術，セフィロト，ロゴス，鬼斬丸という世界を破滅させる力を持った刀，そしてその封印を守る者たち，それを奪おうとする者たち	日本と西洋
黒魔女さんが通る！！	2012 年 4 月 4 日	小説	魔女，黒魔女，オカルト，魔法，ギュービッドと呼ばれる黒魔女のインストラクター，その他，読者考案の魔界の存在も	西洋
これはゾンビですか？　オブ・ザ・デッド	2012 年 4 月 4 日	小説	ゾンビ，魔装少女，吸血忍者，妖精，冥界から来たネクロマンサー，そしてそれによってよみがえったゾンビなど	西洋
かんなぎ	2012 年 4 月 7 日	マンガ	樹の精霊，神樹，産土神，ケガレ	日本
Fate/Zero　2nd シーズン	2012 年 4 月 7 日	小説	聖杯，魔術師，英霊，使い魔，聖堂教会，魔力，怪物，海魔	西洋
黄昏乙女×アムネジア	2012 年 4 月 8 日	マンガ	旧校舎の幽霊，怪異，学校の怪談，怪奇現象，霊界，隠れ鬼，悪霊，神隠し，人身御供，人柱	日本
人類は衰退しました	2012 年 7 月 1 日	小説	妖精さん，人類の衰退	西洋
夏雪ランデブー	2012 年 7 月 5 日	マンガ	幽霊	日本
はぐれ勇者の鬼畜美学（エステティカ）	2012 年 7 月 6 日	小説	異世界，魔法，魔王，魔王を倒した勇者，拳神	西洋
カンピオーネ！～まつろわぬ神々と神殺しの魔王～	2012 年 7 月 6 日	小説	神話からはずれて災厄をもたらす「まつろわぬ神」，神殺しの魔王カンピオーネ，魔術書，魔術結社，魔術関係者の監査機関，神器，神具，アテナ，ペルセウス，スサノオ，神話に登場する神々	西洋

使役関係	脱善悪二元論的傾向	ジェンダー関係：ハーレム型，逆ハーレム型，群像型，アマゾネス型
○	○魔法は善か悪かの問い．死そのものは悪なのではなく，愛のもとだという死生観	群像型，少年マンガ，恋愛より友情
○幻獣の使役．絶対的な呪力を持つ人間への反乱	○支配服従関係への抵抗というモチーフ．人間と幻獣との間．能力を持つ若者を養成する大人．呪力の管理．共生を志向する少数の登場人物	美少女と美少年の群像型．受容者は男性・女性に限定しない
○神と神使	△戦闘能力があることをほのめかしながら，深刻な戦いには至らない	少女マンガ．美少女の主人公に美少年の神使が多数関わってくる逆ハーレム型
△創造と破壊の二つの樹という神的存在に仕える人間	○二つの樹が善悪二元論的な戦いを象徴するが，黒鉄病という人類にとっての悪が最終的な破壊を防ぐためのものであるなど善悪の基準が分からなくなるような設定	群像型．美少女に翻弄される少年という設定だが，二人の少年をＢＬ的に見る余地を残す
○	戦いのための準備をしている途中．ここまでは旅と冒険と奴隷状態からの解放	少年マンガ．女好きの登場人物だが恋愛はテーマにならない
○身分制社会における使役関係．部族社会．幻獣の使い魔はいる	○人間と魔族が戦う設定の世界で，魔王を討伐することを目指す勇者だが，経済学的知識を持つ魔王に討伐が問題解決にならないと説得され，結局は魔王と愛し合う関係に	美少女である魔王に愛される勇者．ややハーレム型
○カラスの形になることもある，腕に宿る妖刀など，犬との共生，鬼への変身など身体の分身	不明	BL 誌掲載．美少年．美青年
○魔物の召喚	○魔王と勇者なのに馴れ合う	美少女が魔王
不明	不明	美少女もの
○キャラクターによっては精霊などを使役	△ギフトを用いたコミュニティ同士の戦い(ギフトゲーム)．戦争というよりは競技．魔王など「神魔の遊戯」．超能力者は必然性もなく巻き込まれていく	群像型．美少女キャラは登場するが，男性キャラの活躍の方が目立つ
○式神	不明	群像型．男女とも美しい容姿．学園もの
不明	○魔王を退治しようとする勇者が魔王と共生することになる	魔王がフリーターとして生きる普通の男性の姿をし，複数の美少女キャラクターに囲まれるハーレム型
○ゲームがオリジナルであることと関連	○宇宙からの謎の侵略者との戦い．侵略者もそれと戦う悪魔も幻獣のような感じ．つまりどちらも魔的	群像型．プレイヤーとしてのキャラクター

作品名	放送開始日(再放送含む)	オリジナルの媒体	公式サイトおよびウィキペディアの作品説明中の魔術・神話・宗教的語彙	西洋宗教か日本宗教か
劇場版 FAIRY TAIL 鳳凰の巫女	2012年8月18日	マンガ	鳳凰，魔導師，巫女，魔法，魔力	西洋
新世界より	2012年9月28日	小説	呪力を持った人間．人間に使役される幻獣．怪物．化け物．不浄猫．真言(マントラ)．悪鬼．業魔化	日本
神様はじめました	2012年10月1日	マンガ	土地神．神使．あやかし．妖怪．化身．鞍馬．雷神	日本
絶園のテンペスト	2012年10月4日	マンガ	魔法使いの一族．それと契約することによって普通の少年が魔法の力を得る．創造の力を司るはじまりの樹．破壊の力を司る絶園の樹．魔具	西洋
マギ	2012年10月7日	マンガ	魔法．アラジンの笛によって現れる魔神．魔法の絨毯．魔力とその元になるルフ．魔法学校．魔法道具．魔法装置．魔導師．回復魔法	西洋
まおゆう魔王勇者	2013年1月4日	小説	魔王．魔族．魔界．妖精	西洋
八犬伝―東方八犬異聞	2013年1月5日	マンガ	四獣神家．妖．鬼．狐．妖刀・村雨．教会．癒し．生き神．土地神	日本と西洋
戦勇。	2013年1月8日	マンガ	魔物．魔王．勇者．魔女．封印	西洋
ささみさん@がんばらない	2013年1月10日	小説	日本と世界の神話の神々．あらゆるものに宿っている．それが実体化したものが妖怪．天岩戸．根の国．つるぎ．かがみ．月読神社．悪徳オカルト結社アラハバキ．ゴーレム．九頭竜	日本と西洋
問題児たちが異世界から来るそうですよ？	2013年1月11日	小説	超能力者，「箱庭」の神的存在．神魔の遊戯．白夜叉．吸血鬼．ペルセウス．火龍．精霊．魔王	西洋
RDG レッドデータガール	2013年4月3日	小説	熊野古道．神社．姫神．憑依．山伏．呪術．幽霊．陰陽師．戸隠忍者	日本
はたらく魔王さま！	2013年4月4日	小説	聖十字大陸．悪魔大元帥．魔王サタン．聖剣．勇者．魔力エネルギー弾．ルシフェル．死神．大天使サリエル	西洋
DEVIL SURVIVOR 2 the ANIMATION	2013年4月4日	ゲーム	死に顔サイト．死に顔動画(ニカイア)．魔方陣．悪魔．悪魔使い	西洋

使役関係	脱善悪二元論的傾向	ジェンダー関係：ハーレム型，逆ハーレム型，群像型，アマゾネス型
○「天使」は使い魔に近い	○精霊は敵だが主人公と恋愛をし，デートをすることによって戦闘不能になる	ハーレム型
不明	○宇宙からやってくる敵から世界を防衛するので，ストーリー自体は善悪二元論．しかし，キャラクター名の元は怪物で本来は退治されるべきものであり，設定自体が善悪二元論をずらしている	アマゾネス型
○鞘であるはずの人間の方が剣である神を使う	○十二神鞘どうしの戦いを終わらせるための戦い	群像型，少年マンガ
○タロット使いという言い方	○人間の心の闇から殲滅するべきダイモニアが発生するが，その声に耳を傾けることで葛藤が生じる	アマゾネス型
○憑依，式神	△危害を加えるかと思えばなれ合う，の繰り返し	ハーレム型
×	○「死者」でありながら生きているのを殺すことが善である世界．最初から善悪がねじれている	群像型
○下僕，低級悪魔など，支配や階層の観念	○悪魔世界が舞台だが社会のようになっている	ハーレム型．上級悪魔になりハーレムを作るのが主人公の夢
×	○人間と同様の意思を持つ魔物であるような動物を，人間が食べること，彼らが自ら食べられることの是非を巡る葛藤	群像型
○力による支配	○魔界が舞台だが社会のようになっている	群像型に近いがハーレム型の要素も
○悪魔は主人公によって召喚され，従っている	○大天使ミカエルが「法悦」を与えると悪魔は自由意志をなくして，他の悪魔たちをおそう．大天使の方が悪に見え，善悪が反転	逆ハーレム型ＢＬ風(美少年が複数の美男子に囲まれる)
×	該当せず	群像型
○言葉をしゃべるマジカルステッキ	不明	アマゾネス型．少女同士の友情
○	不明	少年中心

作品名	放送開始日(再放送含む)	オリジナルの媒体	公式サイトおよびウィキペディアの作品説明中の魔術・神話・宗教的語彙	西洋宗教か日本宗教か
デート・ア・ライブ	2013年4月5日	小説	精霊．封印．天使の召喚	特定できず
絶対防衛レヴィアタン	2013年4月6日	ゲーム	妖精．竜族．魔法．大魔導士．ガーディアン．レヴィアタン．ユルルングル(アボリジニ神話に出てくる虹の蛇)．ヨルムンガンド(北欧神話に出てくる蛇の怪物)．バハムート(ベヒモス)	西洋
アラタカンガタリ～革神語～	2013年4月8日	マンガ	天和国(あまわくに)．劍神(はやがみ：劍の形を取った神格)．鞘(しょう：神の力を胎内に収めることのできる人間)．十二神鞘．鬼化(鞘が負の感情に呑み込まれ暴走すること)	日本
幻影ヲ駆ケル太陽	2013年7月6日	アニメ	タロット．人間の魂を糧とする悪魔のディアボロス．自然の力を根源とするエレメンタル・タロット．占い師．ダエモニア．ケルブレム	西洋
〈物語〉シリーズ セカンドシーズン	2013年7月6日	小説	怪異．幽霊．式神．ご神体．吸血鬼	日本
神さまのいない日曜日	2013年7月6日	小説	墓守．不死．死神	特定できず
ハイスクールD×D NEW	2013年7月7日	小説	神器．悪魔．聖剣エクスカリバー．オカルト研究会．ヴァンパイア．天使．堕天使．魔王．聖剣アスカロン．魔法少女．魔術師	西洋
有頂天家族	2013年7月7日	小説	狸．天狗	日本
ブラッドラッド	2013年7月7日	マンガ	魔界．吸血鬼．狼男．幽霊．魔力．生き返り	西洋
魔界王子 devils and realist	2013年7月7日	マンガ	ソロモン．ダンタリオン(悪魔の名前)．魔界．降霊術．シトリー．サバト．大天使ミカエル．法悦．ルシファー	西洋
あの日見た花の名前を僕たちはまだ知らない。	2013年7月11日	アニメ	公式ＨＰには宗教的用語はないが　死霊との交流を扱っている	特定できず
Fate/kaleid liner プリズマ☆イリヤ	2013年7月12日	マンガ	魔法．魔法少女．魔術師．英霊	西洋
ガイストクラッシャー	2013年10月2日	ゲーム	ガイスト，ゼウス，オリンポス，フェンリル，グリフォン，オロチ，ユニコーン，ゼウス，ガルーダ，リュウジン，ヤタガラス，その他，ガイストに対して既存の神名，幻獣の名前多数	西洋，東洋

使役関係	脱善悪二元論的傾向	ジェンダー関係：ハーレム型，逆ハーレム型，群像型，アマゾネス型
×	○半妖である少年と異界士である少女の恋愛．少女の家は「地の一族」で悪と見なされ，忌み嫌われ，それを払拭するために戦い続けていた	オタク的コミュニケーションを軸にしつつも一対の男女のラブストーリー
○	不明	不明
不明	△異世界における種族間問題．オタク文化を伝えることを文化的侵略と考えるテロリストの出現	ハーレム型．ファンタジー的な美少女キャラに囲まれ，尊敬されるひきこもりのオタク男子
×	○復讐心から天使と戦闘していたが，自分の死を受け入れ，やがて和解へ．消滅	ハーレム型．少年と複数の美少女．うち一人は少年が告白したことにより満足して消滅するが，転生した後再会
○眷獣	△戦いがあっても学園ものの枠に収まる	ハーレム型
不明	○魔王を倒す勇者になりたかった若者と魔王の娘が同じ職場	ハーレム型．オタク的な少年と美少女
○死霊や式神を使うキャラクターもあり	○人間と妖怪の共生	「美少女とクールな少年」
○神そのものは登場せず神使が主役	△異様な形相を持つツンデレの狐と異類間の愛情を育んでいるようにも見える．争いや葛藤は大きくない．個人的悩み	少年・青年マンガが原作だが，アニメは女子高生目線．異性愛より，神使との愛情ある交流(やがては人間の方が先に死んでいくはかない関係)がメイン
○魔力による人形使い	○学園内の競争．バトルはあるが，善悪ではない	ハーレム型．美少女の形をした自動人形を操る男が主人公．その美少女は主人公に積極的に甘え，他の美少女に嫉妬するという設定
○式神．人間の姿をした式神	○完全な悪役が出てこない作品作り．元から善悪を作らない	美少女あり．若干ハーレム．男装あり，幼女好きあり，など
○魔力を持った武器の使用，使い魔カード	不明	群像型．機神＝女性型の自動人形(オートマトン)

作品名	放送開始日（再放送含む）	オリジナルの媒体	公式サイトおよびウィキペディアの作品説明中の魔術・神話・宗教的語彙	西洋宗教か日本宗教か
境界の彼方	2013年10月2日	小説	妖夢（普通の人の目に見えない妖怪のようなもの），虚ろな影（実体を持たない強力な妖夢），異界士（妖夢を討伐する者）	日本
京騒戯画	2013年10月2日	アニメ	妖怪，モノノケ，稲荷，鞍馬，鬼，黒うさぎ．明恵上人（稲荷ともいう），絵を描き，それから超常的存在を生み出す．鞍馬，鬼，黒うさぎなど．黒うさぎ（古都という名前）との間に主人公の青年明恵をもうける．アラタマ，式神	日本
アウトブレイク・カンパニー	2013年10月3日	小説	ドラゴン，異世界，ハーフエルフ	西洋
Angel Beats！特別編「Stairway to Heaven」	2013年10月3日	アニメ	若くして理不尽な死，死後の世界，神への復讐，天使との戦い．それ以上死ぬことのない戦いを繰り広げる青春学園ドラマ．未練がなくなると消滅し，転生する	不明
ストライク・ザ・ブラッド	2013年10月4日	小説	吸血鬼．剣巫．攻魔師．霊槍．魔族特区．アスタルテ．獣人．天使．魔女．魔力．監獄結界．魔導医師．魔道書．竜脈．魔獣	西洋
勇者になれなかった俺はしぶしぶ就職を決意しました。	2013年10月4日	小説	勇者，魔王，マジックショップ，「家電」＝魔法を元にしたグッズ，なまくら剣	西洋
夜桜四重奏〜ハナノウタ〜	2013年10月6日	マンガ	妖怪，奇怪な事件，言霊，妖変化，龍脈，心を読むことができる「サトリ」	どちらかと言えば日本
ぎんぎつね	2013年10月6日	マンガ	稲荷神社，狐その他の神使，占い，夏越の祓	日本
機巧少女は傷つかない	2013年10月7日	小説	機巧魔術（マキナート），ヴァルプルギス，自動人形を操る魔術師（人形使い）の学院，魔触の都市，魔術師の頂点「魔王（ワイズマン）」の称号をかけた戦い「夜会」．自動人形を襲う魔術喰い．魔術結社「新機関（ノヴム・オルガヌム）」	西洋（英国）
東京レイヴンズ	2013年10月8日	小説	式神，陰陽師，霊災（霊的災害：霊気→瘴気→自然の自浄作用の限界を超える→物理的被害→移動可能に→百鬼夜行），密教，修験道，霊力，見鬼の術（霊視），狐の生成り（先祖返り）	日本
BLAZBLUE ALTER MEMORY	2013年10月8日	ゲーム	カグツチ，ムラクモ，カグラ，クシナダ，タケミカヅチ，ツクヨミ，スサノヲなどの固有名．死神，魔道書，魔素，術式	日本だが近未来

関する事典類のリスト

出版社名	出版年	シリーズ名
国書刊行会	1979	
JICC 出版局	1980	
日本ソフトバンク出版事業部	1986	
社会思想社	1986	(現代教養文庫；1188)
日本ソフトバンク出版事業部	1988	
六興出版	1990	
学習研究社	1992	(Mu super mystery books. 事典シリーズ；6)
ソフトバンク出版事業部	1993	
ソフトバンク出版事業部	1994	
ソフトバンク出版事業部	1995	
原書房	1996	
新紀元社	1996	(Truth in fantasy 事典シリーズ；1)
ソフトバンク出版事業部	1996	
ジャパン・ミックス	1997	(ファンタジー・ファイル；5)
ジャパン・ミックス	1997	(ファンタジー・ファイル；3)
新紀元社	1997	(Truth in fantasy 事典シリーズ；2)
ジャパン・ミックス	1997	(ファンタジー・ファイル)
ジャパン・ミックス	1997	(ファンタジー・ファイル)
ジャパン・ミックス	1997	(ファンタジー・ファイル；6)
ジャパン・ミックス	1997	(ファンタジー・ファイル；4)
新紀元社	1998	(Truth in fantasy 事典シリーズ；3)
新紀元社	1999	(Truth in fantasy 事典シリーズ；4)
東京創元社	1999	(海外文学セレクション)
新紀元社	2000	(Truth in fantasy 事典シリーズ；5)
新紀元社	2001	(Truth in fantasy 事典シリーズ；6)
新紀元社	2002	(Truth in fantasy 事典シリーズ；7)
東洋書林	2002	
新紀元社	2003	(Truth in fantasy 事典シリーズ；8)
あすなろ書房	2004	(「知」のビジュアル百科；11)

表 9-5　魔術・宗教的語彙に

書　名	著者名
世界幻想作家事典	荒俣宏著
現代思想のキーワード　科学の知から神話や魔術の知の領分まで：文明転換期の知の流儀を理解するための思想用語辞典	JICC 出版局／編
RPG 幻想事典	早川浩著，Nikov 絵
モンスター事典：ファイティングファンタジー	M. ガスコイン／編，浅羽莢子／訳
ジャパネスク：RPG 幻想事典・日本編	東山プロダクション絵，飯島健男[ほか]著
宮沢賢治幻想辞典：全創作鑑賞	畑山博著
魔術	
RPG 幻想事典 チャンバラ英雄伝	柳川房彦[ほか]著
RPG 幻想事典 戦士たちの時代	司史生，坂東いるか共著
RPG 幻想事典 アイテムガイド	ヘッドルーム[ほか]著
魔女と魔術の事典	ローズマリ・エレン・グィリー著，荒木正純，松田英監訳
武器事典	市川定春著，新紀元社編集部編
RPG 幻想事典 戦場の乙女たち	司史生[ほか]著
戦国百傑伝：戦国の世に輝いた百の将星 上巻	オフィス新大陸編著
神の事典	ツイン・スター編著
幻想動物事典	草野巧著，シブヤユウジ画
幻獣夜話	オフィス新大陸編著
ケルト：幻想の神々	STUDIO-M 編著
インドの神々	石黒直樹編著
Evangelist：喜びを伝えるもの	STUDIO-M 編著
魔法事典	山北篤監修
西洋神名事典	山北篤監修，シブヤユウジ画，稲葉義明[ほか]著
死者の百科事典	ダニロ・キシュ著，山崎佳代子訳
悪魔事典	山北篤，佐藤俊之監修
魔導具事典	山北篤監修，稲葉義明[ほか]著
東洋神名事典	山北篤監修，桂令夫[ほか]著
図説ファンタジー百科事典	デイヴィッド・プリングル編，井辻朱美日本語版監修
英雄事典	山北篤監修，稲葉義明[ほか]著
魔術事典	ダグラス・ヒル著，高山宏日本語版監修

出版社名	出版年	シリーズ名
新紀元社	2005	(F-Files ; no. 1)
新紀元社	2005	(F-Files ; no. 2)
イーグルパブリシング	2006	
新紀元社	2006	(F-Files ; no. 4)
新紀元社	2006	(F-Files ; no. 6)
ソフトバンククリエイティブ	2006	
新紀元社	2006	(Truth in fantasy 事典シリーズ ; 9)
角川書店	2007	
イーグルパブリシング	2007	
イーグルパブリシング	2007	
イーグルパブリシング	2007	
イーグルパブリシング	2007	
新紀元社	2007	(F-Files ; no. 10)
新紀元社	2007	(F-Files ; no. 9)
新紀元社	2007	(F-Files ; no. 11)
廣済堂出版	2007	(廣済堂文庫. ヒューマン文庫)
廣済堂出版	2007	(廣済堂文庫. ヒューマン文庫)
廣済堂出版	2007	(廣済堂文庫. ヒューマン文庫)
実業之日本社	2007	(じっぴコンパクト)
イーグルパブリシング	2008	
イーグルパブリシング	2008	
イーグルパブリシング	2008	
イーグルパブリシング	2008	
新紀元社	2008	(F-Files ; no. 13)
新紀元社	2008	(F-Files ; no. 14)
ソフトバンククリエイティブ	2008	
新紀元社	2008	(Truth in fantasy 事典シリーズ ; 10)
廣済堂出版	2008	(廣済堂文庫. ヒューマン文庫)
廣済堂出版	2008	(廣済堂文庫. ヒューマン文庫)

書　名	著者名
図解近代魔術	羽仁礼著，新紀元社編集部編
図解クトゥルフ神話	森瀬繚編著
萌え萌え幻想武器事典	幻想武器制作委員会編
図解錬金術	草野巧著
図解吸血鬼	森瀬繚，静川龍宗編著
新説 RPG 幻想事典：剣と魔法の博物誌	村山誠一郎著
幻想地名事典	山北篤監修，桂令夫，草野巧，佐藤俊之，司馬炳介，秦野啓，山北篤著
夢魔の幻獣辞典	井上雅彦著
萌え萌え妖精事典	妖精事典制作委員会編
萌え萌え天使事典：side 白	天使・悪魔事典制作委員会編
萌え萌え女神事典	女神事典制作委員会編
萌え萌え悪魔事典：side 黒	悪魔・天使事典制作委員会編
図解北欧神話	池上良太著，新紀元社編集部編
図解天国と地獄	草野巧著，新紀元社編集部編
図解陰陽師	高平鳴海，土井猛史，若瀬諒，天宮華蓮著
よくわかる「世界の妖怪」事典：河童，孫悟空から，ドラキュラ，口裂け女まで	「世界の妖怪」を探究する会著，ブレインナビ編
よくわかる「世界の幻獣」事典：ドラゴン，ゴブリンからスフィンクス，天狗まで	「世界の幻獣」を研究する会著，ブレインナビ編
よくわかる「世界のドラゴン」事典：サラマンダー，応龍から，ナーガ，八岐大蛇まで	「世界のドラゴン」を追究する会著，ブレインナビ編
パワーストーン幸運の辞典：魔法の石とのつき合い方教えます	森村あこ著
萌え萌え妖怪事典	妖怪事典制作委員会編
萌え萌え魔法事典	魔法事典制作委員会編
萌え萌え幻獣事典	幻獣事典制作委員会編
萌え萌え英雄事典 ヨーロッパ編	英雄事典制作委員会編
図解火の神と精霊	山北篤著
図解 UFO	桜井慎太郎著
新説 RPG 幻想事典：剣と魔法の博物誌 モンスター編	村山誠一郎著
幻想図書事典	山北篤監修
よくわかる「魔界・地獄の住人」事典：サタン，ハデスから，死神，閻魔大王まで	幻想世界を研究する会著，ブレインナビ編
よくわかる「天国・神界の住人」事典：ゼウス，オーディンからミカエル，天照大御神まで	幻想世界を研究する会著，ブレインナビ編

出版社名	出版年	シリーズ名
廣済堂出版	2008	（廣済堂文庫．ヒューマン文庫）
廣済堂出版	2008	（廣済堂ペーパーバックス）
廣済堂出版	2008	（廣済堂ペーパーバックス）
柊風舎	2009	
イーグルパブリシング	2009	
イーグルパブリシング	2009	
イーグルパブリシング	2009	
国書刊行会	2009	
新紀元社	2009	（F-Files；no. 019）
新紀元社	2009	（F-Files；no. 021）
ソフトバンククリエイティブ	2009	
キルタイムコミュニケーション	2009	（アンリアルコミックス；42）
宝島社	2009	（宝島 sugoi 文庫）
新紀元社	2009	
廣済堂あかつき	2009	
柏書房	2010	
新紀元社	2010	（F-Files；no. 027）
廣済堂あかつき出版事業部	2010	（廣済堂ペーパーバックス）
ソフトバンククリエイティブ	2010	
イーグルパブリシング	2011	
宝島社	2011	
学研パブリッシング	2011	
新紀元社	2011	（F-Files；no. 028）
新紀元社	2011	（F-Files；no. 032）
新紀元社	2011	（F-Files；no. 033）

書　名	著者名
よくわかる「世界の神器・魔導具」事典：エクスカリバー，村雨から，ソロモンの指輪，聖杯まで	幻想世界を研究する会著，ブレインナビ編
よくわかる「世界の幻獣」大事典：ドラゴン，ゴブリンから，スフィンクス，天狗まで	「世界の幻獣」を研究する会著，ブレインナビ編
よくわかる「世界のドラゴン」大事典：サラマンダー，応龍から，ナーガ，八岐大蛇まで	「世界のドラゴン」を追究する会著，ブレインナビ編
魔法と錬金術の百科事典	ロウズマリー・エレン・グィリー著，目羅公和訳
萌え萌え妖怪事典零	妖怪事典制作委員会編
萌え萌えドラゴン事典	ドラゴン事典制作委員会編
萌え萌えクトゥルー神話事典	クトゥルー神話事典制作委員会編，森瀬繚監修
日本幻想作家事典	東雅夫，石堂藍編
図解西洋占星術	羽仁礼著
図解水の神と精霊	山北篤著
新説 RPG 幻想事典：剣と魔法の博物誌 モンスター編 2	村山誠一郎著
幻想娘百科事典	柚木貴著
幻想世界の神々イラスト大事典	別冊宝島編集部編
幻想ネーミング辞典	新紀元社編集部編
よくわかる「世界の死神」事典：ハーデース，オーディンから，ヤマ，閻魔，イザナミまで	七会静著
猫と魔術と神話事典	M. オールドフィールド・ハウイ著，鏡リュウジ監訳，真喜志順子訳
図解悪魔学	草野巧著
ハリー・ポッターのホントの魔法事典：妖精，幻獣から，アイテム，魔法使いまで完全解説‼	七会静著
ゲームシナリオのためのファンタジー事典：知っておきたい歴史・文化・お約束 110	山北篤著
萌え萌えヴァンパイア事典	TEAS 事務所著，ヴァンパイア事典制作委員会編，寺田とものり監修
伝説の神獣・魔獣イラスト大事典：人類が語り継いできたモンスターたちの知られざる生態！	
世界の魔法・魔術事典：異教の魔法使い，悪魔と契約した魔女，禁断と背徳を秘めた奇跡の力の系譜	歴史雑学探究倶楽部編
図解巫女	朱鷺田祐介著
図解魔導書	草野巧著
図解日本神話	山北篤著

出版社名	出版年	シリーズ名
笠倉出版社	2011	
笠倉出版社	2011	
宝島社	2011	(別冊宝島スペシャル)
笠倉出版社	2011	
宝島社	2011	
新紀元社	2012	
秀和システム	2012	
ホビージャパン	2012	
ハーヴェスト出版	2012	
コスミック出版	2012	
ソフトバンククリエイティブ	2012	(NEXT CREATOR)
ソフトバンククリエイティブ	2012	(NEXT CREATOR)
筑摩書房	2013	(ちくま文庫；ひ 21-7. 日本幻想文学大全)
新紀元社	2013	(F-Files；No. 040)
コスミック出版	2013	(COSMIC MOOK)
ソフトバンククリエイティブ	2013	(NEXT CREATOR)
ナツメ社	2013	
笠倉出版社	2013	
原書房	2014	(シリーズ・ファンタジー百科)
原書房	2014	(シリーズ・ファンタジー百科)
新紀元社	2014	(F-Files；No. 044)
実業之日本社	2014	
SB クリエイティブ	2014	(NEXT CREATOR)

書　名	著者名
幻想世界武器事典	幻想武具研究会著
幻想世界幻獣事典：モンスターの美麗イラスト 500 体収録!!	幻想世界を歩む会著，スタジオエクレア編
幻想世界の神々イラスト大事典 EX	
幻想世界 11 カ国語ネーミング辞典	ネーミング研究会著
ファンタジー・ネーミング辞典 EX：13 ケ国語対応！	幻想世界研究会著
和の幻想ネーミング辞典	新紀元社編集部編集
漫画／イラストで使える西洋魔術事典	山北篤著
萌える！　淫魔(サキュバス)事典	TEAS 事務所著
ライトノベル作家のための魔法事典：This is a Magic item to establish your own world	東方創造騎士団著
ゲームシナリオ創作のためのファンタジー用語大事典：クリエイターが知っておきたい空想世界の歴史・約束事・知識	ゲームシナリオ研究会編
ゲームシナリオのためのミステリ事典：知っておきたいトリック・セオリー・お約束 110	ミステリ事典編集委員会著，森瀬繚監修
ゲームシナリオのためのファンタジー衣装事典：キャラクターに使える洋と和の伝統装束 110	山北篤著，池田正輝イラスト
日本幻想文学事典	東雅夫著
図解黒魔術	草野巧著
幻想世界ネーミング辞典：13 カ国語版	
ゲームシナリオのためのクトゥルー神話事典：知っておきたい邪神・禁書・お約束 110	森瀬繚著
クリエイターのためのファンタジー大事典＝Fantasy Encyclopedia For Creators	高橋信之監修，スタジオ・ハードデラックス著
クリエイターとプレイヤーのためのファンタジー事典	ファンタジー事典製作委員会著
世界の妖精・妖怪事典 普及版	キャロル・ローズ著，松村一男監訳
世界の怪物・神獣事典 普及版	キャロル・ローズ著，松村一男監訳
図解ケルト神話	池上良太著
願いをかなえる!パワーストーン魔法の石事典：Fortune Stones	森村あこ著
ゲームシナリオのためのファンタジー物語事典：知っておきたい神話・古典・お約束 110	山北篤著

参考文献

原著者が外国人のものを原著者名アルファベット順、次に日本人のものを五十音順で並べてある。形式は以下を基本とする。

Author (Family Name, First Name). First Publication Year. "Article," *Book*, Published Place: Publisher, 必要なら実際に参照した本の Publication Year. 著者日本語表記(訳者)「論文」『書籍』出版社、邦訳出版年。
インターネット上のリンクは断りのないもの以外は二〇一九年八月一五日にアクセス可能なものである。

Argüelles, José. 1987. *The Mayan Factor: Path beyond Technology*, Original ed., Bear & Company.

Baudrillard, Jean. 1981. *Simulacres et simulation*, Paris: Galilée. ボードリヤール(竹原あき子訳)『シミュラークルとシミュレーション』法政大学出版局、一九八四。

Blavatsky, Madame. 1888. *Secret Doctrine*, London: The Theosophical Publishing Company. 〈http://www.theosociety.org/pasadena/sd/sd-hp.htm〉.

Carrette, Jeremy & Richard King. 2004. *Selling Spirituality: The Silent Takeover of Religion*, London: Routledge.

Carroll, Barbara. 2001. "A Phenomenological Exploration of the Nature of Spirituality and Spiritual Care," *Mortality*, 6(1), 81–98.

Cerminara, Gina. 1950. *Many Mansions: The Edgar Cayce Story on Reincarnation*, N. Y.: Signet, 1988. サーミナラ(多賀瑛訳)『転生の秘密(エドガー・ケイシー・レポート)』たま出版、二〇〇八。

Coelho, Paulo. 1987. *The Pilgrimage: A Contemporary Quest for Ancient Wisdom* (trans. by Alan R. Clarke), N. Y.: Harper Perennial, 1995. コエーリョ(山川紘矢・山川亜希子訳)『星の巡礼』角川書店、二〇一三。

——— 2014. "The Alchemy of Pilgrimage: Interview with Krista Tippett," *On Being*, August 14, 2014, 〈http://www.on-being.org/program/paulo-coelho-the-alchemy-of-pilgrimage/6639〉. 現在は削除。

Cohen, Erik. 1979. "A Phenomenology of Tourist Experiences," *Sociology*, 13(2), 179–201.

——— 1988. "Authenticity and Commoditization in Tourism," *Annals of Tourism Research*, 15, 371–386.

Cook, Christopher C. H. 2004. "Addiction and Spirituality." *Addiction*, 99(5), 539-551.

Cummins, Geraldine. 1932. *The Road to Immortality*, Guildford. カミンズ(浅野和三郎訳)『永遠の大道』潮文社、一九八五。

Davidsen, Markus Altena. 2013. "Fiction-based Religion: Conceptualising a New Category against History-based Religion and Fandom," *Culture and Religion*, 14(4), 378-395.

Ellenberger, Henri F. 1970. *The Discovery of the Unconscious: The History and Evolution of Dynamic Psychiatry*, N. Y.: Basic Books. エレンベルガー(木村敏・中井久夫監訳)『無意識の発見――力動精神医学発達史』弘文堂、一九八〇。

FOXNews. 2004. "More Believe in God Than Heaven," June 18, 〈http://www.foxnews.com/story/0,2933,99945,00.html〉. 現在は削除。

Freud, Sigmund. 1893. "Über den psychischen Mechanismus der hysterischer Phänomene: Vorläufige Mitteilung," Gesammelte Werke 1, Frankfurt am Main: S. Fischer, 81-98. フロイト(芝伸太郎訳)「ヒステリー諸現象の心的機制について」『フロイト全集 一――一八八六―九四年』岩波書店、二〇〇九。

Fuller, Robert C. 2001. *Spiritual, but Not Religious: Understanding Unchurched America*, N. Y.: Oxford University Press.

Gallup. 2005. "Three in Four Americans Believe in Paranormal," June 16, 〈https://news.gallup.com/poll/16915/Three-Four-Americans-Believe-Paranormal.aspx〉.

Giddens, Anthony. 2001. *Sociology, 4th edition*. Cambridge: Polity Press. ギデンズ(松尾精文ほか訳)『社会学 第四版』而立書房、二〇〇四。

Green, Marian. 1987. *The Gentle Arts of Aquarian Magic: Magical Techniques to Help You Master the Crafts of the Wise*, N. Y.: Harper Collins. グリーン(ヘイズ中村訳)『やさしい魔女――宝瓶宮時代の魔法修業』国書刊行会、一九九四。

Grof, Stanislav; Grof, Christina 1988. *Holotropic Breathwork: A New Approach to Self-Exploration and Therapy*, NY: State University of New York Press. グロフ(吉福伸逸・菅靖彦訳)『ホロトロピック・セラピー――自己発見の冒険』春秋社、一九八八。

Groom, Nick. 2012. *The Gothic: A Very Short Introduction*, Oxford: Oxford University Press.

Hearn, Lafcadio. 1896. *Kokoro: Hints and Echoes of Japanese Inner Life*, Tokyo: Tuttle Shokai, 2002. ハーン(平井呈一訳)『心――日本の内面生活の暗示と影響』岩波書店、一九五一。

Hebdige, Dick. 1979. *Subculture: The Meaning of the Style*, London: Methuen & co. ltd. ヘブディジ(山口淑子訳)『サブカルチャー――スタイルの意味するもの』未來社、一九八六。

Hill, Peter C.; Pargament, Kenneth I.; Hood, Jr., Ralph W.; McCullough, Michael E.; Swyers, James P.; Larson, David B.; Zinnbauer, Brian J. 2000. “Conceptualizing Religion and Spirituality: Points of Commonality, Points of Departure,” *Journal for the Theory of Social Behaviour*, 30(1), 51–77.

Hodge, David R.; McGrew, Charlene C. 2006. “Spirituality, Religion, and the Interrelationship: A Nationally Representative Study,” *Journal of Social Work Education*, 42(3), 637–654.

Horie, Norichika. 2013. “Narrow New Age and Broad Spirituality: A Comprehensive Schema and a Comparative Analysis,” Steven J. Sutcliffe & Ingvild Sælid Gilhus (eds.), *New Age Spirituality: Rethinking Religion*, Durham: Acumen, 99–116.

Hyman, Corine; Handal, Paul J. 2006. “Definitions and Evaluation of Religion and Spirituality Items by Religious Professionals: A Pilot Study,” *Journal of Religion and Health*, 45(2), 264–282.

Ivakhiv, Adrian. 2007. “Power Trips: Making Sacred Space through New Age Pilgrimage,” Daren Kemp and James R. Lewis (eds.), *Handbook of New Age*, Leiden: Brill, 263–286.

Kaplan, Jeffrey and Lööw, Heléne. 2002. *The Cultic Milieu: Oppositional Subcultures in an Age of Globalization*, Oxford: AltaMira Press.

Kardec, Allan. 1857. *Le livre des ésprits*, 14e édition, Paris: Didier, 1866. カルデック(桑原啓善訳)『霊の書 上・下』潮文社、二〇〇六。

Kelly, Aidan A. 1990. “Reincarnation and Karma,” J. Gordon Melton et als eds. *New Age Encyclopedia*, Farmington Hills, MI: Gale Research.

Klass, Dennis; Phyllis R. Silverman; Steven L. Nickman (eds.). 1996. *Continuing Bonds: New Understandings of Grief*, N. Y.: Routledge.

MacLaine, Shirley. 1983. *Out on a Limb*, N. Y.: Bantam Books. マクレーン(山川紘矢・山川亜希子訳)『アウト・オン・ア・リム』地湧社、一九八六。

Maslow, Abraham H. 1968. *Toward a Psychology of Being*, 2nd ed., Princeton, N. J.: Van Nostrand. マスロー(上田吉一訳)『完全なる人間――魂のめざすもの(第二版)』誠信書房、一九九八。

McCurry, Justin. 2016. “G7 in Japan: Concern over World Leaders’ Tour of Nationalistic Shrine,” *Guardian*, May 25, 〈https://www.theguardian.com/world/2016/may/25/g7-japan-world-leaders-tour-shrine-cameron-obama-abe〉.

Melton, J. Gordon. 1994. “Edgar Cayce and Reincarnation: Past Life Readings as Religious Symbology,” *Syzygy: Journal of Alternative Religion and Culture*, 3(1–2).

Miller, William R.; Thoresen, Carl E. 2003. “Spirituality, Religion, and Health: An Emerging Research Field,” *American Psy-*

chologist, 58(1), 24–35.

Mytko, Johanna J.; Knight, Sara J. 1999. "Body, Mind and Spirit: Towards the Integration of Religiosity and Spirituality in Cancer Quality of Life Research," *Psycho-Oncology*, 8(5), 439–450.

Nelson, Victoria. 2013. *Gothicka: Vampire Heroes, Human Gods, and the New Supernatural*, Harvard University Press.

Ong, Walter J. 1982. *Orality and Literacy: The Technologizing of the Word*, New York: Methuen. オング(林正寛ほか訳)『声の文化と文字の文化』藤原書店、一九九一。

Partridge, Christopher. 2004–5. *The Re-enchantment of the West*, vols 1 and 2, London: T. & T. Clark International.

Pew Research Center. 2009. "Many Americans Mix Multiple Faiths: Eastern, New Age Beliefs Widespread," December 9, 〈http://pewforum.org/Other-Beliefs-and-Practices/Many-Americans-Mix-Multiple-Faiths.aspx〉.

Pontifical Council for Culture, Pontifical Council for Inter-religious Dialogue. 2003. *Jesus Christ the Bearer of the Water of Life: A Christian Reflection on the "New Age,"* 〈http://www.vatican.va/roman_curia/pontifical_councils/interelg/documents/rc_pc_interelg_doc_20030203_new-age_en.html〉.

Possamai, Adam (ed.). 2012. *Handbook of Hyper-real Religions*, Leiden: Brill.

Rasch, Nicole. 2016. "The Camino de Santiago as Global Narrative: Literary Representations and Identity Creation," Samuel Sánchez y Sánchez and Annie Hesp (eds.), *The Camino de Santiago in the 21st Century: Interdisciplinary Perspectives and Global Views*, N. Y.: Routledge, 194–211.

Reader, Ian and George J. Tanabe Jr. 1998. *Practically Religious: Worldly Benefits and the Common Religion of Japan*, Honolulu: University of Hawai'i Press.

Rogers, Carl R. 1942. *Counseling and Psychotherapy: Newer Concepts in Practice*, Boston: Houghtton Mifflin. ロジャーズ(末武康弘・保坂亨・諸富祥彦訳)『カウンセリングと心理療法――実践のための新しい概念』岩崎学術出版社、二〇〇五。

Ricœur, Paul. 1983–5. *Temps et récit*, Tome 1–3, Paris: Seuil. リクール(久米博訳)『時間と物語 I―III』新曜社、一九八七―九〇。

Sawatzky, Rick; Ratner, Pamela A. 2005. "A Meta-analysis of the Relationship between Spirituality and Quality of Life," *Social Indicators Research*, 72(2), 153–188.

Smith, Robert. 1974. *Ancestor Worship in Contemporary Japan*, Stanford University Press. スミス(前山隆訳)『現代日本の祖先崇拝』御茶の水書房、一九九六。

Steiner, Rudolf. 1904–8. *Aus der Akasha-Kronik*, 6 Aufl., Dornach/Schweiz: Rudolf Steiner Verlag, 1986. シュタイナー(高橋巖訳)『アカシャ年代記より』国書刊行会、一九九四。

Stevenson, Ian. 1966. *Twenty Cases Suggestive of Reincarnation*, Charlottesville, VA: University of Virginia Press. スティーヴンソン(今村光一訳)『前世を記憶する20人の子供 上・中・下』叢文社、一九七七—七八。

Thomas, Jolyon Baraka. 2012. *Drawing on Tradition: Manga, Anime, and Religion in Contemporary Japan*, Honolulu: University of Hawai'i Press.

Vachon, Mélanie; Fillion, Lise; Achille, Marie. 2009. "A Conceptual Analysis of Spirituality at the End of Life," *Journal of Palliative Medicine*, 12(1), 53–59.

Walter, Tony. 2001. "Reincarnation, Modernity and Identity," *Sociology*, 35(1), 21–38.

Walter, Tony & Waterhouse, Helen. 2001. "Lives-Long Learning: The Effects of Reincarnation Belief on Everyday Life in England," *Nova Religio*, 3(1), 85–101.

Weil, Andrew. 1995. *Spontaneous Healing: How to Discover and Enhance Your Body's Natural Ability to Maintain and Heal Itself*, N. Y.: Ballantine Books. ワイル(上野圭一訳)『癒す心、治る力——自発的治癒とは何か』角川書店、一九九五。

Weiss, Brian L. 1988. *Many lives, Many Masters*, N. Y.: Simon & Schuster. ワイス(山川紘矢・山川亜希子訳)『前世療法——米国精神科医が体験した輪廻転生の神秘』ＰＨＰ研究所、一九九六。

——— 1992. *Through Time into Healing*, N. Y.: Simon & Schuster. ワイス(山川紘矢・山川亜希子訳)『前世療法２——米国精神科医が挑んだ、時を越えたいやし』ＰＨＰ研究所、一九九七。

——— 1996. *Only Love Is Real: A Story of Soulmates Reunited*, N. Y.: Warner Books. ワイス(山川紘矢・山川亜希子訳)『魂の伴侶——ソウルメイト 傷ついた人生をいやす生まれ変わりの旅』ＰＨＰ研究所、一九九九。

Wilber, Ken. 1977. *The Spectrum of Consciousness*, Wheaton, IL: Quest Books. ウィルバー(吉福伸逸・菅靖彦訳)『意識のスペクトル 1、2』春秋社、一九八五。

World Values Survey. *Online Data Analysis*, 〈http://www.worldvaluessurvey.org/WVSOnline.jsp〉.

York, Michael. 1995. *The Emerging Network: A Sociology of the New Age and Neo-Pagan Movements*, Lanham, Maryland: Rowman & Littlefield.

——— 2003. *Pagan Theology: Paganism as a World Religion*, NY: New York University Press.

Zinnbauer, Brian J.; Pargament, Kenneth I.; Cole, Brenda; Rye, Mark S.; Butter, Eric M.; Belavich, Timothy G.; Hipp, Kath-

leen M.; Scott, Allie B.; Kadar, Jill L. 1997. "Religion and Spirituality: Unfuzzying the Fuzzy," *Journal for the Scientific Study of Religion*, 36(4), 549-564.
Zinnbauer, Brian J.; Pargament, Kenneth I.; Scott, Allie B. 2001. "The Emerging Meanings of Religiousness and Spirituality: Problems and Prospects," *Journal of Personality*, 67(6), 889-919.
浅川嘉富　二〇〇九『二〇一二年アセンション最後の真実――マヤ予言の秘密とクラリオン星人の啓示…魂の5次元上昇が今、始まる!!』学習研究社。
浅野智彦　二〇〇一『自己への物語論的接近――家族療法から社会学へ』勁草書房。
浅羽通明　一九八九「オカルト雑誌を恐怖に震わせた謎の投稿少女たち！」『別冊宝島92　うわさの本』ＪＩＣＣ出版局。
ＡＳＩＯＳ（編著）　二〇一九『昭和・平成オカルト研究読本』サイゾー。
東浩紀　二〇〇一『動物化するポストモダン――オタクから見た日本社会』講談社。
――　二〇〇七『ゲーム的リアリズムの誕生――動物化するポストモダン2』講談社。
東美晴　二〇一四「ポストモダンツーリズムにおけるイメージの生産――パワースポットをめぐる言説の分析を手掛かりとして」『流通経済大学社会学部論叢』二四(二)、一三一―五三。
阿満利麿　一九九六『日本人はなぜ無宗教なのか』筑摩書房。
荒川敏彦　二〇一〇「祈願に対する効果意識――呪術効果と心理効果」、竹内郁朗／宇都宮京子編著『呪術意識と現代社会――東京都二十三区民調査の社会学的分析』青弓社、二三一―二四八。
安藤治　二〇〇三『心理療法としての仏教――禅・瞑想・仏教への心理学的アプローチ』法藏館。
飯田史彦　一九九六『生きがいの創造――〝生まれ変わりの科学〟が人生を変える』ＰＨＰ研究所。
――　二〇〇五『ソウルメイト――「運命の人」についての7つの考察』ＰＨＰ研究所。
石井研士　二〇〇八『テレビと宗教』中央公論新社
石川勇一　二〇〇四「「前世療法」の臨床心理学的検証――その問題点と可能性」『トランスパーソナル心理学／精神医学』五(一)、六六―七六。
伊藤雅之・樫尾直樹・弓山達也編　二〇〇四『スピリチュアリティの社会学』世界思想社。
井上順孝　一九九九『若者と現代宗教――失われた座標軸』筑摩書房。
――（編集責任）　二〇一七『学生宗教意識調査　総合報告書（一九九五年度―二〇一五年度）』國學院大學日本文化研究所、〈https://www.kokugakuin.ac.jp/research/oard/ijcc/ken-nicgibunkenkankobutsu/p01〉。
井上治代　二〇〇三『墓と家族の変容』岩波書店。

江原啓之　二〇〇一『人はなぜ生まれ いかに生きるのか』ハート出版。
――　二〇〇三a『江原啓之のスピリチュアル人生相談室』中央公論新社。
――　二〇〇三b『スピリチュアルな人生に目覚めるために――心に「人生の地図」を持つ』新潮社。
――　二〇〇四『スピリチュアル・サンクチュアリ――江原啓之神紀行』マガジンハウス。
――　二〇〇五『江原啓之への質問状――スピリチュアルな法則で人は救われるのか』徳間書店。
――　二〇〇七『人間の絆――ソウルメイトをさがして』小学館。
――　二〇〇八『悪意／善意――たましいの素顔』小学館。
――　二〇〇九『スピリチュアリズムを語る』パルコ。
大隅和雄　一九八六「総論――因果と輪廻をめぐる日本人の宗教意識」、大隅和雄編『因果と輪廻――行動規範と他界観の原理（大系　仏教と日本人4）』春秋社。
大橋崇行　二〇一四『ライトノベルから見た少女／少年小説史――現代日本の物語文化を見直すために』笠間書院。
岡本亮輔　二〇一五「非日常化する伝統宗教と我々の宗教心の行方――スピリチュアル、パワースポットとメディア」『中央公論』五月号、四二―四九。
柿坂神酒之祐　一九八六『天河――スーパー・サイキック・スポット』扶桑社。
樫尾直樹　二〇〇二『スピリチュアリティを生きる――新しい絆を求めて』せりか書房。
鎌池和馬　二〇〇四『とある魔術の禁書目録《インデックス》』アスキー・メディアワークス。
鎌田東二　一九九〇『聖トポロジー――地霊の変容』河出書房新社。
――　一九九九『聖地への旅――精神地理学事始』青弓社。
鎌田東二編　二〇一四『講座スピリチュアル学　第一巻　スピリチュアルケア』ビイングネットプレス。
鎌田東二・津村喬編　一九九四『天河曼陀羅――超宗教への水路《チャンネル》』春秋社。
清田益章　一九九一『発見！　パワースポット』太田出版。
窪寺俊之　二〇〇〇『スピリチュアルケア入門』三輪書店。
熊田一雄　一九九六「輪廻・転生」、日本仏教研究会編『日本の仏教　第六号』法藏館。
『現代用語の基礎知識』（CD―ROM版）、ロゴヴィスタ、二〇一四。
玄侑宗久　二〇〇六「個性を強要される現代人を引き込む「蜜」」『中央公論』一二一（一二）、一五三―一五九。
小池靖　二〇〇七a『セラピー文化の社会学』勁草書房。
――　二〇〇七b『テレビ霊能者を斬る――メディアとスピリチュアルの蜜月』ソフトバンククリエイティブ。

孝本貢　二〇〇一『現代日本における先祖祭祀』御茶の水書房。
小城英子・坂田浩之・川上正浩　二〇一五「不思議現象に対する態度の発達」『聖心女子大学論叢』一二五、九九―一一六。
小寺敦之　二〇一一「「パワースポット」とは何か――社会的背景の検討とその需要についての予備的調査」『東洋英和女学院大学人文・社会科学論集』二九、八七―一一〇。
宗教情報リサーチセンター・井上順孝編　二〇一一『情報時代のオウム真理教』春秋社。
島薗進　一九九二『新新宗教と宗教ブーム』岩波書店。
――　一九九五『オウム真理教の軌跡』岩波書店。
――　一九九六『精神世界のゆくえ――現代世界と新霊性運動』東京堂出版。
――　二〇〇七a『スピリチュアリティの興隆――新霊性文化とその周辺』岩波書店。
――　二〇〇七b『精神世界のゆくえ――宗教・近代・霊性《スピリチュアリティ》』秋山書店。
――　二〇一〇『国家神道と日本人』岩波書店。
島薗進・鶴岡賀雄　二〇〇三『〈宗教〉再考』ぺりかん社。
島田秀平　二〇一〇『島田秀平と行く！全国開運パワースポットガイド決定版!!』講談社。
島田裕巳　一九九二「パースト・ライフ・セラピー・ムーブメントをどう読むか」、宝島編集部編『過去世回帰』ＪＩＣＣ出版局。
菅直子　二〇一〇「パワースポットとしての神社」、石井研士編『神道はどこへいくか』ぺりかん社、二三二―二五二。
大正大学綜合仏教研究所輪廻思想研究会編　二〇〇一『輪廻の世界』青史出版。
高橋信次　一九七三『心の発見――現証篇』三宝出版、一九九一。
高橋直子　二〇一九『オカルト番組はなぜ消えたのか――超能力からスピリチュアルまでのメディア分析』青弓社。
高橋レイア（レイア高橋）・千田育　二〇〇九『癒しのパワースポット　ハワイ・オアフ島編』アールズ出版。
高原操・中尾好孝　二〇〇四『パワースポット　シャスタ山の歩き方』ヴォイス。
竹田恵子・太湯好子　二〇〇六「日本人高齢者のスピリチュアリティ概念構造の検討」『川崎医療福祉学会誌』一六（一）、五三―六六。
辻村深月　二〇一〇「パワースポット　愛宕神社――社会から自分を守る場所」『毎日新聞』二〇一〇年八月四日、二一面。
津城寛文　二〇〇五「現代の輪廻神話――不可視の知性が語る倫理」『「霊」の探究――近代スピリチュアリズムと宗教学』春秋社。
常光徹　一九九〇―九七『学校の怪談　一―九』講談社。

東方創造騎士団　二〇一二『ライトノベル作家のための魔法事典』ハーヴェスト出版。
Nakae, Hiroshi Makaula　二〇〇七『スピリチュアルに楽しむオアフ島――史跡・伝説とパワースポット』書肆侃侃房。
中島岳志　二〇一七「ナチュラルとナショナル――日本主義に傾く危うさ」『中日新聞』二〇一七年三月二八日、〈https://www.chunichi.co.jp/article/feature/rondan/list/CK2017032802000265.html〉。
西尾和美　一九九七『アダルト・チルドレンと癒し――本当の自分を取りもどす』学陽書房。
西平直　二〇〇三「スピリチュアリティ再考――ルビとしての「スピリチュアリティ」」、『トランスパーソナル心理学／精神医学』四(一)、八―一六。
沼田健哉　一九八六「現代新宗教におけるカリスマの生と死――高橋信次とGLAの研究」『桃山学院大学社会学論集』二〇(一)、一―三三。
平井和正　一九七九―八三『幻魔大戦　一―二〇』角川書店。
平藤喜久子　二〇〇七「グローバル化社会とハイパー神話――コンピューターRPGによる神話の解体と再生」、山中弘・松村一男編『神話と現代』リトン。
日渡早紀　一九八七―九四『ぼくの地球を守って　一―二一』白泉社、一九九八。
平田篤胤　一八二九「勝五郎再生記聞」『仙境異聞・勝五郎再生記聞』岩波書店、二〇〇〇。
藤田庄市　二〇一一「オウム真理教事件の源流――シャンバラ王国幻想から無差別大量殺人への道程」、宗教情報リサーチセンター・井上順孝編『情報時代のオウム真理教』春秋社、一九―五四。
ブリーン、ジョン　二〇一五『神都物語――伊勢神宮の近現代史』吉川弘文館。
ヘイズ中村・魔法研究会　二〇一三『魔法世界の元ネタ図鑑』学研パブリッシング。
堀江宗正　二〇〇七「日本のスピリチュアリティ言説の状況」日本トランスパーソナル心理学精神医学会編『スピリチュアリティの心理学』せせらぎ出版、三五―五四。
――　二〇一〇「日英米のスピリチュアリティ――二〇〇九年度の海外調査から(1)」『国際宗教研究所ニュースレター』六七、五―一五。「日英米のスピリチュアリティ――二〇〇九年度の海外調査から(2)」『国際宗教研究所ニュースレター』六八、八―一四。
――　二〇一一『スピリチュアリティのゆくえ』岩波書店。
――　二〇一三「脱／反原発運動のスピリチュアリティ――アンケートとインタビューから浮かび上がる生命主義」『現代宗教二〇一三』秋山書店、七八―一一二。
――　二〇一四「現代日本の魔女たち」『季刊民族学』一四九(二〇一四年七月号)、一五―一三。

――――　二〇一八「オウム真理教事件後、新宗教は衰退したのか?」『現代日本の宗教事情〈国内編Ｉ〉』岩波書店、七五―八五。
――――　二〇一八「スピリチュアル・ブームは一過性のものだったのか?」『現代日本の宗教事情〈国内編Ｉ〉』岩波書店、一二七―一四六。
松谷みよ子　二〇〇三―四『現代民話考　一―一二』筑摩書房。
松村一男　一九九九『神話学講義』角川書店。
宮川まどか　二〇一二「異界探訪1　サブカルチャーと若者――「魔術」と絶妙な距離」『中日新聞』二〇一二年八月七日、一一面。
宮本高行　二〇一五『世紀のパワースポット・分杭峠を一〇〇倍楽しむ本』学研。
紫式部『源氏物語』、『源氏物語の世界　再編集版』〈http://www.genji-monogatari.net〉、二〇〇六年八月二〇日更新。
諸富祥彦　一九九九『トランスパーソナル心理学入門――人生のメッセージを聴く』講談社。
夜想　二〇〇三『Ｙａｓｏ――特集ゴス』ステュディオ・パラボリカ。
山中弘　二〇〇三「「生きる力」のユートピア――宮崎駿「現象」の意味するもの」『現代宗教二〇〇三』国際宗教研究所、一八三―二〇二。
柳田國男　一九四六「先祖の話」『柳田國男全集　一三』筑摩書房、一九九〇。
大和友大朗　二〇一五「雑誌記事における明治神宮・清正井のパワースポット化の過程」『國學院雑誌』一一六(一一)、八七―一〇八。
読売新聞　二〇〇八「年間連続調査・日本人(六)宗教観　二〇〇八年五月調査」、五月三〇日、一二五面。
吉福伸逸・岡野守也　一九九一『テーマは意識の変容――吉福伸逸＋岡野守也徹底討論』春秋社。
脇本平也　一九八六「パワースポット」『現代用語の基礎知識一九八六』自由国民社、六九〇。

あとがき

本書は、二〇〇〇年代以降の「スピリチュアリティ」現象のなかでも、特にポピュラー文化と関わりの深いものを対象とする既刊論文を編んだものである。以下、初出を示す。

第一章　スピリチュアリティとは何か(書き下ろし)
第二章　二〇〇〇年以後の日本におけるスピリチュアリティ言説(大幅な構成の変更と情報の追加)
二〇〇七「日本のスピリチュアリティ言説の状況」、安藤治・湯浅泰雄編『スピリチュアリティの心理学』せせらぎ出版、三五―五四頁。
2012 "Spirituality and the Spiritual in Japan: Translation and Transformation," *Journal of Alternative Spiritualities and New Age Studies* vol. 5 (2009-11).
第三章　メディアのなかのスピリチュアル(大きな加筆と修正、および他の章との重複の削除)
二〇〇六「メディアのなかの「スピリチュアル」――江原啓之ブームとは何か」『世界』七五九号、二四二―二五〇頁。
第四章　メディアのなかのカリスマ(他の章との重複の削除)
二〇〇八「メディアのなかのカリスマ――江原啓之とメディア環境」、国際宗教研究所編『現代宗教二〇〇八』秋山書店、四一―六四頁。

第五章　スピリチュアルとそのアンチ

二〇一〇「スピリチュアルとそのアンチ――江原番組の受容をめぐって」、石井研士編著『バラエティ化する宗教』青弓社、五〇―七四頁。

第六章　現代の輪廻転生観

二〇一〇「現代の輪廻転生観――輪廻する〈私〉の物語」、鶴岡賀雄・深澤英隆編『スピリチュアリティの宗教史　上巻』リトン、四二一―四六三頁。

第七章　パワースポット現象の歴史

2017 "The Making of Power Spots: From New Age Spirituality to Shinto Spirituality," Jørn Borup and Marianne Qvortrup Fibiger (eds.), *Eastspirit: Transnational Spirituality and Religious Circulation in East and West*, Leiden: Brill, 192-217.

第八章　パワースポット体験の現象学

2018「파워스폿 체험의 현상학：현세이익에서 심리이익으로（パワースポット体験の現象学――現世利益から心理利益へ）」、『日本批評 Korean Journal of Japanese Studies』18、〈http://doi.org/10.29154/ILBI.2018.18.126〉。

第九章　サブカルチャーの魔術師たち

二〇一五「サブカルチャーの魔術師たち――宗教学的知識の消費と共有」、江川純一・久保田浩編『「呪術」の呪縛　上巻』リトン、四一七―四六六頁。

これらは、筆者のスピリチュアリティに関する既刊論文のすべてではない。とくに死生観や霊魂観に関わるものは別の機会にまとめたい。本書には、ポピュラー文化に近いスピリチュアリティ現象——ポップ・スピリチュアリティ——を扱った論文を収めた。その刊行の意義は、この現象が現代における宗教と非宗教の関係を考える際に重要なものであり、大学で真面目に研究したいという学生・院生が多いのに、先行研究が少なく、ニーズがあるという点にある。もちろん論文や編集本の一章という形で多くの先行研究が存在する（英語圏では膨大にある）。だが、単著という形で、タイトルにテーマを示す検索されやすい言葉がないと広く読まれないという事情があるようだ。デジタル時代でも紙媒体の書籍というメディアの重要性はなお大きい。ちなみに「ポップ・スピリチュアリティ」という言葉は、当初考えていた「ポピュラー文化のなかのスピリチュアリティ」の短縮形で、編集者の山本賢氏の発案による。各章にこの言葉を使うことで統一感を出すことができた。

岩波書店から出版された類書としては、拙著『スピリチュアリティのゆくえ』（二〇一一）の他に、島薗進『スピリチュアリティの興隆——新霊性文化とその周辺』（二〇〇七）とリゼット・ゲーパルト『現代日本のスピリチュアリティ——文学・思想に見る新霊性文化』（二〇一三）があり、島薗には『現代宗教とスピリチュアリティ』（二〇一二、弘文堂）もある。本書は、内容も論調もこれらの系譜上に位置づけられる。まず宗教学の立場から書かれていること、宗教と関わりつつそれと距離をとろうとする「スピリチュアリティ」を扱っていること、日本を主な対象としているがグローバルな視野を持っていること、ポピュラー文化から政治的意味にわたる広い領域に目配りしていること、スピリチュアリティを賛美も非難もせず多角的にとらえようとしていることなどである。だが、これらの類書はどちらかと言えば、知的な言説の分析に傾きがちである。本書の特色は、よりポピュラーな次元でのスピリチュアリティをとらえ、インターネット時代のスピリチュアルな個人のあり方に迫ろうとする点にある。

スピリチュアリティ言説は、医療や心理、教育、環境、政治の分野にまで広がり、日本社会の中枢にまでその影響が及んでいる。しかし、本書はそのような制度的次元ではなく、ポピュラー文化に照準を合わせ、軽視されがちなこの現象が人々に深く浸透していることを明らかにする。制度化するスピリチュアリティとポップ・スピリチュアリティを分けるような見方もある。しかし、この制度化は、担い手の高齢化と社会的地位の上昇によるものである。逆に、ポップ・スピリチュアリティは、メディアや市場を介して制度的スピリチュアリティの知を選別する役割も果たしうる。

全世界的な広がりを見せるスピリチュアリティ現象だが、海外の理論や学説は日本ではあまり紹介されていない。これらにも目配りをしつつ、江原啓之以降の日本の現象を主な考察の対象とし、次のような理論的視点を提示した。日本を含めたグローバルなスピリチュアリティとローカルなスピリチュアリティの相互作用(第一章、第六章、第七章)、スピリチュアリティとジェンダー/ネンダー(第五章)、不可知論的プラグマティズム(第六章)、スピリチュアルな「パワー」を体験したと認識されるプロセスとそこにおけるメタファーの運用(第八章)、現世利益から心理利益への転換(第八章)、サブカルチャーのハイパーリアリティ(第九章)など、である。新しい現象を扱う研究の場合、目新しいものを記述するだけで、理論的な貢献などあるわけがないという偏見、まして哲学や思想とのつながりなどあるわけがないという偏見は根強い。しかし、本書では様々な新しい学説、観点を打ち出し、学問的貢献をなすことができたと考えている。

本書はメディア研究と接続する内容を持つ。二〇〇〇年代以降は、日本でスピリチュアリティが台頭し、深化し、拡散していった時期であるが、これとインターネットの普及は同時に起こっていた。つまり、既存のマス・メディアと棲み分けつつ、次第にソーシャル・メディア(SNS)の発展とともに、スピリチュアリティが社会的存在感を増していった時代だと言える。グーテンベルクの活版印刷の技術とルターのドイツ語訳聖書の普及が連動していたのと同じように、スピリチュアリティの深化と拡散は、インターネットの普及とフィルター・バブル化と連動していると言ってよいかもしれない。また、二〇〇〇年代以降は右派が台頭し、民主党政権と東日本大震災と原発事故を経て、左派も覚醒し、結果として政治的分断が進んだ時代である。本書ではこのことを主題的に扱ってはいないが、各章が取り扱った様々な事柄には、このような社会的変化が影を落としている。

本書は方法論の観点から見ても、当然のことながらメディア分析の比重が大きい。これは、筆者の前著『スピリチュアリティのゆくえ』がインタビュー調査にもとづく物語の再構成という形をとったのと対照的である。実際に、学生や院生が学位論文においてスピリチュアリティを対象とする場合には、いきなりインタビュー調査をおこなうよりも、メディア分析から対象を広くとらえることが望ましい。本書では、出版の動向、先行研究のサーヴェイ、テキストマイニング、テレビ素材の分析、ネット上の意見・体験談・ブログの分析、アニメ作品の分析など、メディア情報を分析する様々な手法が採用されている。その時々の研究の目的のために、また対象の性格に合わせてアドホックに採用された手法が多く、量的な内容分析と質的な事例分析の中間、またはそれを折衷したミクスト・メソッドに近い。メディア分析の教科書や論文執筆マニュアルよりも、この分野に関心のある学生・院生にとっては、より実践的なヒントを得ることができるだろう。

本書を再構成する過程でしばしば脳裏に浮かんだのは、二〇〇一年から二〇一三年にかけて奉職した聖心女子大学のゼミ生たちである。宗教心理学の学説史を研究していた筆者は、具体的な対象を研究したいという学生のニーズに応える形で、少しずつスピリチュアリティ現象へと研究の軸足を移していった。学生のすべてではないが、毎年一人くらいはスピリチュアリティで卒論を書こうという人が現れた。しかし、そのモデルになるような先行研究がない。第六章「現代の輪廻転生観」、第九章「サブカルチャーの魔術師たち」は卒論の形式の一例として模倣されることを意図して書いたものである。とくに後者は、いわゆる「サブカル」という学生が関心を持つ領域を扱っているが、模範になる先行研究がないために書かれたという経緯がある。これらの章は普通の論文より分量が多いが、その背景にはこうした事情がある。その分量の論文を書くことが許されたのは、この二つの論文が収録された『宗教史学論叢』(リトン刊)が寄付によってまかなわれているからである。出資者である大畠記念宗教史学研究助成基金には謝意を表したい。

別の見方をすれば、本書は様々な形でスピリチュアリティに関心を持つ学生たちに鍛えられて出来上がったと言える。もちろん、筆者が指導した学生たちは社会人になっており、もはや学問的な論文を書くこともない。だが、おそらく日本のあちこちから、あるいは海外からも(これは珍しいことではない)、本書の内容に関心を持ち、似たようなテーマで論文を書こうという人が現れるかもしれない。そのような人に本書が届けば、先行研究が乏しいなか苦闘してきた筆者とかつての学生たちも報われるだろう。

二〇一九年一〇月

堀江宗正

堀江宗正

1969 年生まれ．東京大学大学院人文社会系研究科附属死生学・応用倫理センター准教授．死生学，スピリチュアリティ研究．2000 年，東京大学大学院人文社会系研究科宗教学宗教史学博士課程満期退学．博士(文学)．聖心女子大学文学部准教授を経て現職．著書に『歴史のなかの宗教心理学——その思想形成と布置』(岩波書店)，『スピリチュアリティのゆくえ』(岩波書店)，編著に『現代日本の宗教事情』(シリーズ いま宗教に向きあう 1，岩波書店)，『宗教と社会の戦後史』(東京大学出版会)．

ポップ・スピリチュアリティ
メディア化された宗教性

2019 年 11 月 19 日　第 1 刷発行

著　者　堀江宗正《ほりえのりちか》

発行者　岡本　厚

発行所　株式会社 岩波書店
〒101-8002 東京都千代田区一ツ橋 2-5-5
電話案内 03-5210-4000
https://www.iwanami.co.jp/

印刷・三秀舎　製本・牧製本

ISBN 978-4-00-061372-9　Printed in Japan